Mia Couto

Der Kartograf des Vergessens

Zu diesem Buch

Der Dichter Diogo Santiago kehrt in seine Heimatstadt Beira zurück. Alle verehren ihn, doch als er Einsicht erhält in alte Akten der Geheimpolizei, gerät seine Welt ins Wanken. Während der Zyklon Idai drohend über Beira aufzieht, stürzen neue Wahrheiten auf ihn ein. Sein Vater, auch ein Poet, versuchte, im Geheimen die Verbrechen der Kolonialtruppen zu dokumentieren. Sein Cousin, der eines Tages plötzlich verschwand, war nie der, für den ihn alle hielten. Und was steckt hinter der tragischen Legende des schwarzen Jungen und des weißen Mädchens, die den Tod wählten, weil ihre Liebe verboten war? Die junge Frau, mit der sich Diogo rätselhaft verbunden fühlt, scheint Teil dieser Geschichten zu sein. Gemeinsam gehen sie auf die Suche nach Antworten, die unter dem Tosen des hereinbrechenden Sturms alle Gewissheiten vernichten.

»Mia Couto hat wirklich etwas Grandioses geschaffen. Er macht die Vergangenheit Mosambiks im Lesen erlebbar. Vielschichtig und komplex, eine lohnende Lektüre.« *ORF*

Der Autor

Mia Couto (*1955) gehört zu den herausragenden Schriftstellern des portugiesischsprachigen Afrika. Mehrere Jahre war er als Journalist und Chefredakteur tätig. Für sein Werk wurde er mehrfach ausgezeichnet, u. a. mit dem Prémio Camões, dem Neustadt-Literaturpreis und dem Jan-Michalski-Preis.

Im Unionsverlag sind außerdem lieferbar: *Unter dem Frangipanibaum, Das schlafwandelnde Land, Das Geständnis der Löwin, Imani* sowie *Asche und Sand.*

Die Übersetzerin

Karin von Schweder-Schreiner (*1943) hat in Deutschland und Portugal studiert und mehrere Jahre in Brasilien gelebt. Ihre Arbeit als Übersetzerin wurde mehrfach ausgezeichnet.

Mehr über den Autor und sein Werk auf *www.unionsverlag.com*

Mia Couto

Der Kartograf des Vergessens

Roman

Aus dem Portugiesischen
von Karin von Schweder-Schreiner

Unionsverlag

Die Originalausgabe erschien 2020 bei Editorial Caminho, Alfragide.
Die Übersetzung wurde gefördert durch DGLAB/Cultura und
das Instituto Camões, IP – Portugal. Die Arbeit der Übersetzerin wurde mit Mitteln
der VG Wort, des Programms Neustart Kultur und des BKM gefördert.

Im Internet
Aktuelle Informationen, Dokumente und Materialien
zu Mia Couto und diesem Buch
www.unionsverlag.com

Unionsverlag Taschenbuch 1046

Diese Ausgabe erscheint in Vereinbarung mit der Literarischen Agentur Mertin,
Inh. Nicole Witt e. K., Frankfurt am Main
Originaltitel: O Mapeador de Ausências

Neptunstrasse 20, CH-8032 Zürich
Telefon +41 44 283 20 00
mail@unionsverlag.ch

Die erste Ausgabe dieses Werks im Unionsverlag erschien 2023
Reihengestaltung: Heinz Unternährer
Umschlagfoto: Mike Goldwater (Alamy Stock Photo)
Umschlaggestaltung: Sven Schrape
Satz: Fotosatz Amann, Memmingen
Druck und Bindung: CPI – Clausen & Bosse, Leck
www.unionsverlag.com/produktsicherheit
ISBN 978-3-293-71046-7

Der Unionsverlag wird vom Bundesamt für Kultur mit einem
Verlagsförderungs-Strukturbeitrag für die Jahre 2021–2025 unterstützt.

Auch als E-Book erhältlich

Inhalt

Vorbemerkung

Dies ist die Geschichte eines arglosen portugiesischen Dichters und Journalisten, der Beweise für ein Massaker erhält, das die portugiesischen Truppen 1973 in Mosambik verübt haben. Dieser gute, arglose Mann war mein Vater. Zum damaligen Zeitpunkt hatte der Befreiungskrieg die Tore unserer Stadt Beira erreicht. In manchen weißen Vierteln verfielen die Menschen dem Wahnsinn. Damals wurde mir klar, dass Krankheit mitunter das einzige Heilmittel ist. Manche mussten vergessen können, was geschah, um Zukunft zu ermöglichen. Für andere war das, was geschah, schon die Zukunft.

Diese fiktive Erzählung ist durch reale Personen und Ereignisse inspiriert. Mit anderen Worten: Weder die Menschen noch die Daten, noch die Orte in diesem Buch beanspruchen, etwas anderes zu sein als Fiktion.

Ist das Licht, das dort verglimmt,
ein Imperium
oder ein Glühwürmchen?
Jorge Luís Borges

Die mit den Schatten sprechen

Beira, 6. März 2019

Mein ganzes Leben war eine Vorübung auf das,
was niemals eingetroffen ist.
Adriano Santiago

Wir alle haben zwei Schatten. Nur einer ist sichtbar. Aber es gibt Leute, die sprechen mit ihrem zweiten Schatten. Das sind die Dichter. Sie sind so einer, der mit seinem Schatten spricht.«

Das sagt zu mir der Portier am Eingang zum Festsaal. Er wedelt mit einem Gedichtband und bittet mich um eine Widmung. Ich hebe höflich abwehrend die Hände: »Das kann ich nicht, das Buch hat mein Vater geschrieben.«

Der Mann zuckt die Achseln, lächelt und sagt: »Dann sind Sie der Autor.«

Ich schreibe die Widmung, mache mich zu einer Art posthumem Autor. Es sind meine Hände, aber die Schrift ist die meines verstorbenen Vaters. Am liebsten würde ich den Portier umarmen, beherrsche mich aber und gehe zwischen den geschmückten Tischen in den Saal hinein. Einige Leute stehen auf, um mich zu begrüßen. An der Wand hinten im Raum ein Plakat, darauf in riesigen Lettern: *Willkommen in Ihrer Stadt, Dichter Diogo Santiago!*

Ich denke an die Worte meines Vaters. Ehrungen in kleinen Orten sind wie Ringe an Fingern armer Leute: Der Glanz schürt tödlichen Neid.

Eine schöne Frau kommt auf mich zu.

»Ich heiße Liana Campos, ich moderiere den heutigen Abend.« In ihrer Stimme klingt zaghafte Furcht mit, als machte sie die Nennung ihres Namens wehrlos.

Ich bin in Beira, meiner Geburtsstadt, zu Besuch; auf Einladung einer Universität. Seit meiner Ankunft besuche ich Schulen, treffe mich mit Lehrern und Schülern und spreche mit ihnen über das, was mich am meisten interessiert: Poesie. Ich bin Literaturprofessor, mein Universum ist klein und doch grenzenlos. Poesie ist keine literarische Gattung, sondern etwas Vorsprachliches. Das sage ich in jeder Diskussionsrunde.

In diesen Tagen bewege ich mich in den Orten meiner Kindheit wie durch einen Sumpf – äußerst behutsam. Ein falscher Schritt, und ich riskiere, in dunklen Abgründen zu versinken. Das ist meine Krankheit: Mir sind keine Erinnerungen geblieben, ich habe nur Träume. Ich bin Erfinder von Vergessenem.

Und nun befinde ich mich hier, in diesem Provinz-Festsaal, ein zurückhaltender, schüchterner Mann, Opfer einer öffentlichen Ehrung. Die Wände sind mit Plastikblumen geschmückt, die Säulen mit großen bunten Papierschleifen. Am Kopfende des zentralen Tischs hat man mir einen Stuhl mit hoher Rückenlehne zugedacht, eine Art grotesken Thron. Zu beiden Seiten des Tisches streng hierarchisch platziert, mustern mich die Würdenträger mit einer Mischung aus herablassender Freundlichkeit und räuberischer Neugier.

Nichts ermüdet mich mehr als feierliche Veranstaltungen mit ihren endlosen steifen Gesprächen. Ich gehe auf die Bühne, um meine Rede vorzutragen. Die beiden Seiten vorzulesen, bereitet mir mehr Mühe, als ich beim Niederschreiben hatte. Ich habe den Text rund zwanzigmal umgeschrieben. Nicht, weil ich die richtigen Worte nicht fand. Sondern weil ich mich selbst nicht fand. Und jetzt entschließe ich mich, frei zu sprechen. Ich bin krank, ich bin ein Schriftsteller, dem die Fähigkeit, zu lesen und zu schreiben, abhandengekommen ist. Mir ist in dieser Situation danach, diese Schwäche einzugestehen.

Nach den Reden und weiteren Formalitäten beginnt das Tanzen. Liana fordert mich auf, ich verweigere mich entschieden. Bei der ersten Gelegenheit verdrücke ich mich zum Ausgang und gebe vor, zu telefonieren. Der Portier spricht mich an und reibt sich die Hände, als mache er sich Mut.

»Haben Sie gesehen, werter Dichter?«, fragt er. »Unsere Frauen mit afrikanischen Tüchern um den Kopf?«

»Sieht schön aus«, bemerke ich.

»Nur verbergen sich unter diesen afrikanischen Tüchern leider chinesische Perücken. Oder wohl eher indische.«

Ich lehne mich an die Tür, schließe kurz die Augen und seufze. Der Portier kommt zu mir herüber, freundlich wie eine Katze. Um die laute Musik zu übertönen, spricht er dicht an meinem Ohr.

»Müde, werter Dichter?«, fragt er. »Was soll ich dann erst sagen, der ich seit über vierzig Jahren hier arbeite? Ich verrate Ihnen etwas: Diese Feste sind genauso wie die Feste der Kolonialherren früher …«

»Für Sie hat sich nichts geändert?«

»Für mich?«, der Portier verdreht die Augen, als suche er die Antwort im Dunkeln. »Eines hat sich geändert: Früher existierte ich nicht; heute bin ich unsichtbar.«

»Sie ahnen nicht, mein Guter, wie sehr ich Sie um diese Unsichtbarkeit beneide.«

Liana kommt zum Rauchen auf den Vorplatz und schließt sich der Unterhaltung an. Sie sieht schön aus. Der Portier zieht sich so diskret zurück, dass er sich gar nicht zu bewegen scheint. Liana lädt mich ein, woanders etwas trinken zu gehen.

»Ich kann nicht«, sage ich. »Ich bin ein Mann von ungewissem Alter.«

Sie erklärt lachend, sie liebe Ungewissheiten. Liana zufolge müsste sich dieses Land »Ungewissheit« nennen. Schließlich gehe ich auf ihren Vorschlag ein. Bitte sie lediglich, allein voranzugehen, um keinen Verdacht zu wecken. Ich warte ein paar Minuten ab, ehe ich den Vorplatz überquere. Der Portier begleitet mich noch ein paar Schritte.

»Ich mische mich nicht gern ein«, flüstert er, »aber seien Sie bitte vorsichtig mit der Dame.«

»Warum?«

»Sie ist sozusagen etwas eigenartig«, sagt er, den Blick auf die Schuhe gerichtet.

»Inwiefern eigenartig?«

»Es gibt Dinge, die wir nicht erklären können«, antwortet er zögerlich. »Sie, Senhor, der Sie Dichter sind, können Sie die Poesie erklären?«

Ich verabschiede mich und will schon gehen, da empfiehlt der Portier mir, die Straßenseite zu wechseln. Auf dieser Seite liege ein toter Vogel.

»Merkwürdig«, sagt er und schiebt den Vogel mit der Schuhspitze hin und her. »Das ist ein Kondo. Das sind Vögel, die Unheil ankündigen. Das bedeutet, dass der Sturm von jemandem bestellt wurde.«

»Welcher Sturm?«, frage ich.

»Es soll ein Zyklon kommen. Das sagen sie im Radio.«

Die Unwetterwarnung mag recht haben, aber der Portier täuscht sich. Auf der Straße befindet sich nicht nur *ein* toter Vogel. Rund ein Dutzend der Vögel, die ich unter dem Namen Hammerkopf kenne, liegen auf dem Pflaster. Eine seltsame Brise haucht ihnen Leben ein, ihre dunklen Federn wirbeln über den Asphalt.

Der Platz, auf dem Liana ihren Wagen geparkt hat, ist jetzt menschenleer. Sie lehnt sich an die Autotür und richtet einen vorwurfsvollen Finger auf meine Brust: »Sie haben meine Aufforderung zum Tanz abgelehnt. Sie haben gesagt, Sie könnten nicht tanzen. Ich wette, Sie sind so einer, der nur vorgibt, unbeholfen zu sein, um auf sich aufmerksam zu machen. Kommen Sie, jetzt tanzen wir, wir haben Musik, es ist dunkel, wir haben uns.«

Sie lehnt sich an mich, umfängt meine Taille mit ihren langen, schlanken Armen.

»Was ist?«, fragt sie erstaunt, weil ich mich nicht rühre. »Sagen Sie nicht, Sie hätten keine Beine, ausgerechnet Sie, der die Wörter so zum Tanzen bringt? Entspannen Sie sich, Professor, das Geheimnis des Tanzes ist, sich vom Körper zu lösen.«

»Man beobachtet uns«, sage ich.

Liana wiegt die Hüften im Rhythmus der Musik, die aus dem Saal dringt. Ihre Lippen streifen mein Gesicht, während sie leise verrät: »Ich bin schwarz, ich bin tanzend zur Welt gekommen.«

»Schwarz?«, sage ich ungläubig lachend.

»Das glauben Sie nicht?«, fragt Liana. »Geben Sie mir Ihre Hand.«

Widerstrebend füge ich mich, sie führt meine Finger in ihr Haar. Etwas beschämt ziehe ich meine Hand zurück.

»Fühlen Sie es?«, fragt Liana. »Merken Sie sich eins: Die Rasse zeigt sich im Haar.«

Die Rasse zeigt sich im Kopf, möchte ich eigentlich erwidern, sage aber nichts. Ich hatte schon keinen Körper mehr, es fehlte noch, dass ich auch die Sprache verlor. Nach einer Weile finde ich den rettenden Satz: »Ich bin müde, Liana. Bitte setzen Sie mich bei meinem Hotel ab.«

»Fürchten Sie sich vor dem Sturm?«, fragt sie in ironischem

Ton. »Seien Sie unbesorgt. Stürme, die als so gefährlich angekündigt werden, treten nie ein.«

Noch am späten Abend wird mir überraschend ein Karton ins Hotelzimmer gebracht. Ich öffne ihn auf dem Bett. Getippte Dokumente, Fotografien, alte Papiere voller Notizen. Ganz obenauf liegt ein farbiges Blatt, ein Brief an mich.

Verehrter Professor,
mein Großvater war jener Inspektor der PIDE, der vor über vierzig Jahren Ihren Vater verhaftet hat. Die Dokumente in diesem Karton sind Unterlagen über den Vorgang. Sie können sie behalten, diese Vergangenheit gehört nicht mir. Mein Großvater hat die Papiere über all die Zeit aufbewahrt, als wären sie der einzige lebendige Teil seines Lebens. Am Ende seiner Tage hat er mich gebeten, mich darum zu kümmern. Wie Sie wissen, wurden die Archive der PIDE in Mosambik gleich nach dem Sturz des Kolonialregimes verbrannt. Diese Dokumente sind kostbare Relikte jener so traurigen Zeit. Passen Sie gut darauf auf. Ich hoffe, sie sind Ihnen nützlich.
Ihre Bewunderin
Liana Campos

Ich sortiere die Unterlagen auf der Bettdecke, lege als Erstes die offiziellen Dokumente der PIDE (Berichte, Briefe, Aussagen-Protokolle, Telegramme) auf einen Haufen. Dann auf einen anderen die persönlichen Schriften (Tagebücher verschiedener Angehöriger, Aufzeichnungen und Gedichte meines Vaters). Auf das Kissen lege ich Briefe und andere von mir geschriebene Texte.

Wie gern würde ich vor den Erinnerungen fliehen, aber jetzt liegt die Vergangenheit vor mir ausgebreitet auf meinem Bett.

Im Laufe der Nacht lese ich meine alten Briefe. Ich sehe, wie die Schrift sich verändert hat, und denke: Die Schrift ist Teil des Körpers, die Buchstaben haben mit den Jahren Falten bekommen. Da ich nicht schlafen kann, setze ich mich an den Computer und stelle fest, dass Liana online ist. Meine Finger sind Geister, die schläfrige Tasten wecken.

Ich: »Noch wach?«

Liana: »Ich kann nicht schlafen. Ich könnte mir vorstellen, das Paket, das ich Ihnen geschickt habe, raubt auch Ihnen den Schlaf. Haben Sie es schon geöffnet?«

Ich: »Das Problem wird sein, es wieder zu schließen.«

Liana: »Ich gestehe, dass ich gezögert habe, Ihnen das alles zu geben. Diese Dokumente waren meinem Großvater heilig.«

Ich: »Lebt er noch?«

Liana: »Ich glaube, er hat nie gelebt. Ich bin seine einzige Enkelin. Ich habe gelernt, mich dieser Vergangenheit zu schämen, denn da es seine ist, ist sie auch Teil von mir. Es ist ungerecht, eine Vergangenheit zu erben. Als würde uns die Zeit an den Füßen festgebunden. Wie oft habe ich daran gedacht, diese Papiere zu verbrennen.«

Ich: »Zum Glück haben Sie es nicht getan. Dieses Material wird in mein nächstes Buch eingehen.«

Liana: »Haben Sie mich um Erlaubnis gefragt?«

Ich: »Sie haben mir nur zurückgegeben, was mir gehört.«

Liana: »Ich muss noch etwas gestehen: Ich habe Ihnen nicht alles gegeben, was mein Großvater hinterlassen hat.«

Ich: »Und warum?«

Liana: »Weil ich fürchte, dass Sie mich dann nicht mehr sehen wollen. Kleiner Spaß. Aber im Ernst: Sie behaupten, die Vergangenheit sei immer erfunden. Kommen Ihnen keine Zweifel an der Echtheit dieser Papiere?«

Ich: »Die Dokumente der Polizei sind auf amtlichem Papier

getippt. Und was meine eigenen Aufzeichnungen betrifft, an denen ist nicht zu rütteln …«

Liana: »Sie ahnen gar nicht, was man heute alles fälschen kann.«

Ich: »Glauben Sie, ich würde meine eigene Schrift nicht wiedererkennen? Es ist meine, aber tatsächlich habe ich häufig Mühe, das Geschriebene zu entziffern. Die meisten Papiere haben unter der Feuchtigkeit gelitten …«

Liana: »Keine Sorge, ich habe von allem Kopien gemacht. Und die Kopien sind besser lesbar als die Originale. Ich schlage Ihnen etwas vor: Sie wählen die Seiten aus, ich tippe sie ab, und Sie bekommen alles digital.«

Ich: »Ich wage nicht, einen solchen Aufwand von Ihnen zu erbitten.«

Liana: »Ich mache das gern. Ich möchte Schriftstellerin werden. Ich habe Sie schon einmal gefragt, aber Sie haben nicht geantwortet: Warum sind Sie in Ihre alte Heimat gekommen?«

Ich: »Mein Arzt hat gesagt, dieser Besuch würde meine Erinnerungen erträglicher machen. Ich muss um meine Eltern trauern.«

Liana: »Da kann ich helfen.«

Ich: »Wie das?«

Liana: »Das erfahren Sie dann. Eine letzte Frage: Sind Sie verheiratet?«

Ich: »Das weiß ich nicht.«

Liana: »Wieso wissen Sie das nicht?«

Ich: »Ich bin vor Monaten ausgezogen, habe meine Frau verlassen. Ich bin bei einem Freund untergekommen, er ist Arzt. Am nächsten Tag weckte mich der Freund mit den Worten: ›Ich mache mir Sorgen, Diogo. Ausgezogen bist nicht du, sondern deine Frau. Sie hat dich verlassen. Du bist krank, Diogo‹, sagte er. ›Sehr krank.‹«

Ich schalte den Computer aus und nehme ein kleines Buch mit dem Titel *Ein Porträt auf der Suche nach Gesichtszügen* aus dem Karton. Es sind Gedichte meines verstorbenen Vaters. Ich halte mir das Buch an die Wange, atme den Geruch des Papiers ein, rieche an der Zeit, wie man an der Kleidung Abwesender riecht. Ich denke an den Tag zurück, an dem die faschistische Polizei in unser Haus kam und ebendieses Buch konfiszierte. Ich war wohl sieben Jahre alt, als es klopfte. Draußen standen zwei Männer in Anzug und Krawatte und wedelten mit ihren Hüten wie Fächer.

»Polizei. Wir müssen den Dichter sprechen.«

»Polizei?«, fragte meine Mutter. »Warum sind Sie nicht in Uniform?«

Der eine machte Anstalten, einen Ausweis zu zeigen, doch der andere – offenbar der Chef – hielt ihn davon ab und wiederholte in gemessenem Ton: »Wir sind von der Polizei. Ist Ihr Mann da?«

»Er ist im Arbeitszimmer und hält seinen Mittagsschlaf«, erklärte meine Mutter. »Aber Sie können hineingehen.«

»Wir sollen ihn wecken?«

»Ja, das ist besser. Bei mir bekommt er sehr schlechte Laune.«

Die beiden Männer traten ein und gingen den bis an die Decke mit Bücherregalen bestückten Flur entlang. Hinter ihnen hatte sich bereits eine Prozession von Neugierigen gebildet. Zuerst meine Mutter, dann folgten meine Großmutter, mein Cousin Sandro und ich. Den Abschluss bildete Benedito, der junge Schwarze, der hinten in unserem Haus wohnte und den wir immer als unseren Hausboy vorstellten.

Auf dem großen Sofa im Arbeitszimmer lag bäuchlings schlafend mein Vater. Der Inspektor ging im Raum herum, blieb dann stehen und betrachtete ausführlich das Regal. Er zog mehrere Bücher sowie ein paar Vinylplatten heraus und sagte: »Die gehen mit!« Vom Tisch nahm er ein weiteres Buch in die Hand und las den Titel laut vor: *»Ein Porträt auf der Suche nach Gesichtszügen.* Das nehmen wir auch mit. Mir ist jetzt nach Gedichten.«

»Dieses Buch bleibt hier!«, protestierte mein Vater, immer noch liegend und mit geschlossenen Augen.

»Das Buch kommt mit, und Sie auch.«

Sie führten meinen Vater in seinem verschlissenen gestreiften Pyjama durch den Flur zur Tür. Dahinter als jammerndes Gefolge meine Familie. Und meine Mutter, eher neugierig als bedrückt: »Sie nehmen ihn mit? Lassen Sie ihn wenigstens anständige Sandalen anziehen.«

Als letzten Versuch, inzwischen auf der Türschwelle, rief Dona Virgínia, bemüht, nicht unhöflich zu klingen: »Das alles wegen einem Buch? Vielleicht geht es nur um Druckfehler?«

Die Raben krächzen schon seit einiger Zeit in den Kokospalmen vor dem Hotel. Wenn alle Vögel Botschaften überbringen, dann überbringen diese Raben Botschaften von jemandem, der sehr erbost über die Menschheit ist. Ich gebe vor, sie nicht zu hören, während ich Lianas Papiere auf dem Tisch ordne. Dann, zu meiner eigenen Überraschung, mache ich das Bett, wobei ich teils mit den Laken, teils mit meiner Müdigkeit kämpfe. Meine Mutter hat zur Erklärung der Schlafstörungen meines Vaters eine Theorie aufgestellt. »Euer Vater«, sagte sie, »kann nicht schlafen, weil er sein Bett nicht macht und die Laken weder wäscht noch auf die Leine hängt. Das ist nicht seine Schuld, verdorben hat ihn seine Mutter.« Dann fügte sie stets an: »Was kann reizvoll daran sein, sich in ein Bett zu legen, das fremde Hände gemacht haben?«

Ich lege mich wieder hin, rolle mich zusammen wie ein Pangolin, so nehme ich jedes Lager in Beschlag. Ich denke an die

Nacht zurück, in der mein Vater starb. Er war gerade ins Krankenhaus eingeliefert worden, und als ich mich zu ihm ins Bett legte, wo er mit dem Tod rang, öffnete er die Augen zu einem Spalt, lächelte und schloss sie wieder. Mit hauchdünner Stimme fragte er: »Hast du Angst?« »Nein«, antwortete ich. Nach einer Weile glaubte ich, er sei eingeschlafen, und machte Anstalten, mich zurückzuziehen. »Geh nicht«, sagte er mit geschlossenen Lidern, »bleib noch ein bisschen.« Er streckte die Hand nach mir aus, drückte mir seine Finger in den Arm. Es war, als ginge seine Haut in meine über. Als er starb, wusste ich nicht, welche seine Finger waren und welche meine. Nun beherrschen seine Gesten die Hände, die ich, einer Illusion erlegen, für meine eigenen halte. Wegen dieser nicht möglichen Abwesenheit habe ich nie gelernt, ihn zu vermissen. Anders gesagt, ich vermisse meinen Vater lediglich dann, wenn ich mir selbst abhandenkomme.

Ich werfe einen Blick durch die Vorhänge und verliere die Lust, hinauszugehen. Vom Fenster aus höre ich die Muschel- und Fischverkäuferinnen ihre Ware anpreisen. In der Nähe hat sich eine Gruppe Muslime vor einer Moschee versammelt. Zu meiner Zeit gab es in dieser Gegend keine Muslime. Einer sieht mich am Fenster und winkt freundlich. Ich winke zurück, dann ziehe ich die Gardinen vor. Traurige Ironie: Ich bin hierhergereist, um die Erinnerungen an meine Stadt aufzufrischen, bleibe aber im Hotel, womöglich aus Angst, feststellen zu müssen, dass mein Leben auf falschen Annahmen beruht. Mich lähmt die Befürchtung, meine Vergangenheit nicht wiederzufinden, vor allem aber die Vorstellung, eine Stadt zu erleben, die ich letztlich überhaupt nicht kenne.

Ich nehme eine Tablette, gehe an den Schreibtisch, ordne die Papiere, werfe einen Blick in den Computer, kehre zurück ans Fenster. Jemand hat einmal geschrieben: Wenn wir nicht mehr wissen, was wir mit uns selbst anfangen sollen, sind wir alt. Wieder sehe ich nach, ob Liana online ist. Das ist sie nicht, aber sie hat eine E-Mail geschickt:

Verehrter Professor,
heute frühmorgens habe ich die Liste der Papiere erhalten, die Sie ausgesucht haben, und inzwischen bin ich mit dem Abtippen schon recht weit. Die ersten fünf Dateien schicke ich Ihnen noch heute. Die von Ihnen handschriftlich vorgenommene Nummerierung und die Titel habe ich beibehalten.

Jetzt muss ich diese Arbeit unterbrechen und zur Universität fahren. In der heutigen Veranstaltung geht es um Erinnerung und Literatur. Ihre Definition des Schriftstellers als Erfinder von Vergessenem gefällt mir. Aber ich möchte sie nicht auf mein Leben anwenden. Ich bin knapp über vierzig, ich fühle mich noch jung; die Vergangenheit bedeutet mir mehr als die Zukunft. Es mag befremdlich wirken, dass alte Dinge mir lieber sind, aber wir, Menschen meiner Generation, leben in einer Zeit ohne Zeit. Verstehen Sie? Es ist wie zurückblicken, aber keinen Boden sehen. Ich brauche Ihre Geschichten, Ihre Erinnerungen, um sie zu meiner Vergangenheit zu machen. Dass sie erfunden sind, spielt keine Rolle. So ein Traumbild ist immer besser als eine leere Zeit, die ich geerbt habe wie eine Krankheit. Deshalb, verehrter Professor, setzen Sie bitte Ihre Maulwurfsarbeit fort und graben Tunnel in den Erdboden der Zeit. Ich werde die unterirdischen Gänge bereisen. Ich bin als Waise bei Pflegeeltern aufgewachsen. Sie haben mich so gut behandelt, wie sie konnten. Aber das Wichtigste haben sie mir nicht mitgegeben: Geschichten. Ich bin auf der Suche nach diesen Geschichten wie eine Blinde auf der Suche nach dem Abbild ihres Körpers.
Herzliche Grüße
Liana Campos

PS: Wenn Sie eine Stadtführerin brauchen, sagen Sie Bescheid. Ich kenne diese Stadt gut. Leider kennt auch die Stadt mich gut.
PPS: Sie haben gesagt, dass Sie den Begriff »E-Mail« nicht mögen. Dass Ihnen der Begriff »Brief« lieber ist. Für Sie braucht die Post die langsame Bewegung der Hände auf dem Umschlag, die feuchten Lippen auf der Briefmarke. Schreiben ist, ich zitiere Sie, wie Kleider nähen. Man braucht Zeit, die Zeit für runde Bewegungen. Entschuldigen Sie, aber das ist Dichter-Geschwätz. Und es ist schade, dass Sie nicht mit mir getanzt haben. Ich vermute, weil Sie damit die Worte Ihres Vaters beherzigt haben, die größte Kunst des Dichters bestehe darin, Gelegenheiten ungenutzt verstreichen zu lassen.

Es ist frühmorgens, und ich kann nicht schlafen. Ich öffne die Vorhänge mit einem Ruck. Auf die Schreibtischplatte fällt ein Schatten, der einem aufgeschlagenen Buch ähnelt. Ein riesiger Nachtfalter hat sich draußen auf der Fensterscheibe niedergelassen. Ich sehe ihn mir etwas näher an. Mich fasziniert, wie dieses Lebewesen erschaffen wurde, um die Dunkelheit auszutricksen, seine nächtlichen Farben, der Gleichmut einer Kreatur, die in derselben Nacht entsteht und stirbt. Vielleicht weiß dieser Falter nicht, dass sein Leben über Nacht aus ihm entwichen ist.

Und ich denke: Er leistet mir in meiner Schlaflosigkeit Gesellschaft. Dann schalte ich den Computer ein, um auf Liana Campos' letzte Nachricht zu antworten.

Liebe Liana,
ich habe gerade Ihre Nachricht gelesen, noch halb verschlafen, aber schon vom Krächzen der Raben gereizt. Allmählich glaube ich, Sie brauchen nicht Schriftstellerin zu werden, Sie sind es schon. Und mit der Maulwurf-Metapher hatten Sie

eine Eingebung. Die Polizei der Kolonialmacht nannte die Gruppe von Intellektuellen und Dichtern, die sich in unserem Haus trafen, »Weiße Maulwürfe«. Sie heckten fantasievolle Pläne aus, um das Regime zu stürzen. Mein Vater war sehr stolz auf diesen Namen: Die Weißen Maulwürfe.

Eines Tages wurde im Stadtteil Manga im Garten einer befreundeten Familie Jagd auf echte Maulwürfe gemacht. Männer durchwühlten mit Stöcken die Erde, wo die Maulwürfe an der Oberfläche ihre Spuren hinterlassen hatten. Sie schwangen die Stöcke wie Lanzen und stießen dabei wildes Kriegsgeschrei aus. Das alles war gespielt, bis auf die für sie selbst überraschende Rage. Sie richtete sich nicht gegen die kleinen Tiere. Ihre Wut entsprang ihrer eigenen Ohnmacht gegenüber einer dunklen Welt, die sich unterhalb ihrer Füße regte.

Seitdem kommen mir die Maulwürfe immer wieder in den Sinn. Diese unsichtbaren Bergarbeiter sind die Kehrseite eines Spiegels, sie brauchen die Dunkelheit zum Sehen, und wenn sie den nahenden Tod spüren, kommen sie an die Oberfläche. Es ist das Licht, das sie begräbt. Die Maulwürfe verwirklichen den Traum der Toten: auf ewig dem Grab entsteigen.

Ich bin nicht nur auf der Suche nach der Vergangenheit in meine Stadt zurückgekehrt. Ich bin auf der Suche nach einem Mittel gegen meine Depression. Vielleicht hatte mein Vater recht. Zu meiner Zeit, sagte er, nannte man eine Depression Unglücklichsein.

»Fahr in deine Heimatstadt«, hat mein Arzt gesagt. »Fahr dahin zurück, um dich von den Gespenstern deiner Kindheit zu befreien.«

»Und woher weiß ich, dass ich befreit bin?«, habe ich gefragt.

»Wenn du spürst, dass es keine Rückkehr mehr gibt.«

Als Kind, sagte mein Vater, verabschieden wir uns nicht von den Orten. Wir denken, dass wir immer wieder zurück-

kommen. Dass es niemals das letzte Mal ist. Orte sind wie Bücher – sie existieren erst, wenn wir sie zum zweiten Mal lesen.
Herzlich,
Diogo Santiago

Das Zimmermädchen möchte mein Zimmer aufräumen. Ich frage, ob es stört, wenn ich solange im Raum bleibe. Sie antwortet mit einem schüchternen Lächeln und ordnet das Chaos im Zimmer, während ich feststelle, dass Liana mir schon die ersten Dateien geschickt hat. Sie hat, meinem Vorschlag entsprechend, mit der Fahrt nach Inhaminga angefangen, über die ich als Jugendlicher in meinem Tagebuch berichtet habe. Wir schrieben den Monat Februar 1973, und mein Vater hatte gerade einen Brief von seinem portugiesischen Freund Faustino Pacheco erhalten, der sich selbst als »in der Wolle gefärbter Kommunist« bezeichnete. Überbracht wurde der Brief von unserem alten Hausangestellten, der so langsam ging, dass niemand auf die Idee gekommen wäre, er könnte in seinen Hosentaschen revolutionäre Handlungsanweisungen für meinen Vater, den Dichter Adriano Santiago, verbergen.

Und jetzt blickt mich hier diese ganze Vergangenheit an. Ich sitze am Schreibtisch, den Computer vor mir. Meine Augen leuchten, sind aber leer. Es wird Mittag, und ich sitze immer noch vor dem Bildschirm.

Das entgleiste Universum

Die Dokumente des PIDE-Agenten

Die größte Ignoranz besteht nicht darin, nicht lesen, erzählen oder schreiben zu können. Sondern darin, nicht zu wissen, warum wir am Leben sind.
Adriano Santiago

DOKUMENT NR. 1
Brief des Genossen Faustino Pacheco an meinen Vater
Beira, 16. Februar 1973

Genosse Adriano Santiago,
ich begrüße deinen Mut, in einer so turbulenten Zeit nach Inhaminga zu fahren. In der vergangenen Woche haben dort in der Gegend Guerilleros der Frente de Libertação einen Zug der Trans-Zambezia-Railways überfallen. Für uns portugiesische Kommunisten, solidarisch mit dem Kampf für die Unabhängigkeit von Mosambik, war der Überfall ein bedeutender Erfolg. Mein Hausboy gab dazu folgenden Kommentar ab: Die Welt ist ein Zug, der in Inhaminga entgleist ist. Und er hat vollkommen recht.

Uns erreichen Berichte, dass vom Militär der Kolonialmacht zur Vergeltung entsetzliche Gräueltaten an der schwarzen Bevölkerung verübt werden. Diese Verbrechen müssen nachgewiesen und entsprechend angeprangert werden. Du bist ein erfahrener Journalist. Du musst die barbarischen Taten in Wort und Bild dokumentieren. Gemeinsam werden wir Mittel finden, die grausige Nachricht im Ausland zu verbreiten, da dies im portugiesischen Einflussbereich ja nicht möglich ist. Das ist fraglos die wichtigste und riskanteste Aufgabe, die wir zu erfüllen haben. Vorwärts, mein lieber Genosse! Ich weiß, dass du nicht als militanter Parteigenosse behandelt werden möchtest, dein Kampfmittel ist die Dichtung. Aber lass mich dir sagen, dass die Portugiesische Kommunistische Partei dir für diese wertvolle Hilfe auf ewig dankbar sein wird.

Die in Inhaminga ansässigen holländischen Missionare werden dir die Türen zur Wahrheit öffnen. Diese Priester sind unentbehrlich, aber lass dich nicht täuschen: Priester sind Priester, die sind ganz anderen Anliegen verpflichtet als wir. Sie sprechen im Namen der leidenden kleinen Leute, gaukeln ihnen aber etwas vor, indem sie ihnen das himmlische Paradies versprechen. Ich bin der Sohn von Republikanern, ich habe eine unverbesserliche antiklerikale Ader geerbt.

Hier ein paar Ratschläge: Erstens, lass dich nicht einschüchtern. Die führenden Militärs sprechen, als gehöre ihnen die Welt. Ich habe schon Kriegsschauplätze gesehen, ich weiß, wie das abläuft. Die militärischen Einsätze sind auf den Millimeter genau geplant, damit sie nie wie geplant stattfinden. Mach deshalb aus Journalismus eine militärische Operation: Bring den fernen Ort – wo alles geschehen kann, ohne dass jemand davon erfährt – in die Stadt, wo man alles weiß, vor allem das, was nie geschehen ist.

Ich weiß, dass du deinen Sohn Diogo mitnehmen willst. Das ist, versteht sich, deine ganz persönliche Entscheidung. Wir jedoch haben beschlossen, dass auch dein Hausboy, dieser Benedito, mitfahren soll, als dein Dolmetscher. Denn da in der Gegend sprechen nicht viele Portugiesisch.

Geh keine unnötigen Risiken ein, lieber Genosse. Ich bin es leid, dir zu sagen: Dein größter Feind sind nicht die anderen. Was dir im Wege steht, ist deine poetische Ader. Ich weiß

schon jetzt, dass du dich in Tagträumen und kleinbürgerlicher Rührseligkeit verlieren wirst. Lass die Poesie beiseite. Davon werden alle profitieren. Zuallererst die Poesie.
Sei fest umarmt von deinem Genossen
Faustino Pacheco

PS: Zusammen mit dieser Nachricht schicke ich dir den Entwurf des privaten Manuskripts, an dem ich, wie du weißt, seit Monaten sitze. Bitte nutz deine freien Stunden, um meinen Text zu kommentieren und zu bereichern. Ich weiß, dass es düster anmuten kann, aber es ist mein Wunsch, meine eigene Grabrede schriftlich zu hinterlassen. Das Leben eines Kommunisten ist in dieser leidvollen Zeit wie ein Faden, der jeden Augenblick reißen kann. Mich treibt keinerlei Eitelkeit. Aber wenn schon mein Leben mir nie gehört hat, möchte ich zumindest Herr über meinen Tod sein. Hast nicht du diesen Satz geschrieben?

DOKUMENT NR. 2
Die Fahrt nach Inhaminga (Auszug aus meinem Tagebuch)
Beira, 18. Februar 1973

Am frühen Morgen riss mein Vater mich abrupt aus dem Schlaf: »Beeil dich, ich will noch bei Tageslicht ankommen!« Er zog mich eilig an und schob mich zum Auto, wo auf dem Rücksitz unser Hausboy Benedito Fungai mit einem Koffer auf dem Schoß wartete.

»Da sind deine Sachen«, sagte mein Vater.

»Verabschieden wir uns nicht von Mutter?«

»Wer sich von deiner Mutter verabschiedet, riskiert, dass er nie loskommt«, antwortete mein Vater, während er sich mit Kennermiene über den Motor beugte.

Er tat, als inspiziere er das Auto. Alle wussten, dass mein Vater nicht nur ein miserabler Fahrer war, sondern auch keine Ahnung von Mechanik hatte. Aber da stand er in männlicher Pose, in der Hoffnung, dass die Nachbarn ihn nun ein wenig mehr respektierten.

»Mutter bittet, wir sollen nach Cousin Sandro suchen«, erklärte ich Benedito, der offenbar nicht verstand, was vor sich ging.

»Wir fahren in ein Kriegsgebiet«, sagte mein Vater. »Nicht dass ihr denkt, das hier wäre ein gemütlicher Ausflug.«

Und dann brachen wir auf zu einem Ziel, das von den drei Insassen des Autos nur ich nicht kannte. Wir ließen die Stadtteile Esturro, Manga und Munhava hinter uns und dann die Viertel, deren Namen die Stadt nicht kennt. Benedito betrachtete die Landschaft, während ich aus Sorge wegen der Fahrkünste meines Vaters die Straße fest im Blick behielt. Erst als wir die Brücke über den Punguè passierten, wurde unser Ziel verkündet.

»Wir fahren nach Inhaminga!«, teilte mein Vater mit.

Es klang, als seien wir auf dem Weg zum Ende der Welt. Er drehte sich zu uns um und forderte Benedito auf, noch einmal zu erklären, was der Ortsname bedeute. »Hast du nicht gestern gesagt, Inhaminga bedeute Stadt der Stachel? Das kann aber nicht sein, mein Lieber. Eine Stadt ist wie eine Frau, und die sind zum Umarmen gemacht.« Benedito bestand auf seiner Erklärung, sprach aber so leise, dass nur ich ihn hören konnte: »Der Ort, zu dem wir fahren, besteht nur aus Stacheln. Nicht einmal Tiere legen sich da hin.« Da er Beneditos Bemerkung nicht gehört hatte, sagte mein Vater in fast kindlichem Ton: »Inhaminga, Inhaminga! Weißt du noch, Diogo, wie unser Sandro als Kind bockig war?«

Ja, ich erinnerte mich gut an die resolute Ankündigung meines Cousins: »Ich hau ab, nach Inhaminga!« Damit drohte er immer, wenn ihm etwas nicht passte. Sandro war Vollwaise und lebte bei uns wie ein älterer Bruder. Ihn umgab ein Geheimnis, das ich nie lüften konnte. Sandro hatte keine Vergangenheit, alles löste sich auf in einem fernen, vagen Autounfall, bei dem seine Eltern ihr Leben verloren hatten. Sandro teilte das Zimmer mit mir, aber er war still wie ein Schatten.

»Armer Sandro, weiter weg hätte es ihn wohl nicht verschlagen können«, klagte mein Vater. »Und jetzt steckt der arme Kerl in einer Uniform im Busch von Inhaminga und weiß nicht, wohin sie ihn bringen und ob er jemals wieder zurückkommt.«

In Afrika gibt es keine Entfernungen. Nur Tiefe, tief im Land. So dachte mein Vater. »Inhaminga ist nicht weit weg«, erklärte er beim Fahren. »Nur tief im Land, sehr tief.«

Inhaminga ist Beneditos Geburtsort. Er hatte uns noch überreden wollen, seinen Bruder mitzunehmen, der vor einem Jahr mit ihm nach Beira geflohen war. Sie waren aus den geschlossenen Siedlungen entkommen, die von den portugiesischen Behörden gebaut worden waren. In der Stadt arbeitete Beneditos Bruder Jerónimo als Hausboy bei unseren Nachbarn, den Sarmentos.

Am Morgen hatten sich die beiden Brüder, jeder mit einem kleinen Bündel, schon vor den ersten Sonnenstrahlen vor unserem Haus eingefunden. Mein Vater weigerte sich, Beneditos Bruder mitzunehmen, und brachte zur Begründung eine rätselhafte Erklärung vor: »Das hier ist kein Ausflug, es ist eine Mission.«

Unser Hausboy wollte seinen Bruder dabeihaben, weil die Fahrt ihm Angst machte. Ginge es nach ihm, würde er nie mehr einen Fuß in seinen vom Krieg so verwüsteten Geburtsort setzen.

Vielleicht lag es an dieser Angst, dass er die ganze Fahrt

über schwieg. Er betrachtete die Landschaft, als wäre sie Teil seiner Vergangenheit. Sobald wir die Brücke über den Rio Punguè passiert hatten, begann mein Vater, laut Gedichte aufzusagen. Dabei schwenkte er einen Arm, denn ihm zufolge trugen wir alle die Stimme in den Händen. »Das ist alles, was ich deiner Mutter bieten kann, Worte und Verse«, murmelte er verlegen. »Aber deine Mutter versteht das nicht, sie ist viel zu praktisch.« Und zu mir gewandt, bat er: »Du musst mit deiner Mutter mal darüber sprechen.«

Den Kopf auf Beneditos Bein gebettet, schlief ich ein. Tiefe Entfernungen glitten vorüber, tausend Verse lösten sich aus den Armen meines Vaters, bis ich vom Zuschlagen der Autotür aufwachte. Ich sah mich um, wir standen mitten in der Wildnis. Der Motor schwieg, das Auto war kaputt. Ich betrachtete die Sandpiste bis über den Horizont hinaus, als zerteilte sie den Himmel in zwei Hälften. Mein Vater hatte die Motorhaube geöffnet und starrte mit unwissenden Augen auf die Eingeweide des Autos. Ab und zu klopfte er mit einem Stein auf ein beliebiges Teil. Er wusste, wie nutzlos das war. Weit und breit war niemand, den er hätte beeindrucken können. Er stieg wieder ein und rief Benedito, der die Piste nach Spuren absuchte. Im Auto waren wir sicherer.

»Haben wir Angst vor Tieren oder vor Menschen?«, fragte ich.

»Tiere oder Menschen, das macht hier keinen Unterschied«, antwortete Benedito.

Wir saßen eine Ewigkeit still und schweigsam da, bis mein Vater die nervösen Hände auf das Lenkrad legte und feststellte, das sei keine Panne. Der Motor wolle nur etwas ausruhen. Sehr bald wären wir wieder unterwegs. Alle hatten ihn kritisiert, als er den Gebrauchtwagen gekauft hatte. Aber er hatte das Auto gern, denn es führte ihn, wie er sagte, durch die Stadt, wie man einen Hund spazieren führt. Das Auto sollte ihm nicht dienen, sondern Gesellschaft leisten.

»Und mein Freund«, sagte er und streichelte erneut das Lenkrad, »hat mich noch nie im Stich gelassen.«

Inzwischen wurde es so heiß, dass uns selbst das Atmen anstrengte. Wir dämmerten langsam weg, als eine Detonation uns wieder aufschreckte. Mein Vater war so aufgeregt, dass er entgegen seinem eigenen Rat aus dem Auto stieg und, die Hände schützend auf den Ohren, die Straße hinab- und wieder hinauflief. »Das ist der Krieg, der verdammte Krieg«, schimpfte er unablässig. Benedito erklärte, die Detonation komme von dem Steinbruch bei Muanza. Aber mein Vater hörte nicht zu. »Ich bin mitten in den Krieg gefahren, wo hatte ich bloß meinen Kopf?«, brüllte er. »Die wollen, dass ich eine Reportage mache? Ich bin ein Mann der Bücher, meine besten Reportagen habe ich gemacht, ohne das Haus zu verlassen, ohne irgendwo hinzugehen, ohne mit jemandem zu sprechen. Das ist alles ganz falsch, diese Trottel!«, schrie mein Vater.

Mir kam der Verdacht, sein Geist habe unter der Hitze gelitten. Ich wartete ab, bis er wieder einstieg, bevor ich ihn vorsichtig ansprach.

»Ist das der Krebs, Vater?«

»Welcher Krebs?«

»Deine Krankheit, Vater.«

»Ach, dieser Krebs«, er lachte, »der Krebs, den gab es nur in meinem Kopf.«

»In deinem Kopf, Vater?«

»Damit meine ich, den habe ich mir ausgedacht.«

Vor einem Monat hatte er die furchtbare Krankheit verkündet. Wie in so vielen anderen Nächten wartete meine Mutter darauf, dass er nach Hause kam. Um zwei Uhr nachts hörten mein Cousin Sandro und ich Geschrei und liefen zur Küche. Durch einen Türspalt sahen wir meine Mutter, die wütend gestikulierte.

»Herrje, Adriano, schämst du dich denn überhaupt nicht mehr, um diese Zeit nach Hause zu kommen«, schimpfte sie. »Ganz zu schweigen davon, dass du nicht zur Arbeit gehst, vom Parfüm in deinen Kleidern und noch anderes, was ich mich schäme auszusprechen.«

Der kurzsichtige Blick meines Vaters suchte einen Spalt in der Decke. Dann strich er mit den Fingern über die Tischplatte, als müsste er seinen Mut zusammennehmen.

»Du hast recht, Virgínia«, sagte er. Und fügte mit gesenktem Kopf hinzu: »Es gibt etwas, das ich vor dir verheimliche.« Meine Mutter sah ihn streng an: »Dann wirst du es mir sagen, und zwar alles und jetzt. Wenn es das ist, was ich denke, wirst du noch heute ausziehen. Und wenn du es nicht sagst, siehst du mich nie wieder. Du hast die Wahl.«

Mein Vater hob die Arme, als suchte er nach den richtigen Worten. Schließlich verkündete er mit einem tiefen Seufzer: »Ich habe Krebs, Virgínia.«

»Krebs?«, stammelte meine Mutter ungläubig.

Mein Vater ließ die Arme langsam sinken und erklärte: »Ja, und in weit fortgeschrittenem Stadium.« Meine Mutter schüttelte den Kopf, den Blick zu Boden gerichtet. Es sah aus, als wollte mein Vater sie berühren, es sich dann aber doch anders überlegte.

»Ich wette, es ist Lungenkrebs«, sagte meine Mutter.

»Ich gebe das Rauchen auf, Virgínia. Noch heute höre ich auf.«

Tränen tropften auf den Tisch. Mein Vater wischte sie ebenso sorgfältig weg wie sonst die Wasserränder der Gläser.

»Was du machst, Adriano, das ist nicht rauchen«, schluchzte meine Mutter. »Du rauchst so gierig, dass man den Rauch gar nicht sieht. Du rauchst nicht, du wirst von der Zigarette geraucht. Gierig wie ein Teenager.«

Plötzlich weinte mein Vater zusammen mit seiner Frau, als finge er allmählich an, seine eigene Lüge zu glauben. Und er hustete die ganze Nacht, während meine Mutter zum heiligen Blasius betete, dem Schutzheiligen der Brustkrankheiten. Seit dieser Nacht rauchte er nicht mehr.

Während wir da mitten auf der Landstraße standen, grinste mein Vater und zwinkerte mir kaum merklich zu. »Den Krebs habe ich mir ausgedacht, mein Sohn«, sagte er noch einmal verlegen.

Im selben Augenblick bewahrheitete sich seine Prophezeiung: Der Motor sprang wieder an. Mein Vater verstand nichts von Mechanik, aber er verstand die Launen seines alten Autos. Zu unserem Unglück begann er wieder mit dem Deklamieren von Gedichten. »Dieses Auto braucht Gedichte als Antrieb«, erklärte er. Am Lenkrad der Dichtung spüre er weder die Hitze noch die Erschöpfung, wie er im Brustton der Überzeugung eines Propheten erklärte. Der Dichter Adriano Santiago war ein glücklicher Mann, so glücklich, dass er nicht einmal wusste, dass er lebte.

DOKUMENT NR. 3
Internes Schreiben der PIDE/DGS
Beira, 19. Februar 1973

An den
Brigadeleiter Gorgulho,
Unterabteilung Inhaminga

Veranlassen Sie unverzüglich, die speziellen Verfahren zur Kommunikation mit Pater Januário Fungai, unserem Informanten bei der Mission der holländischen Pater, zu aktivieren. Wir haben erfahren, dass der Journalist Adriano Santiago Beira verlassen hat und Kontakt zur Kirche in Inhaminga aufnehmen wird. Unser Agent Pater Januário soll sämtliche Bewegungen beobachten und berichten, was ihm merkwürdig vorkommt, und vor allem, was ihm nicht merkwürdig vorkommt.

Sämtliche Telefonate der holländischen Missionare werden von unserem Agenten bei der Post der Stadt Beira abgehört. Handlungsanweisungen wurden an das Heer übermittelt, damit in diesen Tagen die Operation »Hungriger Schakal« fortgesetzt wird, jedoch in wesentlich gemäßigterer Form.

Und lassen Sie vorübergehend Häuptling Capitine frei. Er ist Vater des Hausboys vom Journalisten und Bruder von Pater Januário. Für uns ist von Nutzen, dass der Journalist Kontakt zu dem Häuptling hat, diesem wirren Burschen, der völlig schamlos mal uns, mal dem Feind zu Diensten ist. Wir werden vorgehen wie beim Angeln: Wir geben dem Fisch Leine, damit er den ganzen Köder schluckt.

Leiter der Unterabteilung Beira
Inspektor Óscar Campos

DOKUMENT NR. 4
Die Fahrt nach Inhaminga (Auszug aus meinem Tagebuch)
Beira, 18. Februar 1973

Der Soldat stand mitten auf der Landstraße, die Waffe hoch über den Kopf erhoben. Mein Vater hielt respektvoll an und drehte das Seitenfenster herunter.

Der Soldat schob den Kopf durch die Öffnung und blickte ins Wageninnere. Über sein Gesicht perlten dicke Schweißtropfen. Er knurrte: »Mit dem Jungen da fahren Sie in Inhaminga besser nicht über den Dorfplatz.«

»Und warum nicht?«, fragte mein Vater.

»Es gibt Sachen, die sollte ein Junge in dem Alter nicht sehen.«

»Ich habe zwei Jungen im Auto.«

»Ihre Entscheidung. Aber sagen Sie nachher nicht, ich hätte Sie nicht gewarnt.«

Er trat zurück und gab den Weg frei. Ein Fahrzeug mit einem Lautsprecher auf dem Dach kam an uns vorbei und rief »die weißen Portugiesen« zu einer Demonstration vor dem Posten auf. Längs der Bahnlinie saßen schwarze und weiße Soldaten, alle mit den Waffen auf den Knien. Auf den Schienen saßen auch weiße Frauen mit Sonnenschirmen in der Hand. Mein Vater erklärte: Das sind Ehefrauen der streikenden Angestellten der Trans-Zambezia-Railways. Sie haben aus Protest die Gleise besetzt.

Mein Vater fuhr langsam weiter, parallel zur Bahnlinie. Laut Benedito würde uns dieser Weg zur Zementfabrik von Muanza führen. »Das alles gehört Champalimaud«, bemerkte mein Vater. Der Unternehmer besaß die Minen, die Fabrik, die Plantagen, die Sägereien. Alles in der Hand eines einzigen Mannes. Und laut meinem Vater war unschwer zu erkennen: Mit dem Bau des Staudamms von Cabora Bassa fügten sich alle diese Unternehmen wie die russischen Puppen zu einem Ganzen ineinander.

»Ein ganzer Haufen an Unternehmen«, sagte mein Vater. »Ein Haufen Scheiße!«

Benedito hielt sich die Hände vors Gesicht, um sein Grinsen zu verbergen. Der Patrão war offenbar außer sich, dass ihm so ein unanständiges Wort rausrutschte.

Wir fuhren in den Ort Inhaminga hinein und hielten kurz darauf beim Regierungsgebäude. Vor uns lag ein Platz, vermutlich der, von dem der Soldat gesagt hatte, wir sollten uns davon fernhalten. Mein Vater steckte seinen Fotoapparat in seine Tasche und hängte sie sich über die Schulter. Mit energischen Schritten ging er los, vorher aber wies er uns an: »Ihr steigt unter keinen Umständen aus!« Seine Stimme war beherrscht, aber man merkte ihm an, dass er unter enormer Anspannung stand.

Er ging in Richtung Platzmitte, wo sich eine kleinere Menschenmenge versammelt hatte. Als er näher kam, traten alle zu einem Spalier beiseite. Da sah ich die aufgehäuften Leichen. Es waren alles Schwarze, alle nackt und voller Straßenstaub. Ein halbes Dutzend portugiesische Soldaten wachte über die makabre Szene. Auf einem Holzschild an der Straße stand: »Das geschieht mit jedem, der den Terroristen hilft.«

Wie vom Donner gerührt, drehte mein Vater sich um und kehrte zum Auto zurück. Er warf sich auf den Sitz, nahm die Brille ab und blieb reglos sitzen, die kurzsichtigen Augen auf das Innendach gerichtet. Plötzlich zog er die Kamera aus der Tasche und schleuderte sie auf den Rücksitz. Der Fotoapparat war so nutzlos und blind wie er selbst.

Auf einmal tauchte hinter einem Termitenhügel eine große, schlanke schwarze Frau auf und ging zielstrebig auf den Platz zu. Sie trug eine Art weiße Tunika und hatte eine Schaufel in der Hand.

»Mein Gott!«, rief Benedito vom Rücksitz, den Blick starr auf die Frau gerichtet.

»Wer ist das?«, fragte ich.

»Sie … sie heißt Maniara«, stammelte Benedito. Und dann gestand er zutiefst verlegen: »Das ist meine Mutter, meine zweite Mutter.«

Die Frau ging um den Platz herum, dann führte sie eine Art Tanz auf. Ihre Hände streiften über den Boden, als wären ihre Arme abgestorben, und wirbelten wie Besen den Staub auf.

»Schafft die hier weg!«, befahl ein Soldat.

Ein anderer bemerkte: »Lassen Sie die ruhig schreien, Leutnant, das sollen alle hören. Sie müssen wissen, Leutnant, das Schild, das wir da aufgestellt haben, ist sinnlos, hier kann kein Mensch lesen. Sie können sich beim lieben Gott bedanken, die Schwarze ist besser als jeder Radiosender.«

Angelockt von den Schreien der Frau, kamen zwei Pater zum Platz, ein weißer und ein schwarzer. Einen Moment starrten sie auf unser Auto. Mein Vater winkte ihnen aufgeregt zu. Keiner von beiden reagierte auf seine unbeholfene Freundlichkeit.

»Das ist Pater José Martens, ein Holländer, ein guter Mann«, sagte mein Vater, als wollte er die mangelnde Höflichkeit des Paters entschuldigen.

»Und der andere ist mein Onkel Januário«, erklärte Benedito.

»Du hast einen Onkel, der Pater ist?«, fragte mein Vater verwundert. »Das hast du noch nie erzählt.«

Der holländische Pater trat den Soldaten entgegen und sprach den Leutnant entschieden an: »Wir nehmen die Toten mit.« Der Leutnant tat, als hätte er nichts gehört. Er zündete sich eine Zigarette an, sog den Rauch ein und fragte mit voller Lunge: »Hat Sie jemand holen lassen, Pater?«

»Diese Männer sind Mitglieder meiner Gemeinde, der Mission des Heiligen Herz Jesu«, antwortete Pater Martens. »Wir möchten ihnen ein christliches Begräbnis geben.«

»Morgen können Sie die begraben«, erklärte der Soldat. »Heute haben sie noch eine Aufgabe zu erledigen.« Angesichts der Reaktion des Paters fügte er hinzu: »Machen Sie nicht so ein Gesicht, Pater. Manche Leute sind nützlicher, wenn sie tot sind.«

Der Pater wartete ab, bis das Gelächter der Soldaten verstummte. Dann erst blickte er herausfordernd auf. »Sie kennen die Namen dieser Menschen?«

»Welcher Menschen?«, fragte der Leutnant überrascht zurück.

»Wenn Sie sie getötet haben, wussten Sie ja, wer sie waren.«

Für eine Weile waren nur die Fliegen über den Leichen zu hören. Dann sprach Pater Martens weiter.

»Wenn ihre Namen nicht registriert sind, müssen wir sie mitnehmen, um sie zu identifizieren. Diese Menschen dürfen nicht namenlos in Gottes Hand gegeben werden.«

»Ich habe doch gesagt, Sie sollen morgen wiederkommen, Pater. Und Sie können unbesorgt sein, meine Soldaten bewachen den Platz, da kann keine Hyäne fressen kommen.«

Da ertönte Maniaras Stimme. Anfangs sprach sie auf Portugiesisch, doch nach und nach wechselte sie in ihre eigene Sprache, Chissena.

»Ich kann helfen, Pater. Ich kenne sie alle, ich weiß, wie sie heißen, wie sie jetzt heißen und wie sie früher geheißen haben.« Damit setzte sie erneut zu dem Tanz an, bei dem sie mit geschlossenen Augen die Schaufel rhythmisch auf den Boden klopfte. Ohne ein einziges Mal die Augen zu öffnen, benannte sie die Namen der Toten: »Das hier ist unser Lehrer aus Dimba, Langa Manuel Chombe, der Sohn von Cintura Chombe und Madalena Fungai; hier sind Luís Vontade und seine beiden Söhne Zuca und Dzidzi; das ist José Chidanga, Sohn des Régulo Tandai, der auch vor wenigen Tagen getötet wurde; hier ist auch Joni Sampaio, der Sohn von Bonifácio Pascoal und Marta Muruno; da sind der Régulo Santove und sein Sohn Sande Nensa; da ist Manuel Penga, Sohn von Jonas Benjamim und Marina Massui; die da sind meine direkten Nachbarn Jorge Maio und mein Hauptschwager Nicolau Alfândega; und dort liegen Chale Nkalamu und sein Neffe José Cadeado.«

Nachdem sie die Namen aufgezählt hatte, war sie außer Atem. Sie blieb stehen, das Gesicht zur Sonne gewandt, und warf sich eine Handvoll Erde auf die Brust.

»Ich bin wie sie, ich bin Erde. Ich bin mit meinen Brüdern gestorben.«

Benedito übersetzte für uns. Dann fing Maniara an zu beten, weiterhin in ihrer Sprache, im selben Tonfall wie zuvor, als wäre Sprechen und Beten ein und dasselbe. Und so sprach sie zu Gott, den sie mit Mulungo anredete.

»Hör zu, Mulungo, Gott der Vasena: Wir haben dich lebendig gemacht, damit du uns dafür Leben schenkst. Jetzt sieh dich um, und was erblickst du? Sieh uns an, schämst du dich nicht?«

Als es anscheinend nichts mehr zu sagen gab, hob die Frau wieder die Arme und bat die Toten, großzügig zu sein und auf die Größe von Kindern zu schrumpfen. »Bitte, tut dies«, flehte Maniara. »Denn in der Erde ist nicht mehr genug Platz für alle, die noch sterben werden.«

Dann kam die Frau, die Schaufel hinter sich herschleifend, in unsere Richtung. Sie wirkte jetzt magerer, ihre Brust wie von den Schultern umfangen. Neben dem Auto blieb sie stehen.

Benedito lief zu ihr und warf sich ihr zu Füßen. »Mutter, ich bin es, dein Sohn!«

»Ich habe keine weißen Söhne«, erklärte sie.

»Warum trägst du eine Schaufel mit dir herum?«, fragte mein Vater.

»Ich habe die Männer aus meinem Dorf begraben«, antwortete sie. »Ich bin müde. Alle, die sterben, werden zu meinen Söhnen.« Sie schwieg. Dann ging sie in die Hocke, setzte sich auf ihre Fersen.

»Es ist besser, wir fahren nach Beira zurück, Patrão«, flehte Benedito.

Die Frau klopfte mit der Schaufel auf die Erde. »Sei still, Junge! Du sprichst nur, wenn du mich übersetzen musst.« Sie rieb die Schaufel kreisend über einen Stein, als wollte sie die

Kante schärfen, dann erhob sie wieder ihre Stimme: »Manchmal mache ich es wie die Portugiesen: Ich begrabe die Menschen, wenn sie noch leben. Sie bitten mich, dem Ganzen ein Ende zu bereiten. Die hättet ihr sehen sollen. Die Augen gehen ihnen über vor Dankbarkeit, bevor sie zugeschüttet werden.«

»Die Frau soll still sein!«, befahl der Leutnant. »Die ist betrunken oder hat zu viel geraucht.«

»Lassen Sie sie reden, Leutnant«, bat mein Vater.

»Wer sind Sie?«, fragte der Soldat.

Er wartete keine Antwort ab. Er hatte keine Frage gestellt, sondern zu verstehen gegeben, dass an diesem Ort ein Fremder ein Niemand war. Er brüllte seinen Befehl: »Das Pack wird jetzt begraben. Wir dürfen nicht zulassen, dass die Schwarzen ihre Toten begraben. Die sollen wissen, dass bis zum Schluss wir bestimmen, was passiert.«

Dann verlangte er, die Schwarzen sollten weggehen. Keiner gehorchte. Er fuchtelte noch mit den Armen, um seiner Aufforderung Nachdruck zu verleihen. Nichts.

Mein Vater bemerkte halblaut: »Meinst du, die Bauern haben Angst? Irrtum. Die portugiesischen Soldaten haben viel mehr Angst.«

Er legte mir den Arm um die Schultern, als wären wir gleichaltrig, und sprach weiter: »Sie haben Angst, weil sie nie wissen, was die Schwarzen denken.«

»Benedito hat recht, Vater«, stammelte ich. »Lass uns nach Hause fahren.«

Da machten die Soldaten sich an die Arbeit und begannen, gleich neben der Straße Gräber auszuheben. Mein Vater erhob sich, um ihnen zu helfen. Der Leutnant stellte sich ihm in den Weg. Nur die Soldaten sollten die Gräber ausheben. Mein Vater gab nicht gleich auf. Aber der Leutnant wurde energisch: »Sie sehen aus, als könnten Sie eine Schaufel nicht von einem Stift unterscheiden.« Er spuckte sich in die Hände.

Die Soldaten gruben den Erdboden auf, bis mein Vater irgendwann den Leutnant fragte, ob er ihm wenigstens erlaube, die Leichen zu tragen. »Wenn Sie daran Freude haben, können Sie sich die Hände schmutzig machen«, erklärte der Leutnant achselzuckend. Mein Vater umfasste die Füße eines Toten und mühte sich ab, ihn fortzuschleifen. Auf halbem Weg fiel er erschöpft neben die Leiche. Maniara hinderte ihn daran, weiterzumachen. Er kam zurück, setzte sich, nach Luft ringend, neben mich und bemerkte: »Nicht das Grab ist wichtig. Es geht darum, die Last der Verstorbenen zu teilen. Mit diesem Toten tragen wir alle Lebenden.«

Mein Vater zog ein Blatt Papier und einen Stift aus der Tasche und schrieb ein paar nahezu unleserliche Zeilen auf. Es war ein Gedicht. Als er das Blatt zusammenfaltete, leuchtete ein eigenartiger Glanz in seinen Augen.

DOKUMENT NR. 5
Gedicht meines Vaters
Beira, 18. Februar 1973

Rede der Frau, die ihre Söhne beerdigt

Ausschachten, Senhor, heißt nicht zwischen
Erdschollen kratzen.
Ausschachten heißt die Haut der Dämonen aufreißen
und an der Pforte zur Hölle um Zuflucht bitten.

Totengräber sind meine Finger, die nicht mehr bluten,
tote Knochen, die einen Boden voll lebender
Steine durchpflügen.
Bitter, Senhor,

ist kein anderes Tuch zu haben außer Sand
um die zu bedecken, die in den Erdboden gelegt
wurden.

Deshalb, Senhor, bitte ich nicht um Erholung.
Denn ich bin wie der Regen: Ich ruhe in der Träne
aus, die in mir getrocknet ist.
Ich wiederhole, Senhor,
ausschachten heißt nicht zwischen Erdschollen
kratzen.
Ausschachten ist etwas anderes, Senhor.
Ausschachten ist wie schreiben:
die Erde aufreißen und Buchstabe für Buchstabe
zu einem begrabenen Himmel aufsteigen.

Auf Tüchern schreiben

Beira, 7. März 2019

Ich bewohne die Welt,
wenn ich vergesse, dass ich lebe.
Nutzlos ist die Geografie:
Mich bewohnt eine andere Stadt.

Wenn sie die Siedlungen zerstören kommen,
werden sie das Haus, das meines war, nicht finden.
Dieses Haus wohnt in mir.
Diese Ruine bin ich.
Adriano Santiago

Jede Nacht vergesse ich, wie man schläft. Der Arzt hat mir gesagt, Schlafstörung sei eine andere Bezeichnung für Depression. Die Symptome häufen sich schon seit Langem: Zu Schlafstörungen kommen Vergesslichkeit, Muskelzucken, Zerstreutheit hinzu. Es sind so viele Symptome, dass sie auf mehr als eine einzige Krankheit hinweisen. So wie die Kolonialstadt verrückt geworden ist, um sich gegen das Chaos zu schützen, bin auch ich krank geworden, um mich gegen meinen kaputten Alltag zu schützen.

Tatsache ist, dass ich seit Monaten die schlimmste Strafe erleide, die über einen Schriftsteller verhängt werden kann: Mein Hirn und meine Hand können sich nicht darauf einigen, wie man auch nur den kleinsten Satz schreibt. Der Arzt hat mir zweierlei verordnet: viele Pillen und eine Reise. Vielleicht sei es leichter, an einem entfernten Ort in den Schlaf zu finden. Ich habe mich an beides gehalten, aber alles ist wie gehabt. Ich bin in eine andere Stadt gegangen, habe mich in ein anderes Bett gelegt, aber die Nacht ist unverändert die dunkle Spinne, die aus den Tiefen der Erde hervorkriecht und über das Dach des Hauses steigt. Jeden Abend kommt die Spinne erneut hervor.

Heute bin ich wieder erst aufgewacht, als die Zeit fürs Frühstück schon vorbei war. Der Hotelmanager war so nett und hat einen Tisch für mich reserviert. Der Speisesaal ist überfüllt. Es findet gleichzeitig ein Seminar von Nicht-Regierungs-Organisationen und Agenturen statt, die sich selbst als »Spender« bezeichnen. Wieder einmal wird über das Elend der Bevölkerung in den luxuriösesten Hotels der Stadt diskutiert.

Ich trinke ein Erfrischungsgetränk. Ich habe keinen Durst, will nur das Antidepressivum einnehmen. Dann, mit noch schlafmüden Augen und belegter Stimme, schleiche ich durch eine Seitentür hinaus. Ein Txopela-Fahrer bringt mich zum Beira-Terrace-Hotel. Da bin ich mit Liana Campos verabredet. Ich werfe einen kurzen Blick auf die andere Seite des Flusses, um zu sehen, ob die alten Nachtclubs noch existieren. Und da sind sie, das Gebäude des Campino und ein Stück weiter das Moulin Rouge.

»Sind die Clubs noch in Betrieb?«, frage ich den Fahrer.

»Die Glück haben, sind in Betrieb«, antwortet er gelassen.

»Und gibt es Prostituierte, die in den Clubs arbeiten?«

»Die Glück haben, arbeiten«, antwortet er wieder und richtet einen forschenden Blick auf mich im Rückspiegel. Dann schlägt er einen anderen Ton an: »Ich gebe Ihnen meine Karte. Vielleicht brauchen Sie ja nachts meine Dienste. Ich bin in der ganzen Stadt als der Herrscher der Nacht bekannt. Ich mache alles diskret, Boss, niemand erfährt irgendwas.«

Als ich, am Ziel angekommen, auf das Wechselgeld warte,

gibt der Fahrer mir noch einen letzten guten Rat: »Seien Sie vorsichtig, Boss. Die Huren sind bewaffnet.«

Das Beira Terrace liegt auf einem Hügel im Stadtzentrum, nicht weit vom Hafen, der sich über das Mündungsmeer erstreckt. Das Gelände ist von einer baufälligen Mauer umgeben.

Vor der Unabhängigkeit verbrachten die Siedler gern den späten Sonntagnachmittag hier. Die wohlhabenderen Engländer und Portugiesen trafen sich auf einer Terrasse, wo sie Tee tranken, tanzten und Afrika vergaßen. Der Tee-Salon hatte das Recht beibehalten, nicht jeden Gast einzulassen. Meine Familie hatte das Lokal nie besucht. Unser Hausboy Benedito stellte überrascht fest: Selbst unter den Weißen gibt es mehrere Rassen.

Ein schmaler Fluss, der Chiveve, mündet rund einhundert Meter weiter ins Meer. Der Fluss ist klein, schlammig und übel riechend. Dennoch sind die Beirenser mächtig stolz auf ihn. So stolz, dass sie sich selbst als »die vom Chiveve« bezeichnen. Sie hätten auch den Strom Punguè, der neben der Stadt ins Meer mündet, zu ihrem Wahrzeichen wählen können. Aber sie sehen sich lieber in diesem Flüsschen gespiegelt. Sie wissen, dass mit diesem Namen die Flut bezeichnet wird, die über den Schlick heranrollt und wie eine Weise klingt: Chi-ve-ve-ve-ve.

In den Zeiten meiner Kindheit bildete dieses Flüsschen die Grenze zwischen den Sündenpfuhlen und den Orten der Tugend. Heute hat der Chiveve nicht mehr den Anspruch, die Welt zu teilen. Nach vier Jahrzehnten herrscht hier immer noch derselbe säuerliche Geruch stehender Gewässer. Die Vorstellung vom Paradies als üppig belaubter und duftender Ort ist irrig. Seinen Anfang hat das Universum in einem Morast wie diesem genommen.

Liana sitzt auf der Mauer, auf der ein Stück weiter die

Fischer ihre alten Netze flicken. Sie hat der Straße den Rücken zugewandt und hört meine Schritte schon von fern.

»Ich sehe gern Männern beim Nähen zu, es ist, als bekämen sie Frauenhände«, sagt Liana, ohne mich zu begrüßen. »Sie sind nicht Fischer, sondern Schneider. Zwischendurch gehen sie fischen. Aber nur, damit sie anschließend an den Strand zurückkommen und sich zum Nähen hinsetzen können.«

Königsreiher schreiten über das schlammige Ufer. Am Himmel regt sich nichts, Liana sagt, das sei die Ruhe vor dem Sturm.

»Hier hat meine Kindheit einen Riss bekommen«, sage ich, während ich mich neben Liana setze. »Ich will es den Fischern gleichtun, ich will den Riss flicken.«

»Jetzt lassen Sie mal die Poesie, Professor«, sagt Liana. »Ihre Kindheit wurde zerrissen? Erzählen Sie, Diogo, ich möchte Ihre Geschichte hören, auf Metaphern kann ich verzichten.«

Ich rufe ihr in Erinnerung, was sich vor fast einem halben Jahrhundert ereignet hat, als sich zwei verliebte junge Leute hier das Leben nahmen. Sie warfen sich in den Fluss, die Handgelenke mit Draht aneinandergebunden. Sollte es einer von ihnen bereuen, würde der andere ihn zu dem tragischen Entschluss zwingen. Sie durften sich nicht lieben, sie waren unterschiedlicher Rasse. Wie Romeo und Julia des tropischen Afrika setzten sie ihrem Leben ein Ende. Die Presse durfte nicht darüber berichten. Das Drama einer unmöglichen Liebe konnte mehr Aufruhr bewirken als tausend politische Streitschriften. Diese Geschichte erschütterte mit einem Federstrich all die Propaganda von einem Portugal ohne Rassen und Rassismus.

»Wie alt waren Sie?«, fragt Liana.

»Ich weiß es nicht. Ich erinnere mich, dass Sandro nächtelang geweint hat. Er weinte aus Selbstmitleid.«

»Und warum erzählen Sie mir diese Geschichte?«

»Das weiß ich, ehrlich gesagt, nicht.«

Neben uns kämpft ein alter Fischer damit, den Angelhaken aus dem Maul eines sehr großen Meeraals zu lösen. Der Fisch windet sich zappelnd wie eine Schlange. Er will die Welt beißen, den Himmel verschlingen, in seinem eigenen Blut ertrinken. Er ist wie aus Licht und Wasser und glitscht dem Fischer durch die Finger.

»Davon habe ich schon viele geangelt, genau hier, an dieser Stelle«, erkläre ich.

Liana wirkt nicht beeindruckt. Sie streicht sich über das Haar und wendet das Gesicht ab, um den Todeskampf des Fischs nicht mit anzusehen.

»Ich kann mir nicht vorstellen, dass Sie ein Tier töten«, sagt sie. »Wie sind Sie zum Angeln gekommen, Professor?«

Ich antworte nicht. Beim Angeln ist es so: Nicht der Angler wartet, sondern die Zeit. Das habe ich immer genossen, aber nie erklären können. Wir saßen auf der Mauer, fanden uns da zusammen, Schwarze und Weiße, und was wir aus dem Wasser holten, hing allein vom Zufall ab. Das Leben war gerecht, einige seltene Stunden lang.

»Eines kann ich Ihnen versichern, Liana. Ich war nicht auf einen Fisch aus. Ich hoffte, eines Tages eine Meerjungfrau zu angeln.«

»Es gibt auch Meerjungfrauen, die an Land leben«, sagt sie leise und nimmt ihre Sonnenbrille ab. Da erst fällt mir auf, dass ihre Augen eine grünliche Nuance haben.

»Jetzt aber zur Sache«, sage ich. »Ich will Ihnen erklären, warum ich Sie hierhergeholt habe, Liana …«

»Umgekehrt, ich habe Sie hierhergeholt, Professor. Vergessen Sie nicht, ich bin es, die Ihnen die Stadt zeigt.«

»Niemand zeigt eine Stadt«, behaupte ich, während Liana aufsteht, um ihre Schuhe abzustreifen, und sich dabei mit einer Hand auf meiner Schulter abstützt. Barfuß geht sie ans Wasser vor.

Nach einer Weile beschließe ich, zum Thema zu kommen: »Sie haben mir am Telefon gesagt, dass Sie mir ein altes, leidvolles Geheimnis erzählen wollen. Was für ein Geheimnis ist das, Liana?«

Ein Boot gleitet so langsam vorüber, dass man meinen könnte, der Fluss umarme das Holz und halte es auf dem Weg zu seinem Ziel fest. Liana fragt den Fischer, wie der Fang war. Der Mann lächelt wortlos. Das Boot entfernt sich wie ein trauriger Schatten.

»Das dürfen Sie nie fragen«, sage ich. »Falls der Fischer einmal sagt, dass er einen guten Fang gemacht hat, wird das Meer ihm das nie mehr verzeihen.«

Liana setzt sich wieder auf die Mauer, ihr Kleid ein roter Fleck auf dem grauen Fels. Der Mann neben uns hat es aufgegeben, mit dem Fisch zu kämpfen. Er stößt einen Fluch aus, nimmt einen Stein und zertrümmert dem Fisch den Kopf. Liana wendet sich ab. Als sie aufsteht, bleibt ihr Kleid an einem Felszacken hängen. Man hört, wie der Stoff einreißt. Liana scheint das nicht wahrzunehmen. Während sie auf das Hotel zugeht, das über den Ruinen der Terrasse der Engländer gebaut wurde, kann ich ihre Oberschenkel sehen.

Ich folge ihr schweigend. Wir steigen eine dunkle Treppe zu einem großen Patio im obersten Hotelstockwerk hinauf. Von dort ist zu erkennen, wie die Stadt sich eigenwillig zwischen Dünen und Sümpfen ausgedehnt hat. Wir setzen uns auf das Mäuerchen rings um den Patio. Wir sitzen nah nebeneinander, unsere Knie berühren sich.

»Die junge Frau, die sich hier umgebracht hat, war meine Mutter«, sagt Liana.

»Das kann nicht sein«, erwidere ich energisch.

»Sie war meine Mutter, und sie ist nicht gestorben.«

»Das glaube ich nicht. Wer hat Ihnen das erzählt?«

»Mein Großvater«, antwortet Liana. »Einzelheiten hat er

mir keine erzählt. Er hat nur gesagt, sie sei seine einzige Tochter gewesen und habe Almalinda geheißen. Sie konnte sich von der Fessel befreien, mit der sie an ihren Liebsten gebunden war. Gerettet wurde sie von einem Fischer. Das ist alles, was er mir erzählt hat.«

Liana nimmt ein Foto aus ihrer Tasche und legt es auf ihr Bein. Das Bild zeigt ein Mädchen im Kreis von Erwachsenen, alle weiß gekleidet.

»Sind Sie das?«, frage ich.

»Das ist meine Mutter«, und ihre langen Finger streichen behutsam über das Bild.

»Ist das ein Krankenhaus?«

»Das ist das Waisenhaus, in dem sie in Lissabon war«, erklärt Liana. Sie macht eine Pause, atmet tief ein. »Sie sind auf der Suche nach Sandro, ich bin auf der Suche nach meiner Mutter.«

»Wie hieß sie?«

»Ermelinda. Ermelinda Campos. Aber alle kennen sie als Almalinda.«

Lianas Leben war eine Neuauflage der Geschichte der Ermelinda Campos. Beide wuchsen als Waisen in Portugal auf. Die Mutter in einem Heim, Liana wurde von einem portugiesischen Ehepaar aufgenommen.

Der Fischer unten an der Straße macht sich auf den Heimweg. Er sieht zu uns hinauf und hebt den Fisch hoch wie eine Trophäe. Auf seinem Weg zeichnet sich eine dünne Blutspur auf dem Erdboden ab. Liana wendet sich wieder ab.

»Haben Sie sich über den Karton gefreut, den ich Ihnen gebracht habe?«, fragt sie, wartet die Antwort aber nicht ab. »Ich stelle mir vor, wie Sie in Ihrem Hotelzimmer sitzen und all die Unterlagen sortieren.«

»Und wann bringen Sie mir den Rest?«

»Das kommt drauf an.«

»Worauf?«

»Geschenke sind immer ein Tausch«, sagt Liana maliziös lächelnd.

Als wir schon wieder im Auto sind, kommt sie auf das Thema zurück. Am Steuer sitzend, hat sie den Rock auf die Oberschenkel hochgeschoben. Ihre Bluse erlaubt einen knappen Blick auf ihre Brüste, ein Schweißtropfen läuft ihr in den Ausschnitt. Beim Hotel angekommen, stellt sie den Motor aus, legt die Arme über Kreuz auf das Lenkrad und lässt den Kopf sinken. Sie murmelt etwas Unverständliches. Dann blickt sie wieder auf und spricht deutlich.

»Sie haben das Foto gesehen?«, fragt sie. »Am wichtigsten waren nicht diejenigen, die darauf abgebildet sind, sondern diejenigen, die darauf fehlen. Im Waisendasein gibt es Abstufungen. Ich habe den höchsten Grad.«

»Eines wollte ich Sie schon von Anfang an fragen: Warum sind Sie nach Mosambik zurückgekommen?«

»Das ist die falsche Frage«, erwidert Liana. »Die richtige Frage müsste lauten: Warum hat man mich von hier weggebracht?«

Die Hände reglos auf dem Lenkrad, sagt Liana, sie selbst habe beschlossen, nach Mosambik zurückzugehen. Ihm den Karton zu übergeben, sei für sie wie eine zweite Rückkehr.

»Ich hoffe, dass die Papiere Sie inspirieren«, erklärt sie. »Wenn Sie über diese Zeit schreiben, werden Sie mir meine Vergangenheit zurückgeben. Ihre Kindheit, Ihr Vater, mein Großvater, diese Stadt – das alles ist Teil meines Lebens. Es spielt alles ineinander. Selbst darin bin ich eine Mulata.«

»Ich habe die ersten Schriftstücke gelesen«, sage ich, die Tür schon halb geöffnet. »Und ich muss gestehen, dass ich eine beschämende Eitelkeit empfand: Ich konnte gut schreiben mit fünfzehn, zu gut für mein Alter.«

Ich schlage die Autotür zu. Liana winkt aus dem Fenster, während sie langsam davonfährt.

»Wissen Sie, wer die Dame ist?«, fragt der Mann an der Hotelrezeption durchtrieben grinsend.

Ich antworte nicht. Wir blicken beide dem Auto hinterher, das am Ende der Avenida verschwindet.

»Wissen Sie, wer das ist?«, fragt der Mann noch einmal.

Ich antworte wieder nicht. Ich will nicht neugierig wirken. Der Portier kommt näher, er zischelt so leise, dass ich mich vorbeugen muss, um ihn zu verstehen.

»Ihre Freundin da, Professor, ist die Verlobte von einem Polizeichef.«

»Muss ich mir Sorgen machen?«, frage ich.

»Sie haben Glück, der Verlobte ist nach Maputo gefahren«, flüstert der Portier.

Als ich gehe, höre ich seine Schritte hinter mir, und kurz vor dem Aufzug hallt seine Stimme durch den Flur.

»Er heißt Idai.«

»Wer?«, frage ich.

»Der Zyklon«, antwortet der Portier. »Es heißt, dass er in einer guten Woche die Stadt erreicht.«

Der Mann spricht erstaunlich begeistert von der kommenden Katastrophe. Ich verstehe seine Aufregung. Er, der namenlose Portier, ist in diesem Moment der von Gott erwählte Bote, die Apokalypse anzukündigen.

Auf dem Hotelbett sitzend, schwanke ich, ob ich schreiben oder eine Siesta halten soll. Draußen herrscht die große Ruhe, die einem Sturm vorausgeht. Ich suche im Internet nach Informationen über den Zyklon. Anscheinend hat er sich über dem Indischen Ozean abgeschwächt.

Ich blättere einen Stapel Papiere des Inspektors durch und

denke an Lianas Verlorensein, eine Frau auf der Suche nach ihrer Geschichte. Meine Situation ist umgekehrt, ich habe zu viel Geschichte, ein Übermaß an Vergangenheit. Ich will mich frei machen von dieser Zeit, die mich nicht leben lässt.

Liana ruft an. Fragt nach meinen Plänen. Ich habe keine Pläne, habe nie Pläne machen können. Wie mir scheint, wird am anderen Ende der Leitung mit der Zunge geschnalzt. Dass ich in der Vergangenheit grabe, bemerkt Liana, dürfe mich nicht daran hindern, die Gegenwart uneingeschränkt zu leben.

»Ich habe sehr wohl gemerkt, wie Sie mich während der Zeremonie angesehen haben«, sagt sie.

»War das respektlos?«

»Männer sehen die Frauen nicht. Sie taxieren sie.«

»Meine Mutter hat mir beigebracht, eine Frau zu sehen.«

»Dann will ich prüfen, was Sie gelernt haben«, sagt sie herausfordernd. »Machen wir einen kleinen Test: Was hatte ich gestern Abend an? Lassen Sie sich mit der Antwort Zeit.«

»Kleidung ist nur eine Sache«, sage ich abwehrend. »Ich merke mir Menschen.«

»Irrtum, Herr Dichter. Kleidung ist mehr als eine Sache. Gestern haben Sie mir erzählt, dass Ihre Mutter sich ihre Sachen selbst genäht hat. Sie hätten tun sollen, was mein Großvater mit den Papieren gemacht hat. Sie hätten Kleidungsstücke aufbewahren sollen, die Ihre Mutter genäht hat.«

Ich schalte das Telefon aus, gehe wieder zum Bett. Denke an den Tag zurück, als Benedito und sein Bruder in unser Leben traten. Sie kamen fast nackt in der Stadt an, das wenige, was sie am Körper trugen, war vollkommen zerrissen, ihre Haut war verdreckt und voller Schuppen.

»Das ist Krätze«, sagte meine Mutter.

»Die wissen nicht, was Hygiene ist«, bemerkte unsere Nachbarin Rosinda.

»Die waschen sich häufiger als Ihre ganze Familie zusammen. Aber Sie haben eben noch nie gesehen, in welchem Elend sie leben«, gab meine Mutter zurück.

Dann machte Dona Virgínia sich daran und nähte Hemden und kurze Hosen. »Die Jungen werden ordentlich angezogen«, verkündete sie. Mein Vater wandte ein, sie habe sich zu viel vorgenommen. »Nähen macht mir Spaß«, erwiderte meine Mutter. »Wenn ich beschäftigt bin, habe ich keine Zeit, krank zu werden.«

Neben meiner Mutter saß Sandro, und seine Hände und die meiner Mutter fügten sich scheinbar zu einer Einheit, die eine einzige Nadel und einen einzigen Faden führte. Meine Mutter wollte ihn davon abhalten. Das sei keine Arbeit für einen Jungen, sagte sie. Aber Sandro erwiderte: »Mir gefällt das, Tia, es fühlt sich an, als ob der Stoff uns näht.« Meine Mutter stimmte ihm zu und strich liebevoll über die Stoffe, als wären sie lebendig. Die beiden nähten keine Kleidungsstücke, sie vernähten zerrissene Stücke ihrer Seelen.

Schwüre, Versprechen und andere Lügen

Die Dokumente des PIDE-Agenten

Erinnerungen werden gefährlich,
wenn wir sie nicht mehr verfälschen.
ADRIANO SANTIAGO

DOKUMENT NR. 6
Aufzeichnungen des Inspektor Óscar Campos
Beira, 19. Februar 1973

Da Adriano Santiago weggefahren ist, habe ich die Gelegenheit genutzt und mich zu seinem Wohnhaus begeben. Ich wollte mehr über diese verdächtige Person in Erfahrung bringen. Eigentlich hielt ich den Dichter nicht für besonders gefährlich. Ich fragte mich immer wieder: Was fasziniert mich so sehr an dieser Figur, dass ich mich von dringenden Angelegenheiten abhalten lasse? Mich interessierten nicht nur seine politischen Aktivitäten. Ich wollte alles wissen. Nicht nur seine Ideale, sein ganzes Leben schien mir kriminell zu sein. Man sagt, Polizisten seien wie Jäger: Sie träumen von der Beute, aber nach und nach werden sie selbst dazu. Und genau das geschah mit mir; da ich den Dichter so beharrlich verfolgte, bewohnte er inzwischen meine Träume.

Ich wusste, dass ich bei den Santiagos nur seine Frau und seine Mutter antreffen würde. Ich habe meine Methode, ich gehe immer nach einem einfachen Prinzip vor: Die Geheimnisse eines Mannes erfährt man am besten, indem man die Frauen in seinem Umfeld aushorcht. Ich wollte mit der wichtigeren der beiden Frauen beginnen, mit Santiagos alter Mutter Dona Laura, einer vornehmen und ungewöhnlich gebildeten Dame. Und nichts geht über eine Mutter als Denunziantin in Zusammenhang mit dem unsäglichen Verrat, den das Leben begeht, indem es ihr den Sohn nimmt und ihn in die Arme einer anderen Frau übergibt.

Ich stellte das Auto weit weg ab und ging zu Fuß durch das Viertel Esturro. Die Straßen sind nicht gepflastert und selten mit Namensschildern versehen. Ich kam an einem zivilisiert wirkenden Schwarzen vorbei, der den Fußweg fegte, und fragte nach der Rua Fernão Lopes de Castanheda. Der Kerl stützte sich auf den Besen, kniff die Augen zusammen und starrte sekundenlang auf den Horizont.

»Entschuldigung, Patrão«, sagte er nach irritierend langem Zögern. »Aber wen müssen Sie sprechen?«

»Weißt du, wo die Rua Fernão Lopes de Castanheda ist, oder nicht?«, fragte ich gereizt.

»Wie heißt die Person, die Sie besuchen wollen? Ich kenne ja nur die Namen der Leute, die hier wohnen.«

»Ich muss dir keine Namen nennen, so weit kommt es noch. Es ist ein alter Freund«, behauptete ich knapp.

»Entschuldigung, Patrão. Ein alter Freund, und Sie wissen nicht, wo er wohnt?«

Ich drehte mich um und bereute, dass ich von einem Eingeborenen Hilfe erwartet hatte. Letztlich war das Wohnhaus der Santiagos nur ein paar Schritte entfernt. Dona Laura saß auf der Terrasse. Ich winkte, und sie forderte mich auf, hereinzukommen. Ein alter Hausdiener öffnete die Tür und führte mich die Treppe hinauf zur Patroa. Die alte Dame stand nicht auf, wirkte aber auch nicht überrascht, als ich mich ankündigte. Mit den Füßen schob sie einen Nähkorb beiseite, um mir den Weg zu einem breiten Sofa frei zu machen. Auf der Arbeitsplatte der Nähmaschine rekelte sich eine Katze zwischen Stoffen und Garnrollen.

Vorsichtig stellte ich Fragen zu Adriano Santiago. Meine Neugier sei natürlicher Art, ich bereitete mich nämlich darauf vor, den Ort Inhaminga zu besuchen. Ich ließ die alte Senhora ausführlich reden, als spielte Zeit keine Rolle. Menschen ihres Alters geben alles für einen Augenblick Aufmerksamkeit.

Im Folgenden schreibe ich die Erklärungen der Laura Santiago nieder.

DOKUMENT NR. 7
Aussagen der Laura Santiago gegenüber Inspektor Óscar Campos
Beira, 19. Februar 1973

Verehrter Inspektor, bitte nehmen Sie doch Platz. Nein, nicht da auf dem Sofa, das ist zu weit weg, ich höre in letzter Zeit nicht mehr so gut. (Lacht.) Sozusagen in letzter Zeit. Mein Mann sagte, ich hätte mein Leben lang nur auf mich selbst gehört. Und das obendrein auch sehr schlecht. Schütteln Sie das Kissen aus, es ist bestimmt ganz eingestaubt. Die Leute denken, Staub sei Schmutz. Dabei ist es das Leben, das für den Staub sorgt, Inspektor, und deshalb lasse ich ruhig eine dünne Staubschicht auf den Möbeln liegen. Wenn sie zu sauber sind, sehen sie tot aus.

Ihr Aufnahmegerät können Sie auf den kleinen Tisch legen. Sie dürfen alles aufnehmen, ich habe keine Geheimnisse. Entschuldigen Sie, wie, haben Sie gesagt, ist Ihr Name? Ach ja, Inspektor Campos. Sie sind Campos, ein anderer Inspektor heißt Nogueira, und dann ist da noch ein gewisser

Jardim. Sagen Sie mal, holen Sie Ihre Namen alle aus der Landwirtschaft? Also Felder und Nussbaum und Garten …

Nehmen Sie es mir nicht übel, ich mache gern Späße, aber ich darf nicht zu viel Ihrer Zeit beanspruchen, Sie waren so freundlich und sind zu mir gekommen, um mich zu befragen. In meinem Alter wäre es beschwerlich, mich zu Ihrem Büro zu begeben. Ich weiß nicht, ob man den Posten der PIDE »Büro« nennt. Oder sagt man Kaserne? Oder eher Gefängnis? Wie heißt das? Sie müssen lauter sprechen, Inspektor. Heißt es nicht mehr PIDE? Aber verlieren Sie keine Zeit damit, mir den neuen Namen zu verraten. Ich bin alt, für mich wird es immer PIDE heißen, die berühmte und unvergessliche Geheimpolizei Polícia Internacional de Defesa do Estado.

Aber kommen wir zur Sache. Sie möchten etwas über meinen Sohn erfahren? Lassen Sie sich einen Rat geben, verehrter Inspektor Campos: Kümmern Sie sich nicht um ihn. Mein Sohn ist ein Träumer. Er träumt von der Politik, so wie er von Frauen träumt. Ich glaube, für ihn ist die Politik eine Frau. Das wird nicht gut gehen, denn die Politik verlangt Treue. Und mein Sohn ist nur treu, wenn man nichts von ihm verlangt. Mir zum Beispiel ist er immer treu geblieben. Was sagen Sie, Inspektor? Ich soll Ihnen zeigen, wo mein Sohn seine Gedichte schreibt? Das kann ich nicht, Senhor Campos. Nicht, dass ich etwas vor Ihnen verbergen möchte. Aber mein Sohn schreibt überall. Sein Arbeitszimmer ist die ganze Welt. Sie können sich nicht vorstellen, wie unordentlich Adriano ist. Und ich habe den Grund für diese Unordnung erst sehr spät erkannt – mein Sohn findet, dass ihm selbst nichts gehört. Ihn interessieren Dinge, die eigentlich nichts mehr sind, so wie das alte Auto, an dem er festhält.

Womit ich sagen will, verehrter Inspektor: Die Welt wäre perfekt, wenn es Gedichte gäbe, ohne dass es Dichter geben muss. Aber danken Sie Gott dafür, dass Adriano Dichter ist.

Sehen Sie mich an: Wäre ich jünger, würde ich jetzt hier um mich schießen und Bomben explodieren lassen. Das macht er nicht. Adriano findet, Gedichte hätten die stärkste Sprengkraft. Das ist der Unterscheid: Ich möchte die Welt verändern. Er möchte, dass es überhaupt keine Welt gibt. Man könnte denken, dass Adriano ein armer Tor ist. Ich glaube, das stimmt, er ist schon als Tor geboren. Aber er ist ein harmloser Tor. Als er klein war und ich ihn fragte, was er werden wolle, wenn er groß sei, antwortete er immer, er wolle nicht groß werden. Gott hat seinen Wunsch gehört, so absurd es auch sein mag. Das Kind ist in ihm geblieben wie eine Frucht, die sich nicht vom Baum löst. In seinem Fall ist die Frucht selbst zum Baum geworden. Ich bin dieser Baum. Und er bleibt das Kind, aber er weiß nicht, wo er die Kindheit suchen soll. Und deshalb schreibt Adriano Gedichte. Aus Angst. Mein Sohn fürchtet sich davor, auf die große Leere seines Lebens zu blicken.

Jetzt aber zu dem, was Sie hierhergeführt hat, denn sicherlich wollten Sie sich nicht meinen Unsinn anhören. Sie haben gefragt, ob ich wisse, weshalb mein Sohn nach Inhaminga gefahren ist. Ich habe nicht die geringste Ahnung. Ich kenne die Beweggründe meines Adriano schon lange nicht mehr. Eigentlich ist bei ihm, seit er Virgínia zur Frau genommen hat, nichts mehr logisch.

Aber lassen Sie mich eine Frage stellen: Wieso sind Sie wegen diesem Inhaminga so nervös? Sie brauchen nicht zu antworten, ich weiß es: weil die FRELIMO einen weißen Lokführer umgebracht hat. Der arme Kerl ist zu einer viel zu großen Leiche geworden. Keiner schafft es, ihn zu begraben. Das Attentat war sozusagen gut überlegt. Die Eisenbahngesellschaft ist wie ein Staat im Staat. Wenn die Guerilleros Sichtbarkeit erreichen wollten, hätten sie kein besseres Ziel wählen können.

Ich will versuchen, Ihnen eine Antwort auf Ihre Frage zu

geben, warum Adriano nach Inhaminga gefahren ist. Wir haben da nämlich einen Neffen, Sandro, den wir wie einen eigenen Sohn angenommen haben. Er wurde zum Militärdienst geschickt. Ich finde es merkwürdig, dass man eine Tätigkeit als »Dienst« bezeichnet, die darin besteht, Menschen zu töten. Unter uns gesagt, glaube ich nicht, dass Adriano, auch wenn er noch so töricht ist, sich wegen des Neffen auf den Weg gemacht hat. Kein Mensch macht sich im Krieg mitten im Urwald auf die Suche nach einem Soldaten. Wenn mein Sohn Adriano das als Grund genannt hat, dann muss da eine Frau im Spiel sein.

Was wollen Sie noch wissen? Sie fragen, ob Adriano mit Kommunisten befreundet ist. (Lacht.) Ich habe Ihnen schon gesagt, Inspektor: Denken Sie bei Adrianos Beweggründen nicht an Politik. Mein Sohn hält nicht zu diesem Regime. Aber er würde auch zu keinem anderen halten. Er wird die revolutionäre Regierung, die er angeblich so herbeisehnt, nicht ertragen, dessen bin ich sicher. Mein Adriano wird für immer ein Liebhaber des Lebens, der Frauen und der poetischen Träumereien bleiben. Sein Regime gibt es nur im Traum. In der Demokratie, die er sich vorstellt, ist jeder Mensch eine Mehrheit. Das hat er mir verraten, aber ich habe, ehrlich gesagt, nichts verstanden.

Ich habe Ihnen nichts darüber gesagt, was passiert ist, aber ich kann Ihnen sagen, was passieren wird. Mein Sohn wird von der Zeitung, für die er arbeitet, rausgeworfen werden. Meine Schwiegertochter turtelt mit den Patres, damit sie ihn in ihrer Zeitung beschäftigen. Aber ich glaube denen nicht, diesen Patres. Zumindest bin ich nicht so gläubig wie meine Schwiegertochter Virgínia. Ich glaube an Gott, auf meine Art. Ich bete nicht. Ich träume von Gott. Letzte Nacht habe ich geträumt, dass er mich besucht hat. Er hat auf demselben Stuhl gesessen, auf dem Sie jetzt sitzen. Er hat mich gefragt, wann ich sterben möchte. Ich habe eine ganze Weile geschwiegen, mit fest geschlossenen Augen. So habe ich dagesessen, geistesabwesend, zu keinem Wort fähig. Dann habe ich Gott angesehen. Und konnte ihn nicht mehr sehen. Wenn er mich wieder besuchen kommt, muss ich überhaupt keine Frage mehr beantworten.

Das wäre es für heute, Inspektor. Ich bin müde, rede nur noch dummes Zeug. Helfen Sie mir beim Aufstehen. Ich bringe Sie nicht zur Tür. Zum Abschied sage ich Ihnen dies: Sie wissen doch, wie nutzlos Ihre Befragungen sind. Ich werde niemals meinen Sohn denunzieren. Trotzdem habe ich eine Bitte an Sie: Kommen Sie wieder, um sich mit mir zu unterhalten. Ich bekomme nie Besuch. In dem Sessel, in dem Gott gesessen hat, ist mein Mann gestorben. Keine Klage, kein Stöhnen, kein Seufzer. Nur ein Knarren vom Holz, als wäre es schwerer belastet worden. So werden die Gesetze der Physik widerlegt, verehrter Inspektor: Ohne Leben werden die Körper schwerer. Mein Körper wird von Tag zu Tag eine größere Last. Kommen Sie mich bald wieder besuchen.

DOKUMENT NR. 8
Aussage der Nachbarin Rosinda Sarmento
Beira, 19. Februar 1973

Ich verließ das Haus der Santiagos mit dem Gefühl, meine Zeit vergeudet zu haben. Die alte Laura mag reizvoll erzählen, aber ich brauchte etwas Gehaltvolleres, um meinen Verdacht bestätigt zu sehen.

Ich ging ein paar Schritte und traf auf Rosinda Sarmento. Sie erkannte mich und bedeutete mir unauffällig, näher zu kommen. Wir versteckten uns in einer Treppennische, wie ein Liebespaar.

Ich wusste von Rosindas Verbindung zur Polizei und antwortete deshalb bereitwillig, als sie fragte, warum ich beim Dichter Adriano gewesen sei. Sie lud mich ein, auf einer Treppenstufe Platz zu nehmen. Widerstrebend willigte ich ein. Haben Sie das Aufnahmegerät dabei?, fragte Rosinda. Ich nickte. Daraufhin forderte sie mich auf, eine kurze Aussage aufzunehmen. Hier?, fragte ich besorgt. Niemand wird uns hier stören, versicherte sie. Sie können den Apparat einschalten, sagte sie und wies auf den Rekorder.

Hier gebe ich die Aussage der Nachbarin Rosinda Sarmento wieder, die wesentlich ergiebiger war als die der alten Laura Santiago.

Ich habe gesehen, dass Sie aus dem Haus der Santiagos kamen, und ich weiß, dass nur die Alte da ist, Dona Laura, die Ärmste. Entschuldigen Sie, Inspektor, ich halte etwas Abstand zu Ihnen, nehmen Sie mir das nicht übel, ich bin ganz verschwitzt, ich komme von der Probe mit der Folklore-Gruppe. Ich spiele Tamburin. Neulich bin ich sogar von der Bühne gestürzt. Meinem Mann gefällt das gar nicht, er sagt, ich stelle mich da zur Schau und dass alle schon meine Beine gesehen haben. Das stimmt nicht, ich trage sieben Unterröcke unter dem Rock. Manchmal, Gott verzeih mir, wäre es mir wirklich lieber, man könnte meinen Körper sehen. In der angespannten Lage, in der wir hier leben, braucht man doch eine schöne Ablenkung, nicht wahr? Entschuldigen Sie, Inspektor, dass ich Sie hier unter der Treppe empfange, aber da ich allein zu Hause bin, würde es sich nicht gut machen, wenn ich Sie ins Haus ließe.

Also zu meinen Nachbarn, den Santiagos. Das ist eine Familie von Verrückten, Gott verzeih mir. Bis auf die Ehefrau, Dona Virgínia. Es fängt schon bei der Alten an, der Mutter von Adriano, Dona Laura. Diese Frau setzt sich auf die Terrasse und liest Bücher, und das vor allen Leuten. Ganz schamlos zeigt sie sich so, von morgens bis abends. Ich frage Sie: Was liest die Frau so viele Bücher? Ich wette, es ist nicht die Bibel. Und wie sie sich in der Öffentlichkeit zurechtmacht, mit Hut und Lippenstift und Puder! Eine Schande, in dem Alter. Witwen müssen zurückgezogen leben. Niemand soll merken, dass sie da sind. So habe ich es gelernt. Und so werde ich sein, wenn ich Witwe bin.

Ich kann Ihnen sagen, dieser Adriano Santiago ist ein Schürzenjäger. Ich weiß nicht, wie Dona Virgínia das aushält. Gut möglich, dass der Grund für diese geheimnisvolle Fahrt nach Inhaminga eine Frau ist. Das ist wohl auch einer der Gründe, warum ihr Neffe, der Sandro, die Krankheit gekriegt hat, von der ich nicht mal den Namen aussprechen kann. Unter uns gesagt, verehrter Inspektor, dürften sie solche Leute wie diesen Sandro gar nicht beim Militär aufnehmen. Ich meine ja nur, für ihn selbst muss das doch unerträglich sein … unter lauter harten Männern, alle nackt im Schlafsaal, es heißt ja, dass sie alle zusammen duschen, das will ich mir gar nicht vorstellen.

Ich will Ihnen etwas im Vertrauen sagen, Inspektor – dieser Sandro war oft hier und hat sich mit meinen Töchtern unterhalten. Mir gefällt das nicht, die Leute reden darüber, mein Mann wird böse, und ich habe, ehrlich gesagt, Angst, dass seine Krankheit ansteckend ist, und die Mädchen kriegen das, und am Ende kriege ich keine Enkel. Einmal habe ich Sandro dabei überrascht, dass er bei unserem Hausboy Jerónimo in der Kammer war. Ich habe gleich an Unanständiges gedacht. Ich habe an der Tür gelauscht, die beiden haben leise geredet. Aber dann habe ich gemerkt, dass sie über Politik geredet haben, Inspektor. Und zwar nichts Gutes. Das war schlimmer als eine fleischliche Sünde, verstehen Sie, Inspektor?

Vielleicht sollten Sie Jerónimo befragen, meinen Hausboy.

Aber da müssten Sie morgen tagsüber kommen, der schläft nämlich nicht hier. Wir haben hinten eine Kammer, aber die benutzen wir als Lagerraum. Ich will nach Sonnenuntergang kein Personal im Haus haben. Man weiß nie, wer sie sind und wen sie spätnachts zu sich holen. Wenn es abends mit der Arbeit später wird, bettelt mein Jerónimo, dass wir ihn hier irgendwo schlafen lassen. Er hat Angst, nachts durch die Stadt zu laufen. Sein Ausweis schützt ihn nicht davor, bei den nächtlichen Razzien von der Polizei geschnappt zu werden. Er sagt, dann nehmen sie ihn fest und prügeln ihn. Ergebnis: Der Junge schläft im Hühnerstall. Frühmorgens wäscht er sich, damit er nicht nach Neger oder Stallmist riecht. Aber er wäscht sich am Strand, im Meerwasser. Ich will nicht, dass er unser Wasser verbraucht, diese Leute haben keine Ahnung, was das alles kostet, die denken, sie müssen nur den Hahn aufdrehen. Und Jerónimo macht es sogar lieber so, er sagt, im Meer wäscht er sich den Schmutz vom Körper und die Dämonen von der Seele.

Sie müssen wissen, vorgestern gab es bei den Santiagos wieder so ein Treffen, wie sie es immer veranstalten. Da geht es zu wie im Taubenschlag, die unterschiedlichsten Kerle kommen dahin, manchmal sind sogar Neger dabei. Und ein Hindu, der fehlt nie. Das ist Doutor Natalino Fernandes, der Apotheker aus Goa, der kommt immer als Letzter. Wahrscheinlich haben sie Santiagos Fahrt nach Inhaminga geplant, denn heute Morgen hat er das Auto vors Haus gefahren und einen Haufen Sachen eingeladen, dazu seinen Sohn und den Hausboy.

Der Junge stieg nur widerstrebend ein, vielleicht hatte er Angst davor, was ihn da erwartete. Aber bei den Negern ist es ja so, mit ihrer Tradition, dass sie ihre Verwandten sehr gern besuchen, und für die sind ihre Verwandten alle durcheinander, die Lebenden und die Toten. Wie sein Bruder sagt, der

Benedito hat Angst, nach Hause zu fahren, aber gleichzeitig macht er sich Sorgen, weil er nicht weiß, wie es seinen Eltern geht. Er hat Eltern gesagt, aber so genau weiß man das nicht, für die ist alles Vater und Mutter, ein Mischmasch, die sterben alle, jede Menge, aber Waisen werden die nie.

Und jetzt, Inspektor, nichts für ungut, aber nun muss ich Sie etwas fragen. Ihr Vorgänger, der Inspektor Carvalho, hat mich immer im Büro der PIDE empfangen, wobei, heute heißt das ja DGS. Ich bin immer hingegangen, wenn ich Informationen hatte. Manchmal hat er mir sogar einen Lohn gegeben. War nicht viel, fast symbolisch. Sie kommen jetzt hierher ins Haus. Soll das ab jetzt immer so sein, Inspektor? Dass Sie herkommen, zu mir nach Hause? Und was soll ich meinem Mann sagen?

Eine letzte Sache: Sie wissen alles über die anderen. Bestimmt hat man Ihnen erzählt, dass ich auch bei uns im Haus Treffen organisiere. Nicht, dass da etwas verwechselt wird, um Gottes willen! Unsere Treffen haben nichts mit Politik zu tun. Wie soll ich sagen? Ich bin Spiritistin. So, nun ist es raus. Ich habe eine Gabe, was soll ich machen. Sie, Inspektor, kennen die Geheimnisse der Lebenden. Ich kenne die Geheimnisse der Toten.

Möchten Sie nicht mal zu unserer Séance kommen? Es ist alles achtbar, alles vom Heiligen Geist gesegnet. Ich bringe Sie in Kontakt mit Ihrer verstorbenen Gattin. Ich wette, Sie sind danach, wie soll ich das sagen, mehr von Leben erfüllt. Sie wollen nicht? Na gut, Inspektor, aber ich mache für Leute, die nicht an Spiritismus glauben, auch Pediküre. Einmal hat sogar der Finanzsekretär beides gleichzeitig gehabt: Er hat seine bloßen Füße unterm Tisch ausgestreckt, und ich habe meine beiden Tätigkeiten zugleich praktiziert.

DOKUMENT NR. 9
Tagebuch meiner Mutter Virgínia Santiago
Beira, 19. Februar 1973

Heute Nachmittag wurde ich zur PIDE bestellt. Ich sollte Erklärungen über die Reise meines Mannes nach Inhaminga abgeben. Inspektor Campos war schon am Vormittag zu uns gekommen und hatte sich lange mit meiner Schwiegermutter unterhalten. Als ich vom Einkaufen zurückkam, begegnete ich besagtem Óscar Campos; er blieb stehen und stellte sich vor, wobei er wie ein schüchterner Jüngling den Blick gesenkt hielt. Ich hatte ihn noch nie gesehen, er bewegt sich nicht viel in der Stadt. Der Mann ist schlank und schmal, bräunliche Haut, ein düsteres und hageres Gesicht. Kurz und knapp sagte er, mich würde er lieber offiziell in den Räumen der PIDE befragen.

Am späten Nachmittag empfing er mich kühl und distanziert in seinem Büro. Die meisten Menschen verbinden mit diesem Ort furchtbaren Schrecken. Mich hat mehr das ungepflegte Ambiente und die offensichtliche Abwesenheit einer weiblichen Hand schockiert. Halb erstickt von dem muffigen Geruch der Teppiche und Vorhänge, dauerte es etwas, bis ich mich an das Dämmerlicht im Raum gewöhnt hatte. Der Inspektor schwieg eine ganze Weile, saß mit geschlossenen Augen da, die Ellbogen auf dem Schreibtisch abgestützt, und fuhr sich mit den Fingerspitzen über die buschigen Augenbrauen. Ich hielt mich aufrecht, die Hände im Schoß, und wartete drauf, dass er das Gespräch begann. Immer noch mit geschlossenen Augen sagte er schließlich: »Nehmen Sie sich in Acht vor Ihrer Nachbarin, dieser Rosinda.«

»Warum?«, fragte ich.

»Die Frau weiß alles, was in Ihrem Haus geschieht. Und was sie nicht weiß, denkt sie sich aus.«

Ich wunderte mich. Sprachen wir von derselben Person, von Dona Rosinda? Der Inspektor zog eine Schublade auf und nahm ein paar handgeschriebene Seiten heraus.

»Ich weiß, wovon ich spreche«, sagte er und wedelte mit den Blättern. »Das hier hat Ihre Nachbarin geschrieben.« Darauf fänden sich die geheimsten Geheimnisse unseres Hauses ausgebreitet. Er erklärte, sein Vorgänger habe die Nachbarin immer zum Denunzieren angespornt. Rosinda träume davon, Agentin statt Informantin zu sein. Aber er, der Inspektor, habe ihr schon erklärt, dass in der PIDE-Hierarchie Frauen selten über die Einstufung zweiter Klasse hinauskämen.

»Rosinda hat auf demselben Stuhl gesessen, auf dem Sie jetzt sitzen«, erklärte der Inspektor. »Nehmen Sie sich in Acht vor dieser Nachbarin, mehr erwarte ich nicht von Ihnen. Sie müssen Ihrem Mann gar nicht sagen, dass Sie hier waren. Ich kenne Sie nicht gut, Dona Virgínia, aber Sie genießen in der ganzen Nachbarschaft großes Ansehen. Die Schwarzen mögen Sie und nennen Sie sogar ›Mutter‹. Unser Dichter-Revolutionär, Ihr Mann, spricht viel von Schwarzen, aber er weiß nicht einmal, wie sein Hausboy lebt. Ich weiß über Ihren Hausboy viel mehr als Ihr Mann.«

Der Inspektor hatte schnell gesprochen. Mich überlief es richtig, denn noch nie hatte ein Mann mir Komplimente gemacht. In diesem Moment aber war mir nicht nach Eitelkeit. Im Gegenteil, mich überkam tiefe Traurigkeit, ein Gefühl von Machtlosigkeit wegen all der Zeit, in der mich niemand bemerkt hatte. Aber der Anblick des Inspektors mit seinem bittenden Ausdruck weckte mütterliche Gefühle in mir, und schließlich bot ich ihm meine Dienste an.

»Ich weiß, dass Sie keine Uniform tragen, aber sollte die DGS es sich anders überlegen, können Sie auf mich zählen, ich nähe Ihnen eine richtige Uniform.«

Zum Schluss nahm er allen Mut zusammen und schlug mir

einen Tausch vor. Er wolle mir Nachrichten über meinen Neffen Sandro übermitteln, und ich solle ihm Informationen über die Treffen in unserem Haus liefern. Ich nickte zustimmend. Das war gelogen. So wie ich ihn, belog er auch mich.

Ich wollte mich mit einem Küsschen auf die Wange verabschieden, aber der Inspektor wich mir entsetzt aus. »Schon gut«, ich trat einen Schritt zurück. »Ich gehe jetzt. Aber ich könnte das Büro für Sie mal gründlich putzen. Die Papierhaufen auf dem Schreibtisch, da schaffe ich richtig Ordnung.«

Ich ging davon, aufrechter als üblich. Als ich an Rosindas Haus vorbeikam, sah ich, dass sie mir winkte, neugierig zu hören, woher ich kam. Ich tat, als wäre ich in Eile, und verriet nichts.

Noch nicht genug damit, dass die Nachbarin mich überwachte. Von unserer Terrasse aus sah meine Schwiegermutter zu, wie ich nach Hause kam. Sie stand am eisernen Geländer, auf den Lippen ihr übliches verächtliches Lächeln. Ich stieg die Stufen hinauf, um sie zu begrüßen. Wie erwartet, ließ sie sich nicht helfen, um sich zu setzen. Alle dürfen ihr helfen, nur ich nicht. Es dauerte, bis sie ihren Körper platziert hatte, begleitet von ausgiebigem Stöhnen. Als sie schließlich saß, nahm sie die Brille ab, blinzelte und fragte: »Gibt es Neues zu Sandro?« Ich verneinte wortlos. Dona Laura blickte lange in den Garten. Trockenes Laub bewegte sich im leichten Wind, sie warf Brotstückchen hinunter. »Die haben überhaupt keine Scheu vor Menschen«, bemerkte sie. Und wartete darauf, dass ich sie korrigierte. Dass ich sagte, es seien Blätter und keine Vögel. Aber ich schwieg, und sie hielt meine Gleichgültigkeit nicht aus.

»Ich werfe ihnen Brot hin. Ob das Blätter oder Vögel sind, ist mir egal.« Sie sah mich eindringlich an, dann knurrte sie: »Du denkst bestimmt, ich bin verrückt. Aber ich weiß genau, wo du gerade herkommst. Rosinda hat mich gewarnt. Merk dir eins, und das sagt dir eine Mutter: Sollten sie Adriano jemals festnehmen, werde ich dich aus ganzem Herzen verfluchen. Dann werden diese toten Blätter als Raubvögel um deinen Kopf herumfliegen und dir die Augen aushacken.«

Nach diesen Worten klopfte sie mit dem Stock auf den Boden und gab mir damit zu verstehen, dass sie meine Gesellschaft nicht mehr brauche.

Während ich nun am Abend diese Zeilen schreibe, weine ich bitterlich. Ich habe Sehnsucht nach meinem Sohn und meinem Mann, ich habe Sehnsucht nach meinem Neffen Sandro. Ich kann mir nicht vorstellen, dass dieser sensible Junge mit einer Waffe durch den Urwald zieht.

Der Inspektor denkt bestimmt, ich sei naiv und hätte nicht begriffen, dass dieses lange Gerede nichts anderes als ein Aushorchen war. Aber nicht nur er hat mich ausgehorcht. Ich habe ihm auch einiges aus der Nase gezogen. Ich habe eine Bestätigung für meine schlimmsten Befürchtungen erhalten: Wenn es ein Inferno auf Erden gibt, dann heißt dieses Inferno Inhaminga. Nun bekomme ich ein schlechtes Gewissen, ich bereue, dass ich meinen Adriano nicht am Wegfahren gehindert habe. Und ich nehme mir fest vor: Jetzt ist Schluss mit den politischen Treffen bei uns, Schluss mit den Vorführungen im Cineclube, Schluss mit mir selbst, die ich immer alles akzeptiere, als hätte ich keine Ahnung. Wenn mein Mann morgen nicht aus Inhaminga zurückkommt, packe ich die Koffer und verlasse diese Stadt. Wohin ich gehe, weiß ich nicht. Nicht zu wissen, wo man Zuflucht suchen kann, ist so traurig, wie kein Zuhause zu haben.

Eine durchlöcherte Seele

Beira, 7. März 2019

Laotse hat geschrieben: »Die Erinnerung ist ein Faden,
der uns zur Vergangenheit verurteilt.«
Vielleicht ist es umgekehrt: Erinnern ist der beste Weg,
der Vergangenheit zu entfliehen.
Adriano Santiago

Die Hotelrezeption teilt mir mit, dass mich jemand im Foyer erwartet. Ich wasche mir das Gesicht, damit man nicht merkt, dass ich so spätnachmittags noch Siesta halte. Ich begebe mich nach unten in den Patio. Eine weiße Frau kommt mit ausgebreiteten Armen auf mich zu. Ich stehe starr da, während sie mich mit mysteriöser Vertraulichkeit an sich drückt. Nach einem peinlichen Moment geht sie einen Schritt zurück, lässt aber ihre Hände auf meinen Schultern liegen. Mit feuchten Augen, die Stimme fast tränenerstickt, verkündet sie: »Ich habe meine Mutter mitgebracht!«

Von einer Ecke im Patio blickt eine betagte Frau im Rollstuhl gerührt zu mir. Ihr Lächeln ist so breit, dass man darüber ihre zusammengesunkene, gebrechliche Gestalt vergisst.

»Komm zu mir, mein Lieber«, murmelt sie und streckt mir die Arme entgegen. »Komm deine alte Rosinda umarmen.«

Ich konzentriere meinen Blick auf die Augen der ehemaligen Nachbarin. Aus Feingefühl. Damit erspare ich ihr, ihren vom Alter malträtierten Körper zu betrachten.

»Du bist berühmt geworden, wer hätte das gedacht?«

Ich lächele nachsichtig. Rosindas Verwunderung weckt die Minderwertigkeitsgefühle, unter denen ich als Kind so gelitten habe. Ich wende mich wieder Camila zu, die mich abermals in ihre Arme schließt. Ja, das kann nur Camila sein. Bruna, die andere Schwester, war klein und hatte dunkle Augen. Diese Frau, die mich umarmt, ist schön und sich dessen bewusst.

Ich erinnere mich, dass bei den Sarmentos früher immer gesagt wurde, den Mädchen, die viel redeten, wachse keine Brust. Damals hatte ich gedacht, Camila hätte dann besser seit ihrer Geburt den Mund gehalten. Vierzig Jahre später sieht mich diese Frau halb erstaunt, halb enttäuscht an. Sie fragt, wie es mir geht, ob ich Frau und Kinder habe. Und wartet darauf, dass ich mich fasse und auf die einfachsten, banalsten Fragen antworte.

»Ich habe nie geheiratet«, sagt Camila Sarmento und erlöst mich aus meiner Verlegenheit. »Mit so einer Kindheit und so einem Vater, wie ich einen hatte, lernt man nicht, das Leben mit einem anderen Menschen zu teilen.«

Camilas Vater, unser Nachbar Vitorino Sarmento, war ein unverbesserlicher Rassist, ein unsäglicher Aufschneider und zwanghafter Lügner. Meine Mutter mochte ihn nicht, fand aber, sie sei zu regelmäßigem, gegenseitigem Besuch verpflichtet: Vitorino war ein entfernter Verwandter. Laut meiner Mutter sei es immer noch besser, die wenigen Verwandten um sich zu haben, als allein zu sein, selbst wenn diese nichts taugten. Daraufhin hatte mein Vater den »Einladungsbrief« unterschrieben, das Dokument, das Vitorino die Einreise von Portugal nach Mosambik ermöglichte.

Camilas graue Haare schmälern nicht das jugendliche Leuchten ihres Gesichts. Ich komme der unvermeidlichen Frage zuvor und erkläre, warum ich mich in der Stadt befinde. »Ich bin auf der Suche nach meiner Vergangenheit. Ich schreibe an einem Buch.«

Camila und ihre Mutter lächeln gequält. Das Wort »Vergangenheit« verunsichert die beiden Frauen offensichtlich.

»Meine Schwester Bruna ist gestorben«, teilt Camila mit. »Letztes Jahr, in Portugal. Du erinnerst dich sicherlich nicht an sie. Aber Sandro, der würde sich erinnern, wenn er noch am Leben wäre.«

»Seinetwegen bin ich in Beira.«

»Wegen Sandro?«, fragte Camila erstaunt. »Es heißt doch, er sei gestorben?«

»Ich will auch Benedito treffen«, sage ich.

»Wen?«, fragt die alte Rosinda schrill.

»Benedito, unseren ehemaligen Hausboy.«

Schon im nächsten Moment bereue ich, Beneditos Namen ausgesprochen zu haben. Camila senkt den Blick, die Erinnerung lastet schwer auf ihr. Mit ihren langen Fingern streicht sie sich das Haar aus dem Gesicht. Die gleiche Bewegung, mit der sie sich als junges Mädchen auf der Terrasse kämmte. Es war, als entblößte sie sich, als führte sie einzig zu meinen Ehren einen Tanz auf. Das tiefe Schweigen danach hält so lange an, dass ich die beiden zu meiner eigenen Überraschung einlade, mit mir im Hotel zu Abend zu essen. Sie nehmen die Einladung sofort an.

Die alte Rosinda setzt sich ans Kopfende des Tisches und breitet die Serviette auf ihrem Schoß aus, ohne den Blick von mir zu wenden. Ich lächele sie an und denke dabei: Ich esse hier mit der Frau, die unser Haus ausspioniert hat, ich verbringe meine Zeit mit der Person, die uns bei der PIDE denunziert hat.

»Erinnerst du dich an unsere Sonntage?«, fragt Rosinda.

Die sahen üblicherweise so aus: Am ersten Sonntag im Monat gingen wir zum Mittagessen zu den Sarmentos. Wir alle hassten diese Besuche, außer Sandro. Sandro vertiefte sich in lange Gespräche mit Vitorinos Töchtern Bruna und Camila.

Sie schlossen sich im Zimmer ein, ließen mich nicht hinein, flüsterten und kicherten. Einmal habe ich ihn gefragt, ob er in eine der beiden verliebt sei. Sandro lächelte traurig und strich mir mit den Fingern durch die Haare, als täte ich ihm leid.

An all das denke ich zurück, während die alte Rosinda sich in ihrem Rollstuhl vorbeugt und mir eine Hand auf den Arm legt. »Du hast noch viele Haare«, stellt sie fest. »Ich weiß noch, wie Vitorino immer über deine Frisur schimpfte. Das war damals Mode, Haare wie die Beatles, und Vitorino ärgerte es, dass deine Eltern dir so große Freiheit ließen. Sie hatten immer Streit, dein Vater und mein Mann. Adriano war ein Erfinder, und vielleicht war gerade das der Grund dafür, dass er Vitorinos Lügen hasste.«

»Versuchte meine Mutter nicht, die Wogen zu glätten?«, frage ich.

»Virgínia spornte Vitorino noch zu seinen Lügen an. Sie sagte, es mit der Wahrheit nicht genau zu nehmen sei in unserer so engen, so farblosen Stadt keine Sünde. Sondern Großzügigkeit.«

Der Kellner begrüßt mich. »Danke, Senhor«, sagt er feierlich. »Danke, dass Sie einen Teil von uns allen in sich tragen.« Geräuschlos zieht er sich zurück, auf seinem gekrümmten Rücken rutscht das weiße Jackett hoch. Etwas an seinem Gang erinnert mich an Benedito. Er hatte früher bei den Sarmentos geholfen, das Essen zu servieren. Er pendelte zwischen Küche und Esszimmer mit so behutsamen Schritten, als bäten seine Füße den Fußboden um Entschuldigung. Wann immer er sich näherte, brach das Gespräch am Tisch ab, und es trat ein unbehagliches Schweigen ein. Aus dem nicht existierenden Benedito wurde dann ein unerwünschter Eindringling. Er wusste, dass sein Schweigen länger anhalten musste als das der Herrschaften.

»Der Kellner hat dich erkannt«, bemerkte die alte Rosinda erstaunt. »Der ist bestimmt mit unseren früheren Hausboys verwandt. Die sind doch alle eine große Familie.«

Ein uralter Spruch. Vitorino Sarmento gab das ständig von sich: »Diese Neger sind doch alle aus derselben Familie.« Ich erinnere mich, was mein Vater gewohnt freundlich, aber nachdrücklich erwiderte: »Ach, was beneide ich diese Menschen! Bei uns ist es umgekehrt. Wir sind verwandt, aber bilden doch nie eine richtige Familie.«

Dona Rosinda reibt das Besteck mehrmals mit der Serviette ab, als zweifelte sie an der Sauberkeit des Restaurants. Dann spricht sie seufzend weiter: »Es vergeht kein Tag, an dem ich nicht an meine liebe Freundin Maria Lampadinha denke.«

»Nicht jetzt, Mutter«, fleht Camila.

»Diogo wird die Geschichte bestimmt gefallen«, sagt Rosinda trotz des tadelnden Blicks ihrer Tochter. »Erzähl du, Camila, sicherlich möchte unser Freund lieber deine Stimme hören.«

Widerstrebend geht Camila auf die Bitte ihrer Mutter ein. Sie erzählt die Geschichte von Maria Lampadinha, einer jungen Frau aus ihrem Dorf, die ihren Mann mit Häkelnadeln umgebracht hat. Sie hat ihm auf jeder Seite eine in die Brust gebohrt, worauf er bäuchlings auf den Teppich fiel. Dann zog Lampadinha die Nadeln langsam aus ihm heraus und setzte, ohne sie zu säubern, ihre Handarbeit an der Bluse fort, die sie noch am selben Tag der Geliebten ihres Mannes schenkte.

Das Messer in der Hand, Unschuldslächeln auf den Lippen, lauscht die alte Rosinda dem Bericht ihrer Tochter. Als er endet, poliert sie das Besteck weiter. Ohne aufzublicken, fragt sie mich: »Und du, was hast du so gemacht?«

»Ich bin ein wenig durch die Stadt gelaufen. Gestern war ich beim Beira Terrace, habe mir die Stelle angesehen, wo ein Mädchen namens Almalinda ...«

»Halt!« Rosindas erhobene Hände unterstreichen die Anweisung, in meinem Bericht innezuhalten. »Es gibt Erinnerungen, an die man hier nicht rühren soll, diese Erinnerungen sind tot.«

»Sie ist nicht gestorben, heißt es.«

»Für mich ist sie tot. Alle sind tot. Auch mein Mann«, und plötzlich nimmt Rosinda Haltung an. Sie schenkt sich Wein ein, schwenkt das Glas und betrachtet es eine Weile. Dann erklärt sie schroff: »Diese Stadt, die dich befreien wird, ist mein Gefängnis. Ich bin immer zu Hause, und schaue portugiesisches Fernsehen.«

In diesem Augenblick drängt eine Tanzgruppe in den Raum und bereitet sich darauf vor, traditionelle mosambikanische Tänze vorzuführen.

»Das fehlte gerade noch«, sagt die alte Portugiesin gereizt. Sie trinkt hastig und schildert dann eine Situation, die sie als eine der peinlichsten ihres Lebens bezeichnet. »Es war vor der Unabhängigkeit. Eines Tages verlangte der Engenheiro, dass am Dia da Raça statt der portugiesischen Minho-Folklore-Gruppe die Eingeborenen mit ihren Tänzen auftreten sollten. Und ich musste sie anleiten, in ihren Kostümen, praktisch fast nackt, völlig schamlos auf der Bühne.«

Rosinda fährt sich mit einem Zipfel ihrer Serviette über das Kinn, um Schmutz wegzuwischen, den nur sie sieht. »Du wirst sehen, Diogo«, fährt sie fort, ihre Stimme schrill vor Erregung, »diese Leute bleiben ewig hier drin mit ihren Trommeln. So war das damals bei der Feier auch. Ich habe den Chef der Tänzer gefragt, wie lange die Vorführung voraussichtlich dauern werde. Weißt du, was der Mann geantwortet hat? Das werde ich nie vergessen. Er hat gesagt, eine Vorführung dauert so lange, wie es dem Publikum gefällt. Und er hat erklärt, es sei unhöflich, im Voraus festzulegen, wann ein Fest zu Ende sei.«

Als wir das Restaurant verlassen, ertappe ich mich dabei,

dass ich den Rollstuhl schiebe. Dass ich ihr diesen Dienst erweise, schmeichelt der alten Frau offenbar, denn sie sitzt aufrecht wie eine Königin, die in ihrem Reich eine Parade abnimmt. Die Tänzer umringen uns und wirbeln um den Rollstuhl herum. Als Ausdruck ihrer Wertschätzung der alten Frau gegenüber. »Bring mich schnell hier raus!«, verlangt Rosinda. Ich bahne uns den Weg zwischen den Tänzern. Ich sehe, dass Rosinda die Beine der Tänzer betrachtet. Ich weiß nicht, ob es Neid ist oder Begierde, was in ihren Augen aufleuchtet.

Vor dem Hotel buhlen die beiden Frauen um meine Aufmerksamkeit. Camila als Erste, sie fragt leise: »Bist du allein? Kann ich dich anrufen?« Wir tauschen Telefonnummern aus. Dona Rosinda fährt ihre Tochter fast mit dem Rollstuhl an. Sie möchte mich einen Moment allein sprechen. Sie greift in ihre Tasche, wartet aber, bis ihre Tochter etwas weitergegangen ist, dann überreicht sie mir einen Umschlag. »Das ist ein Brief, den ich vor vielen Jahren geschrieben habe. Jetzt habe ich noch ein paar Zeilen ergänzt. Ich habe ihn noch keinem Menschen gezeigt. Lies ihn noch nicht jetzt. Warte bis zum späten Abend.«

Ich gehe auf mein Zimmer zurück. Draußen wird es dunkel. Plötzlich höre ich Schüsse aus einer Straße in der Nähe. Ich mache, was man nicht tun soll: Ich gehe ans Fenster. Aber ich sehe nicht die Stadt. Stattdessen blicke ich in eine dunkle Nacht in meiner Jugend. Ich war vierzehn Jahre alt, als wir zu Hause von einem Schuss geweckt wurden. Meine Großmutter schrie: »Der Krieg, jetzt sind sie hier!« In ihrem langen Morgenrock, der über den Boden schleifte, ging sie durch mein Zimmer und löschte das Licht, das ich inzwischen eingeschaltet hatte.

Gleich darauf noch ein Schuss. Da wurde mir klar: Bei den

Sarmentos passierte irgendetwas. Ich rannte aus meinem Zimmer, kletterte über die Mauer und lief zu den Nachbarn.

»Camila!«, schrie ich, das Herz schlug mir bis zum Hals. Gleich darauf stieß ich mit Vitorino an der Haustür zusammen. Er keuchte, trug nur Unterwäsche, ein Gewehr umgehängt. Dann gingen mehrere Männer an mir vorbei. Sie schleiften Jerónimo hinter sich her. Beneditos Bruder war tot, völlig zerfetzt. Ein roter Fluss breitete sich auf dem Fußboden aus. Es war so viel Blut und floss so stark, als sprudelte es aus einer Quelle. Jerónimos Arme schlackerten, als wären sie lebendig. Ein Nachbar knurrte: »Verdammter Neger, dabei erwischt, wie er die Tochter vom Herrn vergewaltigt!« Dahinter kam Rosinda mit Bruna im Arm, der jüngeren Tochter. Zum Schluss erschien Camila, die schöne junge Camila, völlig aufgelöst, schreiend: »Sie haben ihn umgebracht, sie haben meinen Jerónimo umgebracht! Verflucht sei mein Vater! Verflucht sollt ihr alle sein!« Wie von Sinnen stand Camila in der Tür, dann machte sie kehrt und lief ins Haus zurück.

Starr vor Entsetzen, schlossen alle im Viertel ihre Türen ab und verriegelten die Fenster. Niemand wollte Camilas Empörung und Zorn hören. Niemand wollte das anscheinend Offensichtliche akzeptieren: Die beiden unter ein und demselben Laken waren ein Liebespaar. Die Polizei kam nur, um die im Voraus bestätigte Version aufzunehmen: Der Schwarze Jerónimo Fungai war ein Vergewaltiger und auf frischer Tat ertappt worden. Somit hatte sein Herr in Notwehr gehandelt. Mein Vater hatte noch angeregt, die Polizei solle Camilas Aussage aufnehmen. »Das lohnt sich nicht«, bekam er zur Antwort, »die ist total durchgedreht.«

In dieser hysterischen Stimmung wirkte das Haus wie verlassen. Ich ging den Flur entlang und bemühte mich, nicht auf die Blutspur zu treten, die kein Ende nehmen wollte. Dann sah ich Camila. Sie stand mit dem Gesicht zur Wand, trug noch den blutbeschmierten Morgenrock, in dem man sie aus dem Bett gerissen hatte. Ich ging zu ihr, wusste nicht, was ich sagen sollte. Dann sah ich, dass der Morgenrock halb geöffnet war, und der Anblick von Camilas Brüsten ließ mich das Drama kurz vergessen, das sich hier abspielte. Irgendwann sprach sie. Die Ruhe in ihrer Stimme erschreckte mich.

»Hast du etwas von Sandro gehört?«, fragte sie.

»Nicht so richtig.«

»Sag ihm, ich komme zu ihm.«

»Das Problem ist«, stammelte ich, »dass niemand weiß, wo er ist.«

»Genau deshalb will ich zu ihm.«

Ein paar Tage später jubelte das ganze Viertel, denn Camila wurde in eine psychiatrische Anstalt eingewiesen. Es war kein medizinischer Entscheid, sondern ein zwischen der Familie und den Behörden ausgehandelter Beschluss. Der Schuss, der Jerónimo getötet hatte, genügte nicht, um die Ordnung in der Welt wiederherzustellen. Man musste das Mädchen isolieren, das den Dämonen Afrikas die Tür zum Viertel geöffnet hatte.

Eine Woche nach der Tragödie pflückte meine Mutter ein paar Blumen, hakte sich bei mir unter und ging schon mit mir durch den Garten, als mein Vater rief: »Gehst du zu den Nachbarn? Den Mörder trösten?«

Meine Mutter antwortete nicht und setzte ihren Weg fort. Doch sie blieb nicht vor dem Haus der Sarmentos stehen. Sie ging die Straße entlang und sagte leise: »Wir gehen zum Friedhof.«

»Sind die Blumen für den toten Jerónimo?«, fragte ich.

»Nein, für Jerónimos Vater. Du kennst ihn, ihr habt ihn aus Inhaminga mitgebracht. Er heißt Capitine und ist jetzt der Friedhofswärter.«

Wir gingen schweigend quer durch Chiparanga, das Viertel

der Schwarzen. Als wir den Friedhof erreichten, nahm meine Mutter ihren Hut ab, wurde langsamer und trat behutsam auf. In einer Ecke saß auf einem Baumstumpf Capitine, der Vater von Benedito und Jerónimo. Als er uns sah, stand er auf und zog seinen Hut. Meine Mutter umarmte ihn. Capitine stand starr da, im Bann seiner Hautfarbe. Sie wechselten kein Wort. Meine Mutter stellte die Blumen in eine Blechdose und sagte: »Du musst das Wasser erneuern, damit sie länger halten.« Dann wickelte sie eine schwarze Krawatte aus, die sie in der Handtasche mitgebracht hatte. »Die ist von meinem Mann, ganz neu, er hat sie noch nie benutzt.« Mit diesen Worten band sie dem Friedhofswärter die Krawatte um den Hals, während er regungslos dastand.

Wir ließen den alten Capitine starr wie eine Statue zurück. Die Krawatte baumelte über seiner Brust, ähnlich dem Strick eines Erhängten. »Ich glaube nicht an Trauerkleidung«, murmelte meine Mutter draußen vor dem Friedhof. »Aber es ist immer gut, wenn jemand unseren Kummer mildern hilft.«

In meinem Bett liegend, denke ich an Camilas Brüste. Und denke daran, dass ich als Teenager von meinem Fenster aus Camila beobachtete und dass, weil ich sie mir so intensiv nackt vorstellte, mein ganzer Körper zu meinen Augen wurde. Und dann verlischt alles. Als hörte das Leben auf, das unsere zu sein, damit wir uns erinnern können.

Endlich beschließe ich, den Brief unserer ehemaligen Nachbarin zu lesen. Er ist mit der Hand geschrieben, in sorgfältigster Schrift, wie es sie schon lange nicht mehr gibt.

Lieber Diogo,
vor vielen Jahren habe ich eine erste Fassung dieses Briefes geschrieben. Ich wusste, dass ich ihn keinem Menschen jemals zeigen würde. Ich habe den Brief an mich selbst geschrieben,

als wäre ich eine andere Person, meine einzige, ewige Begleitung. Als ich erfuhr, dass du in Beira bist, wurde mir etwas bewusst, und ich beschloss, noch einmal aufzuschreiben, was ich vor langer Zeit lediglich notiert hatte. Ich komme heute zum Hotel, um dich zu sehen, richtig, aber vor allem, um die Geschichte, die ich dir jetzt erzählen werde, nicht mehr für mich zu behalten.

Nachdem er Jerónimo erschossen hatte, wurde mein Mann verrückt. Jede Nacht stand er schweißgebadet aus dem Bett auf und brüllte, man habe Jerónimos Leiche vor unsere Tür gelegt. Vollkommen von Sinnen, verlangte Vitorino von mir, ich solle mich vergewissern, ob der Tote dort liege. Er behauptete steif und fest, die Schwarzen wären zur Leichenhalle gegangen und hätten den Leichnam zu uns zurückgebracht. Jede Nacht musste Vitorino den Toten fortschaffen, weit weg vom Tatort und von seinem Kopf.

In den ersten Nächten mit seinen Wahnvorstellungen beruhigte ich ihn noch, versicherte ihm, das sei nur ein Albtraum, und brachte ihm eine Tasse warme Milch. Eines Nachts jedoch übermannte mich ein anderes Ich. Ich stand auf und sagte zu Vitorino, ich wolle nachsehen, ob jemand an der Tür sei. Lärmend riss ich die Haustür auf, damit er mich hörte, und rief: »Großer Gott, du hast recht, Vitorino, sie haben die Leiche hier abgelegt!« Dann knallte ich die Tür zu und suchte im Schlafzimmer Zuflucht. Einerseits wunderte ich mich: Warum quälte ich Vitorino so, den doch seine Dämonen schon marterten? Andererseits sagte ich mir, dass diese Strafe noch nicht ausreichte. Mehr noch als Vitorino verdiente ich, bestraft zu werden. Und ich erkläre dir, wieso.

Jahrelang hatte ich den Verdacht, dass zwischen Vitorino und meiner älteren Tochter etwas nicht in Ordnung war. Mehrmals hatte ich erlebt, dass sie zerzaust und schluchzend in einer dunklen Ecke ihres Zimmers hockte. Ich hatte Angst, sie zu fragen, was sie bedrückte. Insgeheim wusste ich die Antwort. Und auf einmal wurde mir klar, was der wahre Grund für Vitorinos Verbrechen gewesen war. Der arme Jerónimo teilte nicht nur das Bett unserer Tochter. Er konkurrierte mit ihm um seine »Prinzessin«. So nannte Vitorino sie, selbst vor mir oder unserer anderen Tochter. Es war kein vor Wut tobender Vater, der da geschossen hatte. Sondern ein vor Eifersucht rasender Liebhaber.

Das war der Grund, warum ich Nacht für Nacht so tat, als öffnete ich die Haustür, während mein Mann völlig von Sinnen und geifernd im Schlafzimmer auf die Bestätigung wartete, dass sich der Tote, der kein Grab hatte, dort befand. Ich log ihm vor, dass es so war. Dies war die Strafe für sein zweifaches Verbrechen – allein und untröstlich lag mein Vitorino wie ein Kind in den von Tränen nassen Laken.

Für eine noch größere Strafe kam ich auf den Gedanken, den Geist des toten Hausboys um Hilfe zu bitten. Ich weiß nicht, ob es dir bekannt ist, aber ich habe eine Gabe, ich bin Spiritistin. In anderen Worten: Ich rufe die Toten zurück. Damals aber gelang es mir nicht, diesen Jerónimo zurückzuholen. Er erschien einfach nicht. Warum, weiß ich nicht. Irgendwann kam mir der Gedanke, dass er, nachdem er gestorben war, kein Portugiesisch mehr konnte. Dass er nur noch die Sprache kannte, in der er geboren war. Mir tut es leid, falls es so ist. Ich wünschte, der arme Jerónimo wüsste, wie sehr ich meinen Mann, diesen Verbrecher, bestraft habe.

Ich überlasse dir diese Geschichte. Aber ich richte mich damit nicht an dich. Sie gilt meiner Tochter Camila. Jerónimos Tod hat in Camila eine Wunde gerissen, die nie geheilt ist. Die Wahnsinnstat meines Mannes hat sie so schockiert, dass wir, ihre Eltern, für sie ein für alle Mal zu ihren Feinden geworden sind. Camila will mich nicht anhören. Diese traurige Geschichte ist ein Tabu. Bitte erzähl du ihr die Geschichte.

Ich möchte vor meinem Tod den Trost haben, dass meine Tochter weiß, dass ich sie gerächt habe. Und dass ich auf ihrer Seite gestanden habe, über all diese Jahre. Ich danke dir, mein lieber Diogo, ich danke Gott für dieses Wiedersehen mit dir und mit all der Vergangenheit, in der ich trotz allem das Glück erlebte, eine Zukunft zu haben. Auch wenn diese Zukunft ohne mich stattfinden wird.
Für immer deine Nachbarin
Rosinda Sarmento

Ich lasse Rosindas Brief auf die Brust sinken. Ich hatte schon immer den Verdacht gehabt, dass es bei unseren Nachbarn schlimme Geheimnisse gab. Nach Jerónimos Tod erlebten wir tagtäglich das traurige Schauspiel, wie Vitorino Sarmento aus dem Fenster schrie: »Es lebe Salazar! Es lebe die PIDE!«

Die Polizei war mehrmals gekommen. Anfangs, um ihn zu warnen. Dann drohten sie ihm. Die PIDE, sagten sie, existiere nicht mehr. Jetzt heiße es DGS. Und Salazar sei schon vor über einem Jahr gestorben. Der neue Präsident heiße Marcelo Caetano.

Die Warnungen der Polizei fruchteten nicht. Unser Nachbar war der Ansicht, die Männer in Uniform, die ihn schweigen hießen, konnten nur Feinde des Regimes sein. »Kommunisten!«, schrie er. Und wenn die Polizisten sich perplex verzogen, brüllte er ihnen vom Fenster aus hinterher: »Ich habe Freunde bei der PIDE, ihr werdet noch was erleben!«

Ich denke an den Tag, als Vitorino Sarmento festgenommen wurde. Wir gingen alle nach draußen und sahen zu, wie er in Unterhemd und vollkommen derangiert in eine Ambulanz gesteckt und zu derselben psychiatrischen Anstalt gefahren wurde, aus der ein paar Tage zuvor seine Tochter Camila entlassen worden war.

Vitorino strampelte und brüllte, als man ihn über die Straße schleppte und in das Polizeifahrzeug steckte. Das war zu viel für ihn. Zwei Nächte später starb er in der Zelle, die er mit den Nationalisten teilte, die er immer bekämpft hatte. Ironie des Schicksals. Der Faschist Vitorino starb in den Kerkern des Faschismus. Der Rassist Vitorino starb umringt von Schwarzen, die als Einzige für seine Seele beteten.

Am Morgen erreicht mich ein Anruf von Liana Campos. Sie teilt mir mit, dass sie gerade einige der von mir ausgesuchten Dokumente abgeschickt habe. Es seien drei Dateien, die sie unter dem Titel »Der Körper als Friedhof« zusammengefasst habe. Außerdem teilt sie mir mit, dass sie die eine oder andere »Kleinigkeit« geändert habe. Aber das solle mich nicht beunruhigen. Sie habe sich lediglich nicht wie eine einfache Schreibkraft vorkommen wollen.

Ich gehe an der Hotelrezeption vorbei, gebe einen Briefumschlag ab und bitte, die Empfängerin Camila Sarmento anzurufen, deren Telefonnummer auf dem Umschlag notiert ist. Man möge ihr mitteilen, dass ich das Hotel inzwischen verlassen habe und nach Maputo zurückgekehrt sei.

»Enthält der Umschlag etwas von Wert?«, fragt der junge Mann an der Rezeption.

»Nein, es ist nur ein Brief«, antworte ich.

Im selben Augenblick überlege ich es mir anders und lasse mir den Umschlag zurückgeben. Ich beschließe, ihn auf die Post zu bringen. Nicht, dass der junge Mann an der Rezeption den Umschlag öffnet und das traurige Geständnis einer armen Mutter liest.

Der Körper als Friedhof

Die Dokumente des PIDE-Agenten

Grabe nicht die Vergangenheit aus.
Du könntest auf eine tote Zukunft stoßen.
Adriano Santiago

DOKUMENT NR. 10
Die ganze Erde bebt (Auszug aus meinem Tagebuch)
Inhaminga, 20. Februar 1973

Am zweiten Tag in Inhaminga wachte ich davon auf, dass die Erde bebte. Das ist der Krieg, dachte ich aufgeregt. Pater Martens lächelte und forderte mich auf, einen Blick aus dem Fenster zu werfen. Noch nie hatte ich so viele und so große Lastwagen gesehen. Sie transportierten Steine nach Cabora Bassa. »Das geht den ganzen Tag so«, sagte der Holländer. »Das ist kein Stausee. Das ist eine Wassermauer. Sie wollen verhindern, dass die Guerilla in den Süden vordringt.«

Wir hatten in der Mission der Kirche des Heiligen Herz Jesu in Inhaminga übernachtet. Mein Vater und ich hatten in einer ehemaligen Garage geschlafen. Pater Januário und Benedito waren in einem anderen Nebengebäude untergebracht worden. Im Haupthaus schliefen die holländischen Patres José Martens, Peter und Jan Matheu.

Am späten Vormittag erschien eine Abordnung der Polizei in der Mission, unter dem Kommando von Brigadeleiter Gorgulho. Sie waren in heller Aufregung: Seit dem frühen

Morgen unterstand der Ort einer unbekannten Staatsmacht. Anstatt der alten portugiesischen Fahne flatterte am Mast der Verwaltung eine mehrfarbige Capulana.

»Pater, haben Sie gesehen, was diese Affen mit unserer Fahne gemacht haben?«, fragte Gorgulho.

»Ich weiß nur, dass Sie Maniara festgenommen haben«, antwortete Pater Martens.

»Die haben wir schon wieder freigelassen. Sie hat es nicht getan. So was macht keine Negerin, die nicht lesen und schreiben kann. Das war einer von euch, einer, der in die Schule gegangen ist.«

Dann erklärte er, hier, am Ende der Welt, könnten nur wir von dem verrückten Dichter gehört haben, der in Lästerversen die portugiesische Fahne mit einer Capulana verglichen hatte. »Gehört sich das, so was zu schreiben?«, brüllte er meinem Vater ins Gesicht, als wäre er, Adriano Santiago, für die Zeilen sämtlicher Dichter dieser Welt verantwortlich.

Pater und Polizisten verzogen sich in das Gebäude. Sie wollten die Unterredung nicht im Beisein der Menschenmenge fortführen, die sich inzwischen versammelt hatte. Wir blieben draußen in der Sonne, die schon hoch am Himmel stand. Neben mich setzte sich ein weißer, schlanker Soldat mit breiten Koteletten, die sein Gesicht schmal machten.

»Wie alt bist du?«, fragte mich der Soldat. Ohne meine Antwort abzuwarten, sprach er gleich weiter. »Wenn du alt genug bist fürs Militär, ist dieser beschissene Krieg schon vorbei.« Er machte eine Pause, sah sich um und sprach weiter: »Sieh dir diese Scheißkerle in Uniform an, die sterben alle vor Angst. Wenn sie die Wahl hätten, säßen sie allesamt im nächsten Flugzeug zurück nach Portugal. Die wissen nur nicht, dass aus einem Krieg keiner zurückkommt.«

Der Soldat zog ein kleines Glasgefäß aus der Tasche. Er schüttelte es wie ein Sparschwein.

»Weißt du, was da drin ist?«, fragte er.

»Sieht aus wie Schuppen von einem Tier«, antwortete ich verängstigt.

»Hast nicht ganz unrecht«, erklärte der Soldat. »Das sind Fingernägel von Negern. Von Negern, die nicht reden wollten. Nachdem ihnen die Nägel gezogen waren, haben sie geplappert wie alte Klatschweiber.«

Dann wandte er sich an meinen Vater: »Uns wird immer vorgeworfen, dass wir ihnen keine Zivilisation bringen. Aber wie Sie sehen, Senhor Intellektuell, lassen wir ihnen sogar Maniküre angedeihen.« Er blickte in die Runde, taxierte die Reaktion der übrigen Soldaten und fuhr fort: »Manche meiner Kameraden sammeln Ohren, aber das ist großer Mist, die muss man in der Sonne trocknen lassen.«

Mein Vater umklammerte meinen Arm. Er trat ungelenk einen Schritt vor und stellte sich vor die Soldaten, die halb verblüfft, halb verächtlich grinsten. Adriano Santiago zog Benedito an seine Seite und richtete sich auf, die Hände hinter dem Rücken. Er wollte offenbar eine Mitteilung machen. Der Soldat mit den Koteletten hinderte ihn daran.

»Wollen Sie eine Rede halten, mein Freund? Dann beantworten Sie mir vorher eine einfache Frage: Haben Sie gedient?«

Mein Vater verneinte mit unmerklichem Kopfschütteln. Und dann, als wollte er seine Ehre retten, erklärte er: »Ich habe nicht gekämpft, aber ich habe einen Neffen, der hierher, nach Inhaminga, einberufen worden ist. Er heißt Sandro. Sandro Santiago. Kennen Sie ihn?«

»Heh, Leute«, rief der Soldat begeistert, »hört euch das an, dieser Scherzbold hier ist der Onkel von unserer Sandrinha!«

Im selben Augenblick erhob sich ein Chor aus Gejohle und anzüglichen Pfiffen. Der Soldat mit den Koteletten hob den Arm und sorgte für Ordnung. »Was die uns aber auch an

Mannsbildern herschicken! Als wären die ausländischen Schwarzröcke nicht schon genug …«

»Nur damit Sie es wissen«, murmelte mein Vater, »Sie sind hier genauso Ausländer wie die Holländer.«

»Was haben Sie da gesagt?«, fragte der Soldat und trat einen Schritt vor.

»Nichts.«

»Mir kommt allmählich der Verdacht, dass wir es hier mit einer Familienkrankheit zu tun haben. Jetzt wollen wir doch mal eins klären. Dieser kleine Neger, den Sie da mitgebracht haben – besorgt der es Ihnen? Oder eher Sie ihm?«

»Das ist Benedito, mein Hausboy«, erklärte mein Vater etwas unbeholfen. »Er ist bei mir, weil er aus den Zwangssiedlungen weggelaufen ist«, ergänzte mein Vater mit festerer Stimme.

»Dann bringen Sie den verdammten Burschen dahin zurück«, befahl der Soldat. »In den Siedlungen wird er vor den Terroristen geschützt. Hier draußen wird er selbst zu einem.«

»Ihr habt aus dem ganzen Land eine einzige Zwangssiedlung gemacht.«

Die Soldaten waren verblüfft. Sekundenlang bangte ich um meinen Vater. Nach kurzer Stille lachte der eine oder andere Soldat nervös auf. Und gleich darauf erfasste eine Spottwelle den ganzen Trupp. Nicht wissend, wie er seiner Wut Ausdruck verleihen sollte, hob mein Vater abrupt die Arme. Ein Soldat zielte mit einer Pistole auf Benedito und tat, als wollte er auf ihn schießen. In panischer Angst warf Benedito sich Hilfe suchend in die Arme seines Herrn, mit einem solchen Schwung, dass beide das Gleichgewicht verloren und sich drehten wie in einem grotesken Tanz. Die Soldaten brüllten vor Lachen. »Na so was, sie machen ein Tänzchen!«, rief einer. Sie zückten ihre Pistolen und schossen in die Luft. Benedito hüpfte panisch hin und her, ohne die Arme meines Vaters loszulassen, worauf dieser zu Boden fiel und mit dem Gesicht im Dreck landete. Er richtete sich langsam auf und spuckte reichlich Erde aus, als hätte man ihn gerade ausgegraben.

Sowie die Schießerei sich beruhigt hatte, liefen die Patres aufgeregt zusammen. Die Soldaten zogen sich zurück, mein Vater spuckte noch immer Erde. Wie ein speiender Drachen. Pater Martens rief den Bauern, die weggelaufen waren, auf Chissena zu, sie müssten keine Angst haben und könnten zurückkommen.

»Haben Sie deren Sprache nie gelernt?«, fragte Pater Martens.

»Ich kann vor lauter Sand kaum sprechen«, antwortete mein Vater gereizt. »Alles andere interessiert mich gerade nicht.« Er spuckte wieder aus.

Der Pater gab Anweisung, Wasser zu holen. Jemand brachte einen Aluminiumbecher. Mein Vater wollte sich den Mund ausspülen, doch in der Aufregung schluckte er das Wasser herunter, anstatt es auszuspucken. Der Pater goss ihm noch einmal ein.

»Seit gestern bete ich für Sie«, sagte der Holländer.

»Beten Sie lieber für Sandro, der sich hier irgendwo befindet. Beten Sie für alle anderen, aber nicht für mich, ich bin Atheist.«

»Kein Mensch ist Atheist«, erwiderte der Pater.

»Vielleicht haben Sie recht. Ich bin so gläubig, dass mir ein einziger Gott nicht reicht.«

»Sie sollten über das Heilige nicht so sprechen«, ermahnte ihn der Pater.

»Aber es ist so, wie ich Ihnen sage: Ich bekomme jeden Tag neue Götter. Sie machen sich keine Vorstellung, wie viele auf der Fahrt hierher geboren und gestorben sind.«

DOKUMENT NR. 11
Maniaras Erklärung, übersetzt von Benedito, aufgezeichnet und transkribiert von Adriano Santiago
Inhaminga, 20. Februar 1973

Ich will die Wahrheit nicht verhehlen: Ich war es, die anstatt der portugiesischen Fahne eine Capulana gehisst hat. Ich will das erklären: Wer die Fahnenmasten als Erster sieht, sind die Götter. An eure Fahne habe ich gerührt, um den Ahnen zu Gefallen zu sein.

Ich habe das Recht, über Stoff zu sprechen, denn ich verdiene damit meinen Lebensunterhalt. Ich wasche die Uniformen der portugiesischen Soldaten. Die Uniformen sind immer voller Flecken, voller Erde und Dreck. Meine Hände beseitigen nicht nur den Schmutz. Das geht ganz einfach. Schwierig ist es, die Geister herauszuwaschen, die sich im Stoff verbergen.

Eines Tages kam ein ganz junger Soldat zu mir, um sich persönlich für meine Dienste zu bedanken. Und er stellte mir eine Frage, die mich sehr überraschte. Er wollte wissen, in welchem Wasser ich die viele Wäsche wasche. Ich antwortete: »Mein Junge, es gibt auf der Welt zwei Arten von Frauen. Ich bin eine von denen, die im Fluss waschen. Ich wette, es ist das erste Mal, dass du mit so einer Frau sprichst.«

Er lächelte, und sein Gesicht wurde noch trauriger. Er war dünn, geradezu klapprig. Sie wissen ja, Senhor, bei Traurigkeit wachsen die Knochen. Seine Schultern glichen einer Kleiderstange, an der man ein Hemd aufgehängt hat. Es ist immer so mit den jungen Männern: Egal wie lang sie sind, die Uniform ist ihnen immer zu groß. An Körper fehlt es ihnen nicht. Aber an Alter. Und dieser Soldat hatte sogar zu wenig Stimme.

Er sagte, er sei gekommen, um sich zu entschuldigen. »Wir

töten so viele Unschuldige. Das, wovon unsere Uniformen befleckt werden, lässt sich gar nicht rauswaschen.«

»Ich will dir ein Geheimnis verraten«, sagte ich. »Manche in meinem Dorf verurteilen meine Arbeit. Sie sagen, ich diene dem Feind. Aber ich verrate niemanden. Falls die von der FRELIMO kommen, erkläre ich ihnen, ich wasche die Uniformen der Portugiesen, um sie zu schwächen. Die kommen schon ziemlich schwach hier an, und ich lasse die Geister in ihren Uniformen drin. Die Portugiesen haben den Krieg schon verloren. Was sind das für Soldaten, die nicht singen und nicht tanzen?«

»Ich möchte Ihnen ein Gedicht schenken, das ich für Sie geschrieben habe«, sagte der junge Mann.

»Ich kann nicht lesen, mein Junge.«

»Irgendwann lernen Sie es.«

Er reichte mir ein beschriebenes Blatt Papier. Mir kam der Verdacht, dass er gar nicht schreiben konnte, denn das Blatt sah nicht so aus wie bei den anderen, die zur Schule gegangen sind und die Buchstaben über die ganze Blattbreite verteilen. Hier standen die Wörter alle am selben Blattrand. Ich riss das Blatt durch, um den unbeschriebenen Teil zu nutzen. Ich wickele gebratenen Fisch nicht in beschriebenem Papier ein. Und die andere Hälfte, die mit der Schrift des Soldaten, steckte ich ein.

Ich sah, wie der junge Mann ganz zusammengesunken wegging, und ich dachte an meine Söhne, die in die Stadt gegangen waren. Wenn die Jungen zurückkommen, sind sie keine Söhne mehr. Mein Benedito zum Beispiel ist nicht mehr mit uns verwandt. Er gehört jetzt der Stadt. Ich sage das nicht einfach so, Senhor. Ich bin auch schon da gewesen, wo die Siedler leben. Die Weißen, das wissen wir alle, sind komische Leute. Sie bauen sich Häuser aus Zement und verbringen ihr ganzes Leben da drin. Sie schlafen mit dem Kopf Richtung

Sonnenuntergang. Sie kochen, urinieren und entleeren den Darm, ohne das Haus zu verlassen. Das Wasser läuft in einen Schacht, den sie in die Wände gegraben haben. Ihre Häuser wachsen hoch in den Himmel, so wie Bäume. Sie bauen hohe Häuser, und dann beten sie, und die Häuser werden immer höher. Manche, die da wohnen, verlieren den Verstand und stürzen sich wie blinde Vögel auf die Erde. Dann sterben sie wie die Schwalben bei Unwetter.

Eins steht fest: Wir, die Schwarzen aus Inhaminga, haben vor vielen Sachen Angst, aber die Weißen haben noch viel mehr Angst. Sie fürchten sich vor den Fetischen der anderen Weißen. Aber noch mehr Sorgen machen sie sich wegen unserer Fetische. Deshalb benutzen sie überall Tücher. Damit vertreiben sie die bösen Geister. Sie legen Tücher auf die Tische. Sie essen auf Tüchern. Sie haben Tücher auf dem Bett. Und sie hängen Tücher vor die Fenster. Deshalb dachte ich, es wäre gut, die Fahne der Portugiesen auszutauschen. Damit unsere Vorfahren ihnen wohlgesonnen sind. Das wollte ich ihnen erklären. Aber sie haben mir befohlen zu schweigen. So machen sie es mit den Frauen. Sie haben Angst, wenn wir den Mund aufmachen. Aber noch mehr Angst, wenn wir schweigen.

DOKUMENT NR. 12
Brief von Pater Januário an seine Vorgesetzten bei der PIDE
Inhaminga, 20. Februar 1973

Sehr geehrter Senhor
Inspektor Óscar Campos,
heute hat zum ersten Mal ein Weißer vor mir im Beichtstuhl gekniet. Ich sage, ein Weißer, aber genau genommen war auch noch nie ein Schwarzer bereit, mir seine Sünden zu beichten. Der Mann war ganz durcheinander, ich habe noch nie einen

Menschen erlebt, der so am Boden zerstört war. Ich erkannte ihn wieder. Es war der Leutnant, der auf jenem Platz den Befehl hatte, wo die Toten von Inhaminga auf einem Haufen lagen. Kaum hatte er sich hingekniet, erinnerte ich ihn daran, dass wir uns an dem unseligen Ort begegnet waren.

»Deshalb bin ich gekommen. Es hat mich fertiggemacht«, begann er. »Nicht, als wir sie erschossen haben, aber als diese alte Negerin damit anfing, die Namen der Toten aufzuzählen. Nein, eigentlich war es am schlimmsten, als die Alte aufzählte, wessen Söhne die Toten waren. Da bin ich zusammengebrochen.« Er verstummte, krempelte die Ärmel hoch und zeigte mir eine Tätowierung: »Mutterliebe«. Dann sprach er weiter: »Als die Alte behauptete, die Toten seien alle ihre Söhne, sah es aus, als finge die Tätowierung an zu bluten.« Bei diesen Worten hielt er den Arm an das Gitter des Beichtstuhls. »Hier, Pater, sehen Sie, ob ich blute oder nicht. Ich blute doch, oder?«

Ich sagte, er solle dreißig Ave-Maria beten, das Gleiche, was die anderen Patres von den weißen Sündern fordern. Von den Schwarzen verlangen sie fünfzig. Ich überlegte noch, ob ich doch mehr verlangen sollte, aber der Soldat sah mich mit leerem Blick an und erklärte, er wisse nicht mehr, wie man zu Gott spreche.

»Ich kann nicht mehr beten«, murmelte er.

»Dann beten wir beide zusammen«, schlug ich vor.

Der Soldat bat mich, aus dem Beichtstuhl herauszukommen und mich neben ihn zu setzen. Wir nahmen nebeneinander auf einer Kirchenbank Platz und schwiegen eine Weile. Auf einmal brach er in Tränen aus. Ich schloss eilig die Fenster und Türen der Kirche. Niemand durfte einen Leutnant in dieser Situation sehen. Dann setzte ich mich wieder neben den unglücklichen Sünder und legte ihm unbewusst den Arm um die Schulter. Darauf sackte der Soldat in sich zusammen und lehnte den Kopf an meine Brust.

Dieser Vorfall war mir Anlass, darüber nachzudenken, welche Position ich in der kleinen Herz-Jesu-Kirche einnehme. Für die Weißen bin ich Pater, aber ich bin immer noch schwarz. Für die Schwarzen bin ich kein Schwarzer mehr, aber auch noch kein Pater. Doch nicht nur die Gläubigen weigern sich, mir ihre Sünden anzuvertrauen. Im Grunde vermeide ich es selbst, zur Beichte zu gehen. Ich spüre, dass ich in zwei Welten lebe. Ich glaube an den Gott der Weißen, aber auch noch an die afrikanischen Götter. Eines Tages kam Gott mir zu Hilfe. Er gab mir einen Rat: Warte nicht darauf, dass die Sünder zu dir kommen. Schleich dich in ihr Leben ein und lerne ihre Geheimnisse. Deshalb habe ich mich letztes Jahr als Informant der portugiesischen Geheimpolizei verpflichtet. Ich unterrichte die Regierung über die weltlichen Sünden. Und Gott über die menschlichen. Ich spioniere für die Polizei und bespitzele die Menschen für Gott. Zu meinen Gunsten kann ich mich darauf berufen, dass diese kleine Stadt mehr den Menschen als Gott gehört. Hier in Inhaminga ist Gott tagsüber weiß und nachts schwarz. Tagsüber singen wir für ihn, und nachts tanzen wir für die anderen Götter.

Das Schwierigste bewahre ich für den Schluss auf. Ich flehe Sie an, Senhor Inspektor: Verschonen Sie Maniara. Sie ist eine Schwägerin von mir, die Frau meines Bruders Capitine. Ich bin als Einziger von uns Geschwistern aus unserem Dorf rausgekommen. Gott wollte, dass ich das Seminar in Beira besuche und meine Studien in Portugal beende, in Viseu. Ich kam als ein anderer nach Inhaminga zurück, ich hatte mich so verändert, dass Maniara noch heute steif und fest behauptet, sie kenne mich nicht. Ich nehme ihr das nicht übel, ich weiß selbst nicht so genau, wer ich bin. Ich bete für Maniara, und ich bitte Sie nochmals inständig, sie nicht zu bestrafen.

DOKUMENT NR. 13
Mitteilungen von Pater Martens (Aufzeichnungen meines Vaters)
Inhaminga, 20. Februar 1973

Pater Martens rief mich zu sich in die Sakristei, um mich zu warnen: Ich solle keine Fotos machen. In Inhaminga wimmele es von PIDE-Leuten. Sie wüssten, wer ich bin, und ich würde systematisch überwacht. Martens sagte, er selbst habe aber auch einen Fotoapparat, und jemand habe die Verbrechen sogar schon fotografiert. Ich käme nie darauf, wer – genauso wenig wie die Geheimpolizei. Es war eine Frau, eine Schwarze und Analphabetin – Maniara. Wie schnell und sicher sie sich mit dem Fotoapparat vertraut gemacht hatte, hatte die Patres überrascht. Aber für Maniara war es, als hätte sie nie etwas anderes getan. Deshalb hatte sie sich gestern auf dem Platz so ungezwungen bewegt. Alle glaubten, sie vollführe einen Tanz, ein altes Ritual. Dabei setzte Maniara eine andere Magie ein. Sie dokumentierte das Verbrechen, das hier begangen worden war.

Kaum war ich in das Halbdunkel der Kirche getreten, überreichte der Pater mir eine kleine Dose Cashewkerne. »Da drin befindet sich die Filmrolle«, sagte er leise. Und dann flüsterte er fast unhörbar Anweisungen: »Sobald Sie in Beira sind, machen Sie Abzüge und verstecken Sie sie an einem sicheren Ort. Eine Person unseres Vertrauens wird sich bei Ihnen melden und sie abholen. Wir werden die Bilder über unsere Kanäle verbreiten. Portugal und die Welt müssen erfahren, welchen Terror wir hier erleben.«

Der Kontakt werde ihm zufolge so schnell wie möglich hergestellt. Wir erlebten eine neue Phase der Gewalt des Kolonialkrieges. Die portugiesischen Stellen hätten aus den vorherigen Massakern Lehren gezogen und ihre Methoden verfeinert. Das neue Massaker werde langsam verübt, so langsam, als fände es einerseits gar nicht statt und hörte andererseits nie auf. Es funktionierte wie ein Uhrwerk: Der Sekundenzeiger läuft so beständig weiter, dass man gar nicht merkt, wie er sich bewegt. Die massakrierten Schwarzen seien die Sekunden: Niemand nehme sie wahr, niemand zähle sie. Aber sie machten die Zeit.

Dann nahm er mich am Arm, führte mich durch das Mittelschiff der Kirche und gab mir leise Anweisungen. »Und nun, verehrter Dichter und Journalist, fahren Sie zurück. Sie stören hier nur. Und veröffentlichen Sie nichts darüber, was Sie gesehen oder gehört haben. Wenn Sie etwas veröffentlichen, müssen diese armen Menschen hier dafür zahlen. Es ist einfach, mutig zu sein, wenn man einen Ort hat, an den man fliehen kann. Wir selbst werden sprechen. Wir selbst werden schreiben. Nehmen Sie es mir nicht übel, aber die Wahrheit ist: Ein Wort der Kirche ist mehr wert als hundert Artikel von Ihnen.«

Als ich mich schon ans Steuer gesetzt hatte, legte er eine Hand auf das Autodach und trommelte mit den Fingern aufs Blech.

»Vielleicht wissen Sie nicht genau, weswegen Sie nach Inhaminga gekommen sind«, sagte Martens. »Aber jetzt wissen Sie, was Sie von hier mitnehmen. So ist es mit den Reisen, mein Guter, welchen Sinn die Reise hatte, wissen wir erst nach der Rückkehr.«

DOKUMENT NR. 14
Ein Fürst in der Stadt (Auszug aus meinem Tagebuch)
Inhaminga, 20. Februar 1973

Als wir aus der Stadt herausfuhren, versperrte ein großer, hagerer Mann die Straße. Er breitete seine langen Arme aus wie ein Rabe seine Flügel, wenn er zum Flug abheben will.

Wir machten eine Vollbremsung, die Reifen rutschten über die rote Erde und wirbelten eine riesige Staubwolke auf, die das Auto, den Mann und die Landstraße schluckte. »Das ist mein Vater«, rief Benedito, sowie sich der Staub gelegt hatte.

Wir stiegen aus und gingen auf den Mann zu. Wir begrüßten uns knapp. »Ich bin Régulo Capitine, ich bin der Vater von dem Bengel da, diesem respektlosen Rumtreiber.« Und dann ging er brüllend auf Benedito zu und stieß ihn zu Boden. Er schrie und schimpfte auf Chissena und stampfte dabei wütend mit den Füßen auf. Dann verstummte er, schüttelte den Kopf, holte tief Luft und fuhr sich durch das dichte Haar.

»Entschuldigen Sie, Senhor«, sagte er zu meinem Vater. »Ich bin wütend auf meinen Sohn. Der Junge hat mich schon einmal getäuscht. Und jetzt hat er meinen anderen Sohn, Jerónimo, allein in der Stadt zurückgelassen.«

»Dein Sohn Jerónimo arbeitet bei unseren Nachbarn. Es geht ihm gut«, sagte mein Vater.

»Das ist ja das Problem, dass er das glaubt. Maniara, meine Frau, sagt, Jerónimo ist in großer Gefahr. Ich muss dahin, nach Beira.«

Mein Vater bot an, ihn mitzunehmen. Der Mann lehnte zunächst ab. Er wolle unbedingt zu seinem Sohn, könne aber nicht in ein Auto einsteigen. »Ich habe den Geist eines Löwen«, sagte der Mann. Mein Vater versuchte, ihn zu überreden. Wir würden mit offenen Fenstern fahren. Widerstrebend willigte er schließlich ein.

Er ging nach Hause, und kehrte im Nu mit einem Beutel über der Schulter zurück. Er nahm auf der Rückbank am Fenster Platz und hielt während der ganzen Fahrt den Kopf in den Wind. Während der ersten Stunde sprach er ohne Unterlass, und nur Benedito, der neben ihm saß, verstand ihn. Benedito übersetzte für uns. Der Mann sagte, obwohl er ein Freund der Weißen sei, habe man ihn schon mehrfach festgenommen.

Pater Martens habe immer verlangt, ihn wieder freizulassen. Dabei wäre es ihm lieber gewesen, man hätte ihn im Gefängnis in Ruhe gelassen. Für ihn sei es eine Ehre, dass die Portugiesen ihn verhafteten. »Ich bin ihnen sehr dankbar«, erklärte er, während der Wind ihm um die Ohren pfiff.

Mein Vater schmunzelte. »Unglaublich!«, bemerkte er leise. Capitine erklärte, warum er stolz darauf war, verhaftet zu werden. Er verwendete den portugiesischen Begriff für »Gefängnis«, in seiner Sprache gab es dafür kein Wort. Er war der Erste aus seinem Dorf, der in einem Haus aus Zement schlief. Die Weißen servierten ihm Wasser und das Essen auf einem sauberen Teller und mit frisch abgewaschenem Besteck. Abends kamen sie nachsehen, ob es ihm gut ging. Sie legten so großen Wert auf seine Gesellschaft, dass sie die Tür abschlossen. Doch er hatte seine Angelegenheiten draußen zu erledigen und fand einen Weg, nach Lust und Laune ein und aus zu gehen.

Gleich nachdem sie ihn das erste Mal geschnappt hatten, tastete er, sowie er die Zelle betreten hatte, das Schloss so ab, als liebkose er eine Frau. Dann zeichnete er mit den Fingernägeln einen Schlüssel auf seinen Unterarm. Am Abend, als das Gefängnis schlief, riss er sich die Tätowierung vom Arm und öffnete damit die Zellentür. Sie fanden ihn in seinem Zuhause und sperrten ihn wieder ein. Sie tauschten das Gefängnisschloss aus, doch er zeichnete sich erneut die Form des Schlüssels auf die Haut. »Es ist sinnlos, dass ihr Geld für neue Schlösser ausgebt«, sagte er zu den Wärtern. »Wände sind für mich wie Türen.«

Während der Régulo Capitine seine fantastischen Geschichten erzählte, hielt mein Vater unterwegs mehrmals an. Bei jedem Halt machte er sich in einem kleinen Heft Notizen. Gelegentlich bat er Benedito, die eine oder andere Episode aus Capitines Geschichte zu wiederholen. Bei einem Stopp stiegen wir alle aus, um im Schutz des Gebüschs zu pinkeln.

Nur Beneditos Vater erleichterte sich mitten auf der Landstraße. Währenddessen fragte er: »Haben Sie in Inhaminga jemanden gesucht?«

»Sind wir nicht immer auf der Suche nach jemandem?«, fragte mein Vater zurück.

»Ich für meinen Teil«, erklärte Capitine, »will zu meinem Sohn. Aber ich bin auch auf der Suche nach meinem jüngeren Bruder. Er heißt Lucas-Joaquim, er war Maschinist auf einem Schiff, das mitten im Ozean auf mysteriöse Weise verschwunden ist.«

Es gab noch Hoffnung, Capitine zufolge. Das Schiff lege immer zum Bunkern im Hafen von Beira an. Und dort, in der Stadt, würde er sie finden, Lucas und das Schiff.

»Schiffe sind wie Hunde: Sie kehren dahin zurück, wo sie gefüttert werden«, erklärte Capitine. Wir passierten die Brücke über den Punguè, und er grüßte den Fluss mit weit ausgebreiteten Armen. Schließlich rüttelte er am Arm seines Sohnes und fragte: »Benedito, du hast doch die Welt gesehen. Ist das Meer größer als unser Fluss?«

Benedito antwortete nicht. Er zuckte nur die Achseln.

»Du hast doch ein Zeugnis, mein Sohn. Jetzt sag mal, ist das Meer größer als unser Fluss?«, fragte der Vater noch einmal.

Benedito lachte und hielt sich die Hand vor das Gesicht. Über den eigenen Vater lachen galt als Beleidigung.

In Camila steckt Blei

Beira, 8. März 2019

Sehen Sie sich an, Exzellenz,
wie begeistert die Soldaten sind, wenn sie in Afrika ankommen.
Die Herrlichkeit dieses Kontinents blendet sie.
Wo sonst
verlieben sich Soldaten in das Land.
in das man sie zum Sterben geschickt hat?
Adriano Santiago, Brief an den Bischof

Die Hotelrezeption teilt mir mit, eine Dame sei da und möchte sich mit mir treffen. Ich sage, dass ich sie kenne und dass sie gern zu mir auf mein Zimmer kommen kann. Ich lasse die Tür angelehnt, setze mich im Pyjama an den Computer und arbeite weiter. Ich höre Lianas Schritte, mit dem Rücken zur Tür, fordere ich sie auf, es sich bequem zu machen und sich ein Getränk zu nehmen.

»Empfängst du Besuch immer so, Diogo?«

Ich erschrecke. Das ist nicht Lianas Stimme. Als ich mich umdrehe, erblicke ich Camila, die auf meinem Bett sitzt. Sie trägt ein kurzes, aus einer Capulana genähtes Kleid und umschlingt wie einen Schutzschild eine Tasche aus dem gleichen Stoff.

»Ich war vorgestern hier, da hat man mir gesagt, du seist ausgezogen«, sagt sie leise. »Bist du zurückgekommen, Diogo?«

»Ich war weg und bin wieder da«, lüge ich. Camila öffnet ihre Tasche und nimmt einen Umschlag heraus. »Ich möchte den Brief meiner Mutter zurückbringen. Er gehört dir.« Sie hält mir den Umschlag hin, aber da ich mich nicht rühre, legt sie ihn auf den Nachttisch. »Heutzutage schickt niemand mehr Briefe per Post. Du hättest ihn fotografieren und mir aufs Handy schicken können.«

»Dieser Brief ist allein an dich gerichtet«, sage ich und hole ein Getränk aus der Minibar. »Deine Mutter hat mich nur als Boten benutzt.«

»Ein gut gemeinter Versuch«, sagt Camila. »Aber er kommt zu spät. Viel zu spät.«

Sie lässt sich von mir ein Glas servieren. Wir stoßen auf unser Wiedersehen an, aber sie trinkt nicht gleich.

»Ich war fünfzehn«, sagt Camila und fährt mit dem Finger über den Glasrand. »Fünfzig Jahre sind seitdem vergangen, aber es ist, als wäre es gestern gewesen. Es war mein Geburtstag. Ich hatte an dem Tag Geburtstag, an dem mein Vater meinen Freund getötet hat. Er hieß Jerónimo. Er war Beneditos Bruder.«

»Ich kann mich an ihn erinnern. An alles kann ich mich erinnern«, sage ich.

»Du kamst in mein Zimmer und hast nur auf meinen Morgenrock gestarrt.«

»Das weiß ich auch noch, Camila«, sage ich und setze mich neben sie.

»Und woran erinnerst du dich noch?«

»Er war voller Blut, dein Morgenrock.«

»Das war mein Blut. Nur mein Blut.«

Sie zieht ihren Ausschnitt tiefer, um mir die Narben von den Schrotkugeln des Jagdgewehrs auf ihrer Brust zu zeigen. Die kleinen Projektile hatten Jerónimos Körper durchschlagen und sich in ihrem Körper festgesetzt.

»Ein paar stecken noch hier drin, unter der Haut«, erklärt Camila und fährt sich mit den Fingern über die Brust. »Das sind meine Trauringe. Ich trage sie nicht am Finger, sondern in mir. Hier, fühl selbst«, und Camila greift nach meiner Hand und führt sie unter ihre Bluse. »Spürst du die kleinen Verhärtungen?«

Zusätzlich zu dem unüberwindbaren Trauma, dass auf sie geschossen wurde, hat Camila auch nie die Scham über ihre entstellte Brust überwunden. Einen tieferen Ausschnitt als diesen, sagt sie, wage sie nicht zu tragen. Am Strand trage sie immer einen hochgeschlossenen Badeanzug.

Ich lasse meine Hand auf Camilas Brust liegen. Ich habe Angst, sie zurückzuziehen, und noch mehr Angst, so sitzen zu bleiben, mit der Hand auf ihrem Körper. Ich warte darauf, dass sie die Initiative ergreift.

»Ich weiß noch, wie du auf meinem Bett gesessen hast, genauso wie jetzt. Ich sagte, ich würde gern zu Sandro gehen.« Sie leert das Glas auf einen Schluck und springt erstaunlich behände auf. »Komm, wir drehen eine Runde. Unterwegs will ich dir eine Geschichte erzählen. Es war am Tag vor Jerónimos Tod, und es war das letzte Mal, dass ich meiner Mutter in die Augen gesehen habe.«

Am Tag vor Jerónimos Tod erschien Dona Laura Santiago bei den Sarmentos. Der Grund für ihren Besuch war höchst ungewöhnlich: Sie forderte ihre Nachbarin Dona Rosinda auf, mit ihr zusammen vor einem Bordell zu demonstrieren. »Demonstrieren, wir beide?«, fragte Dona Rosinda in heller Aufregung. Knapp und trocken wie ein General, antwortete Laura Santiago: »Wir werden unseren Protest mit aller Kraft zum Ausdruck bringen.« Die alte Dona Laura hob einen Stein auf und verkündete: »Wir werden die mit Steinen bewerfen. Nehmen Sie Steine mit, Dona Rosinda. Und Ihre Tochter.« Mit verständnislosem Blick fragte die verstörte Nachbarin: »Wir beide, wir sollen demonstrieren?« Doch zu Dona Lauras Überraschung bat sie sie dann, einen Moment zu warten, sie wolle sich fertig machen. Steine werfen, das ja, aber ohne Kopftuch aus dem Haus gehen, das kam nicht infrage. Rosinda und ihre Tochter Camila sammelten schnell die Steinchen der Weihnachtskrippe ein, die sie gerade im Wohnzimmer aufgebaut hatten. Sie steckten die Steine in einen Beutel, und dann gingen sie hinter Dona Laura her, die in militärischem Tempo voranschritt.

Auf dem Bürgersteig vor dem Bordell hielt sich Dona Rosinda verängstigt im Hintergrund, während Dona Laura stramme Haltung annahm wie ein Soldat vor der feindlichen Festung, Camila neben sich und einen Stein fest umklammert in der Hand. Doch plötzlich schien die Entschlossenheit der alten Dame nachzulassen. »Ich kann nicht«, stöhnte sie. »Die Knochen tun mir weh. Ich weiß nicht mehr, wo meine Finger aufhören und wo der Stein anfängt.« Camila spornte sie an. »Jetzt aber los, Dona Laura! Oder soll ich das Fenster einwerfen?« Dona Laura verharrte unbewegt und schien in Gedanken versunken. Kurz machte sie den Eindruck, als wolle sie sich selbst anstelle des Steines gegen die Scheibe werfen. Camila wunderte sich. Sie sah zu, wie die alte Dame den Stein fallen ließ. Es war nur ein kleiner Kiesel, aber es klang, als wäre ein Meteorit in die Straße eingeschlagen.

Da sahen die drei Frauen eine Gestalt in das Gebäude hineingehen. Dona Laura rieb sich ungläubig die Augen, dann murmelte sie verblüfft: »Ich kenne diese Frau.« Und mit einem halb erstickten Schrei fügte sie hinzu: »Das ist Sandros Mutter.« Dann erzählte Laura Santiago atemlos, sie habe die Prostituierte, die gerade in das Bordell gegangen war, vor zwanzig Jahren kennengelernt. Damals war sie in Tränen aufgelöst vor ihrer Tür erschienen und hatte ihr ihren kleinen Sohn gebracht. Das war Sandro. Als Prostituierte durfte sie kein Kind haben. Laura erinnerte sich, dass sie die Frau am liebsten umarmt hätte. Dieselbe Frau hatte eben die Straße überquert, in einem schwarzen Minirock, der weder zu ihrem Körper noch zu ihrem Alter passte. »Warten Sie hier, ich bin gleich zurück«, sagte Laura.

Sie betrat das Freudenhaus, als sei es eine unterirdische Grotte. Langsam bewegte sie sich zwischen dunkelrot gestrichenen Wänden. Camila folgte ihr mit einigem Abstand. In einer kleinen Garderobe saß vor einem beleuchteten Spiegel Sandros Mutter. Sie hörte auf, sich zu schminken, den Lippenstift in der Hand. Im Spiegel blickte sie die beiden Frauen ganz ruhig an. Dona Laura ging wortlos zu ihr und betrachtete die faltigen Hände, den abgesplitterten Lack auf den Fingernägeln, den grauweißen Ansatz der gefärbten Haare.

Unvermittelt trat Laura Santiago an den Frisiertisch, fegte mit einer Armbewegung die Kosmetikprodukte herunter und schleuderte ihr eine Frage ins Gesicht: »Wo ist mein Sandro?« Die Prostituierte erwiderte gereizt: »Ihr Sandro?« Und noch einmal belustigt: »Ihr Sandro?« Dann lachte sie, und ihr Lachen war noch matter als die Farbe ihrer zerzausten Haare. »Mein Sandro ist weit weg von dem ganzen Scheiß hier.« Sie sprach, als werfe sie mit Steinen. »Dona Laura, woher soll ich wissen, wo Sandro ist, wenn nicht einmal die Spitzel der PIDE das wissen? In diesem Haus verkehren hochrangige Offiziere. Sie erzählen mir geheime Dinge. Diese Geheimnisse sind zweischneidige Geschichten, manchmal retten sie uns, manchmal bedeuten sie den Tod.« Auf einmal löschte sie die Beleuchtung des Spiegels und schickte die Frauen weg.

Camila und Laura gesellten sich zu Rosinda, die am Hauseingang wartete, dann gingen sie raschen Schrittes nach Hause. Camila trug den Beutel voller Steine. Irgendwann fragte Rosinda: »Wir werfen also auf niemanden Steine?« Dona Laura hielt inne und antwortete: »Wir zwei führen verschiedene Kriege, Dona Rosinda. Sie wollen der Sünde wegen das Haus verurteilen, ich aber will die ganze Stadt zerstören.«

»Gott bewahre, Dona Laura«, murmelte Dona Rosinda und bekreuzigte sich rasch. Die alte Dona Laura wiederholte ihre Drohung: »Da bleibt kein Stein auf dem anderen, meine liebe Nachbarin.«

»Ich habe dir diese Geschichte erzählt«, sagt Camila, »weil ich deine Großmutter immer bewundert habe, fast schon beneidet. Es war damals so selten, dass eine Frau der Welt so wahrhaft couragiert und ohne jeden Hochmut entgegentrat. Dagegen ist meine Geschichte armselig und farblos.«

Jerónimos Tod war anfangs der Grund dafür, dass sie unglücklich war. Dann wurde er zu einem Vorwand dafür, dass sie gern unglücklich war. Noch heute, wenn sie den Trommelklängen aus den Vierteln am Stadtrand lausche, empfinde sie unendlich großen Zorn darüber, dass sie unfähig ist, zu tanzen und glücklich zu sein. Jahrelang hatte sie ihren Vater gehasst und geglaubt, tieferen Hass könne es nicht geben. Doch den gab es: der Hass auf ihre Mutter, dieses Gefühl sei grenzenlos. Denn Dona Rosinda habe sie dazu gebracht, sich schuldig zu fühlen für das, was sie nicht einmal zu träumen wagt.

»Meine Mutter sitzt heute im Rollstuhl. Aber ich, mein lieber Diogo, bin viel stärker beeinträchtigt als sie.«

»Warum erzählst du mir das alles?«, frage ich.

»Weil ich dich küssen möchte, aber dazu nicht fähig bin.«

Währenddessen geht sie weiter neben mir her, als wäre ich ihr vollkommen gleichgültig. Wir spazieren durch das Viertel Ponta Gêa, und irgendwann hebt Camila einen Stein auf. Als wir gleich darauf an der Polizeiwache vorbeikommen, macht sie Anstalten, den Stein auf das Gebäude zu werfen. Ich greife energisch ein. Mit meinen Händen auf ihren Schultern sieht es aus, als führten wir einen merkwürdigen Tanz auf.

»Willst du festgenommen werden?«, frage ich.

»Für mich ist das keine Polizeiwache«, gibt sie zurück. Als es mir schließlich gelingt, ihr den Stein abzunehmen, protestiert sie. »Wer eine Autorität sein will, darf sich nicht diesen Ort aussuchen, den so viele Gespenster bewohnen.«

Tatsächlich ist schwer zu akzeptieren, dass nach der Unabhängigkeit die Polizei im ehemaligen Sitz der berüchtigten kolonial-faschistischen Polizei untergebracht wurde. Für Camila zeugt das von mangelndem Respekt gegenüber denen, die unter ihr gelitten haben. »Dieses Land fürchtet sich vor seiner eigenen Geschichte«, sagt sie.

Wir kehren zu meinem Hotel zurück. Ich begleite sie zum Parkplatz. Camila setzt sich in ihr Auto, lässt den Motor an und verharrt reglos hinter dem Steuer. Ich beuge mich zum offenen Fenster, bin nur eine Handbreit von ihrem Gesicht entfernt. Camila lächelt, schüttelt den Kopf und seufzt: »Es hat keinen Sinn, Diogo. Es ist schon zu spät.« Und ich frage mich, ob sie die Uhrzeit oder das Leben an sich meint.

Plötzlich steigt sie wieder aus und umarmt mich. Sie bleibt eine Weile so stehen. In ihren Armen, mein Gesicht in ihr Haar gedrückt, gelingt es mir, eine Bitte auszusprechen. »Sprich mit deiner Mutter, Camila. Sag ihr, dass du den Brief bekommen hast, dass du alles weißt, und danke ihr für ihren Mut.«

»Es hat mir gutgetan zu wissen, dass meine Mutter meinen Vater bestraft hat«, sagt Camila. »Aber es ist mir kein Trost. Ich war monatelang in der Anstalt eingesperrt, in die man mich mit Gewalt gebracht hat. Meine Mutter kam jeden Tag zu Besuch, aber sie hat kein einziges Wort gesagt, nichts Liebevolles. Sie saß schweigend da, als wäre sie diejenige, die man eingewiesen hatte, und ich sei nur zu Besuch. Sie hat oft geweint, aber sie hatte nichts als ihren Kummer für mich übrig. So ist es seither immer gewesen.«

»Tu es mir zuliebe«, sage ich noch einmal. »Sprich mit deiner Mutter.«

Camilas Blick, ihre Arme und ihre Brust seufzen in ein und derselben Bewegung. Nach einer Weile gibt sie zu, dass ich vielleicht recht habe.

»Da ist etwas, das ich seit Jahren mit mir herumtrage«, murmelt Camila. Sie blickt mich an, ihre Augen sind durch die Traurigkeit noch heller. Und dann küsst sie mich. Unsere Lippen berühren sich nur ganz kurz und leicht, als wüssten sie von der Flüchtigkeit unserer Begegnung.

»Ich habe deine Bücher nie gelesen«, murmelt Camila und neigt lächelnd den Kopf. »Und weißt du, warum? Weil es mir wehtut zu wissen, dass das Leben, das meins hätte sein sollen, mehr dir gehört als mir.«

Camila steigt wieder ein. Sie blickt starr geradeaus und fährt langsam davon.

Wenige Minuten später liege ich gemütlich im Bett. Und träume, dass alle Frauen der Stadt, weiße wie schwarze, Steine werfen auf die Häuser aus Zement und die Hütten aus Schilf, und dass es so viele Steine sind, dass die Stadt vollkommen unter ihnen begraben wird. Unter dem Gewicht der Steine beginnt die Stadt zu versinken. Nur das Meer bleibt übrig für jene, die danach kommen werden.

Die Nachrichten

Die Dokumente des PIDE-Agenten

Suche die Menschen nur entsprechend ihren Masken.
Wer hier ein Gesicht hat, stirbt.
Adriano Santiago

DOKUMENT NR. 15
Der Auftrag (Aufzeichnungen meines Vaters)
Beira, 21. Februar 1973

Die Rückfahrt nach Beira dauerte eine Ewigkeit. Als wir in die Stadt hineinfuhren, blickte ich mich beunruhigt im Auto um, als könnte ich meine beiden Reisegefährten verloren haben. Mein Sohn Diogo auf dem Beifahrersitz sah hinaus auf die schwach beleuchteten Straßen. Capitine auf dem Rücksitz schlief tief und fest, ich musste ihn energisch rütteln, als wir zu Hause ankamen. »Du bist in Beira, Capitine!«, sagte ich und wies auf die Lichter der Stadt.

Als wir das Gepäck ausluden, bemerkte ich meinen Freund Faustino Pacheco. Er stand vor unserer Haustür. Ich nahm die Gepäckstücke und bat Diogo, Capitine die Kammer zu zeigen, in der er die Nacht verbringen konnte, dann erst ging ich zu Genosse Faustino. Er zog die schwarze Mütze tief in die Stirn und zischelte: »Ich habe Neuigkeiten für dich, Genosse Adriano.« Er blickte sich um, sich vergewissernd, dass er ungefährdet sprechen konnte. Dann verkündete er in, wie ich fand, erfreutem Ton, dass die Zeitung mir gekündigt habe.

»Weiß meine Frau das schon?«, fragte ich.

»Alle wissen es, ich habe es in allen Zellen in Umlauf gebracht«, flüsterte Genosse Faustino begeistert.

»In welchen Zellen?«, fragte ich.

»Den Zellen unserer Bewegung. Es entstehen gerade immer neue Zellen, im Verborgenen. Unsere Sache wird immer stärker, Genosse.«

»Ich weiß nicht, was deine ›Sache‹ ist, mein lieber Faustino«, erklärte ich. »Meine ist es, Arbeit zu haben und für meine Familie zu sorgen.«

»Damit du Arbeit hast, Genosse Adriano, muss erst der Faschismus besiegt werden«, erwiderte Faustino kurz angebunden. Dann fuhr er nervös fort: »Die Patres haben mich schon über alles informiert. Hast du die Filmrolle mitgebracht? Warte, behalte sie noch bei dir. Gib sie mir später. Manche Genossen in der Führung finden, es sei nicht der passende Moment, diesen Skandal an die große Glocke zu hängen.«

»Nicht der passende Moment?«, fragte ich verblüfft.

Faustino antwortete nicht. Er trat einen Schritt zurück ins Halbdunkel und überreichte mir einen Umschlag.

»Einer unserer Kontaktleute hat das hier mitgebracht«, erklärte er. »Ein Brief von deinem Neffen. Aber an deine Frau gerichtet.«

»Einen Moment, Faustino, der Umschlag ist geöffnet. Hast du –«

Ich konnte meine Frage nicht beenden. Faustino Pacheco war bereits in der Dunkelheit verschwunden.

DOKUMENT NR. 16
Brief des Soldaten Sandro an meine Mutter
Inhaminga, 1. März 1973

Liebe Tante,
ich habe gehört, dass Onkel Adriano in Inhaminga war. Wir haben uns verpasst. Ich bin heute von einer Patrouille aus der Region Muanza zurückgekommen. Frage mich nicht, wo das ist. Hier gibt es keine Geografie mehr. Alles ist so fremd und so unwirklich. Es ist, als spiele sich das Leben auf einer Kinoleinwand ab, sobald wir eine Uniform anziehen. Meine Kameraden sagen, ich sei auf dem Weg, verrückt zu werden. Du bist Mutter, du wirst mich verstehen. Am meisten leiden unter dem Krieg jene, die nie eine Uniform getragen haben: die Frauen. Sie alle, Mütter und Ehefrauen, werden zu Geistern an dem Tag, an dem ihre Söhne und Männer eine Waffe in die Hand nehmen.

Mein Hauptmann sagt immer und immer wieder, der Krieg werde von Männern gemacht. Von richtigen Männern. Das schleudert er mir ins Gesicht, und ringsum brechen die anderen Soldaten in schallendes Gelächter aus. Und dann marschieren sie an mir vorbei und wackeln dabei mit dem Hintern. Ich möchte am liebsten schreien: Hier sind lauter »richtige Männer«, aber wer einen Krieg gewinnen will, darf keine Frau anfassen. Sie misshandeln ihre eigenen Frauen und beleidigen die Frauen der anderen. Hier in Inhaminga werden schon seit langer Zeit Frauen umgebracht. Und auch Kinder. Das hier ist kein Krieg, Tante Virgínia. Und wir sind auch keine Soldaten. Wir sind nur der lebendige Abzug an der Waffe von gesichtslosen Befehlshabern.

Der Hauptmann unserer Kompanie warnt unermüdlich: Seht nicht nach den schwarzen Frauen, sprecht nicht mit ihnen. Wenn ihr ihnen in die Augen seht, seid ihr geliefert.

Wenn ihr ihnen Beachtung schenkt, legen sie los und erzählen Geschichten, und dann endet es wie in *Tausendundeiner Nacht:* Die bringt ihr nicht mehr um. Zum Glück sprechen sie eine andere Sprache, sagt der Hauptmann. Wenn wir sie verstehen könnten, wären sie auf der Stelle nicht mehr unsere Feinde. Um sie zu töten, müsse man ihnen die Augen verbinden und den Mund schließen. Das hat der Hauptmann uns eingeschärft. Dieses Land, liebe Tante, ist ein riesiges Erschießungskommando.

In meinem Fall haben die Faschisten aber einen Fehler gemacht. Sie haben mir eine Waffe gegeben, aber nicht, damit ich töte. Sondern damit ich sterben lerne. Ich muss sterben. Nicht erschrecken, liebe Tante, ich spreche nur davon, als Soldat zu sterben. Ich muss meinen Mut zusammennehmen, um dieser Hölle zu entfliehen. Irgendwann komme ich zurück und werde für die Befreiung dieses Landes kämpfen, das mein Land ist und das ich so sehr liebe. Und dann werden wir uns wiedersehen. Vor der Unabhängigkeit werde ich nicht in diese Stadt zurückkehren, die nun zur Hauptstadt der Hölle geworden ist. Jede Nacht werden Orgien gefeiert, in den Bordellen und auch auf den Straßen. In den Geschäften der Chinesen und Inder wimmelt es von den Ehefrauen ranghoher Militärs, die gar nicht genug bekommen können von Porzellan und Elfenbein. Alle sind wahnsinnig geworden, Befehlshaber genauso wie Untertanen. Der Wahnsinn ist das Einzige, was ihnen geblieben ist. Das sind Onkel Adrianos Worte. Wenn der Onkel als Dichter denkt, sagt er genau das Richtige.

Sei herzlich gegrüßt von deinem Neffen, der dich sehr liebt.
Sandro

DOKUMENT NR. 17
Schattentheater (Auszug aus meinem Tagebuch)
Beira, 22. März 1973

Jemand klopfte an die Haustür. Es war Sonntag, mein Vater und ich waren damit beschäftigt, auf den Büchern im hinteren Teil des Hauses Staub zu wischen. Zum Glück konnte uns niemand sehen, denn mein Vater hatte sich eine lächerliche Küchenschürze umgebunden und tänzelte mit einem nicht weniger lächerlichen Staubtuch in der einen Hand und einem Federstaubwedel in der anderen durch den Raum.

»Ich gehe«, beeilte sich mein Vater zu sagen, als er es klingeln hörte. Und ging zum Hauseingang, so wie er war, mit Schürze und Staubwedel.

Vor der Tür standen mehrere Soldaten. Der Älteste trat einen Schritt vor und erklärte: »Wir sind wegen Ihres Neffen hier, Sandro Santiago.«

Meine Mutter war inzwischen dazugekommen. Ihre Hände zuckten wie aufgeschreckte Spinnen von der Brust zum Gesicht. Das Geschirrtuch fiel ihr vor die Füße. Ihr entfuhr ein erstickter Schluchzer, während der Soldat sagte: »Ihr Neffe ist seit einer Mission im Wald von Inhaminga verschwunden.«

»Ist er tot?«, fragte mein Vater.

»Das wissen wir nicht. Er gilt als verschwunden«, antwortete ein anderer Soldat.

»Wie kann ein Soldat verschwinden?«, fragte meine Mutter.

»Sein Status ist ungeklärt«, erklärte der erste Soldat. »Das bedeutet, seine Leiche wurde nicht gefunden.«

»General, Sie sprechen von ›Leiche‹ –«

»Ich bin kein General«, fiel ihm der Soldat ins Wort. »Wir sind gekommen, um Sie aufzufordern, das Militär bei der Suche nach Ihrem Angehörigen zu unterstützen. Sollten Sie irgendwelche Informationen erhalten, melden Sie sich unter dieser Nummer.«

»Informationen? Was für Informationen?«, fragte meine Mutter verängstigt.

Der Soldat streckte meinem Vater barsch einen Zettel hin. »Hier steht alles drauf.«

Die Soldaten gingen, wir blieben in eisiger Stille zurück. Dann machte meine Mutter ein paar Schritte in die Richtung, in die die Soldaten verschwunden waren, und schrie: »Gebt mir meinen Sohn zurück! Ich will meinen Sohn!«

Mein Vater legte ihr den Arm um die Schulter, zog sie auf unser Grundstück zurück und sagte sanft: »Wir sprechen von Sandro, Virgínia. Es ist unser Neffe, der verschwunden ist.«

Am selben Abend forderte mein Vater meine Mutter und mich auf, an der Sitzung der »Weißen Maulwürfe« teilzunehmen. Wir fühlten uns so geehrt, dass meine Mutter mir ein nagelneues weißes Hemd anzog. Die Tagesordnung der Sitzung bestand aus einem einzigen Punkt: Sandro Santiagos Verschwinden.

»Ich sage das nur ungern, aber wir müssen leider davon ausgehen, dass Sandro tot ist«, sagte mein Vater am Anfang der Sitzung. »Und erschossen haben können ihn sowohl die Soldaten als auch die Guerilleros.«

»Eins steht fest«, sagte Faustino Pacheco, »wir verlieren den Krieg.«

»Wir?«, fragte mein Vater. »Wer ist wir?«

»Scher dich zum Teufel, Adriano!«, gab Faustino zurück.

Unvermittelt stieg mein Vater auf einen Stuhl, als brauche er die Höhe, um besser denken zu können. Dann wandte er sich abrupt an Faustino: »Du redest von der Partei, hast aber keinerlei Verbindung zu deinen Genossen. Ich spreche von der FRELIMO, kenne aber niemanden dort. Machen wir uns doch nichts vor, meine Freunde: Wir sind nichts als Schauspieler eines Schattentheaters.«

Düsteres Schweigen breitete sich aus. Schließlich sprach Natalino Fernandes, der Apotheker: »Vielleicht ist es ganz anders, womöglich ist dein Neffe desertiert und zu den Guerilleros der FRELIMO übergelaufen.«

»Er ist tot, das spüre ich«, murmelte meine Mutter. »Sandro ist tot, sie haben ihn in Inhaminga umgebracht.«

»Wenn er tot wäre, hätten sie ein Telegramm geschickt. Das ist das übliche Verfahren«, sagte der Apotheker.

»Das ›übliche Verfahren‹?«, fragte meine Mutter. »Glauben Sie, es gibt in diesem ganzen Chaos noch ein ›übliches Verfahren‹? Unser Sohn –«

»Sandro war nicht unser Sohn«, warf mein Vater ein.

»Siehst du?«, sagte meine Mutter. »Du sprichst von ihm schon in der Vergangenheit.«

Wieder trat bedrücktes Schweigen ein. Bis mein Vater entschieden verkündete: »Ich fahre dahin!«

»Wohin?«, fragte meine Mutter.

»Ich fahre nach Inhaminga!«

Meine Mutter sah meinen Vater an, als sähe sie ihn zum ersten Mal. Unendlich dankbar drückte sie seine Hände.

»Hast du keine Angst? Du bist doch gerade erst aus diesem Inferno zurückgekommen.«

»Angst habe ich davor, hierzubleiben und zu warten.«

»Entschuldige, Genosse Santiago«, mischte sich Faustino ein, »aber was willst du in Inhaminga machen?«

»Weiß ich nicht«, antwortete mein Vater. »Hier kann ich jedenfalls nichts ausrichten.«

»Euer Neffe wird wieder auftauchen«, erklärte Faustino. »Außerdem ist das Regime bald am Ende, bald ist der Krieg vorbei.«

»Das Regime ist bereits am Ende, meine Freunde«, erklärte Natalino Fernandes. »Der Krieg hat so viel Lärm gemacht, dass wir es nicht gehört haben, als der Faschismus gestürzt ist.«

Mein Vater forderte die anderen zum Gehen auf. Er wollte mit seiner Frau allein sein. »Du bleibst auch, mein Sohn«, sagte er zu mir. In diesem Moment fühlte ich mich wie der Mittelpunkt des Universums. Oder, wie mein Vater manchmal verzückt meine Mutter nannte, wie »das Epizentrum der Unendlichkeit«.

Meine Eitelkeit währte jedoch nicht lange. Kaum waren die Gäste gegangen, stellte meine Mutter ihren Mann an die Wand. Als wollte sie ihn attackieren. »Das verzeihe ich dir nicht, Adriano«, sagte sie. »Du bist schuld daran, dass Sandro unser Haus verlassen hat. Du hast ihn rausgeworfen, Adriano!«

»Ich, ihn rausgeworfen? Er hat seine Sachen gepackt und ist nach Lissabon gegangen, niemand hat ihn weggeschickt!«

»Du hast ihn rausgeworfen«, wiederholte meine Mutter wütend.

»Bist du verrückt, Virgínia? Der Junge wäre so oder so beim Militär gelandet, hier genauso wie in Portugal. So wie alle in seinem Alter.«

Meine Mutter war so wütend, dass ihr die Stimme versagte. Sie brach den Streit ab, wandte sich mit inzwischen gezügelter Wut an mich und forderte mich auf, mich neben ihr aufs Sofa zu setzen. Dann nahm sie meine Hände in die ihren.

»Weißt du noch, dass dein Vater verboten hat, dass Sandro und du im selben Zimmer schlaft?«

»Lass Diogo aus der Sache raus«, verlangte mein Vater schnell.

»Ich spreche jetzt, Adriano. Dein Vater, der sich für so modern hält, hat nie akzeptiert, dass unser Sandro anders war.«

»Ich habe nur gesagt, dass er krank ist«, unterbrach mein Vater sie.

»Krank bist du, Adriano Santiago. Und ich bin es leid, dich zu kurieren.«

Das Schicksal austricksen

Beira, 8. März 2019

Ich bete nicht, weil Gott existiert.
Ich bete, dass er existiert.
Giorgio Caproni

Liana weckt mich, die Sonne blinzelt zwischen Vorhängen. Liana steht nackt im Gegenlicht. Ich schüttele den Kopf, reibe mir die Augen. Sie verschwindet. Im nächsten Augenblick steht sie da in weißem Rock und Bluse aus einer Capulana. Sie bindet sich die widerspenstigen Haare aus dem Gesicht.

»Ich habe gerade von dir geträumt, Liana«, sage ich. »Wie bist du hereingekommen?«

»Dass ich in deinen Traum gelangt bin, ehrt mich, aber dass ich ins Zimmer gekommen bin, ist kein Kunststück«, antwortet sie. »Die Tür war nicht richtig geschlossen. Außerdem ist es drei Uhr nachmittags, kein Mensch schläft um diese Zeit.«

Sie setzt sich und nimmt ihr Telefon aus der Tasche. Anscheinend sucht sie nach einer Nachricht, einer Nummer, einem Foto.

»War jemand hier?«, fragt sie. »Es riecht nach teurem Frauenparfum.«

Ich tue, als hätte ich nichts gehört. Liana schreibt Nachrichten, während ich mich im Badezimmer anziehe. Kaum bin ich zurück, reicht sie mir ihr Telefon.

»Geh ran!«, sagt sie. »Für dich.«

»Für mich? Wer ist das?«

»Pater Martens!«

»Das kann nicht sein! Der Pater will mich sprechen? Er ist am Leben?«

»Nein«, antwortet Liana, »das ist eine Direktverbindung ins Totenreich, hergestellt von deiner ehemaligen Nachbarin Dona Rosinda.«

»Wie hat sie ihn gefunden?«

»Durch ein Wunder namens Internet. Das ist eine Sekte mit mehr Anhängern als jede Religion. Und Fanatiker gibt es da auch schon …«

Widerstrebend halte ich mir Lianas Handy ans Ohr und höre eine schwache Stimme mit merkwürdigem Akzent. Der Mann stellt sich vor als José Martens. Und buchstabiert: »Joxe Marteinsh.« Er sagt, er denke oft an meinen Vater. »Ein guter Mann, dieser Dichter.« Er spricht in feierlichem, ehrerbietendem Ton. Ich erzähle von den Dokumenten über das Massaker von Inhaminga.

»Die Massaker?«, sagt Martens nach einem schweren Seufzer. »Darüber wurde inzwischen ein ganzes Buch geschrieben. Ich habe sogar Interviews im Fernsehen gegeben. So viel Zeit musste vergehen, bis man der Menschen gedachte. Und es bedurfte nur eines kurzen Moments, um sie zu ermorden.«

Es folgt eine lange Pause, als wäre die Verbindung abgebrochen. »Pater? Pater Martens?« Ich höre ein müdes Seufzen. »Ich bin da, mein Sohn, bin noch da.«

»Ich habe eine Frage, Pater. Wissen Sie, ob mein Vater jemals die Filmrolle weitergegeben hat?«

Am anderen Ende der Leitung ertönt ein Lachen, das in ein ersticktes Husten mündet. »Die Filmrolle?«, fragt der Pater, während er Luft holt. »Ja, er hat der Kommunistischen Partei eine Filmrolle übergeben. Aber darauf waren nur Fotos von Frauen.«

»Sie machen Witze!«

»Nur Frauen«, bestätigt der Pater. »Aber alle sehr hübsch.«

Ich lege auf. Noch eine ganze Weile gluckse ich vor mich hin, bis Liana mit den Autoschlüsseln vor meiner Nase herumwedelt.

»Ich habe eine Herausforderung für dich. Möchtest du Benedito wiedersehen?« Sie wartet keine Antwort ab. »Dein ehemaliger Hausboy ist gestern angekommen. Wir werden ihn überraschen.«

Während der kurzen Autofahrt blickt Liana mehr in den Spiegel als auf die Straße. Sie richtet ihr Haar, zieht den Lippenstift nach, zupft das Tuch um den Hals zurecht. Wir halten an einem alten Gebäude im Viertel Munhava. Man könnte es für eine Behörde halten, wäre die Fassade nicht von halb zerfledderten roten Fahnen bedeckt.

»Benedito ist in der Partei«, sagt Liana. »Dein Freund ist jetzt ein wichtiger Mann. Geh du nur allein zu ihm, wir treffen uns später wieder.«

Ich betrete das heruntergekommene Gebäude, die Wände sind mit alten, so ausgeblichenen Plakaten beklebt, dass man ihre Originalfarbe nicht mehr erkennt. Plötzlich öffnet sich eine Tür, und Benedito Fungai tritt heraus. Wir umarmen uns. Er ist dick geworden, ein grauhaariger Mann, ein bedächtiger, hoher Parteifunktionär. Aber in den Armen halte ich den schlanken Jungen, den ich vor vierzig Jahren gekannt habe. Ich sehe an ihm, wie sehr ich selbst gealtert bin.

»Soll ich ›junger Herr‹ sagen? Oder doch immer noch Khiwa?«, fragt Benedito leicht ironisch.

Wir lachen. Und auf das Lachen folgt eine neuerliche Umarmung. Dann bleiben wir Hand in Hand stehen, wie es in meiner Heimat unter Männern üblich ist.

»Wie ich sehe, bist du jetzt ein wichtiger Mann«, sage ich.

»Wer hätte das gedacht! Mein Freund Benedito Fungai, in der Stadtregierung.«

»Du täuschst dich, was meine Regierungsfunktion betrifft. Diese Stadt ist unregierbar. Hier bestimmt einzig und allein das Meer.«

Benedito erkundigt sich nach meiner Mutter. Ich erzähle, dass sie vor ein paar Monaten gestorben ist, drei Jahre nach meinem Vater. Bei der Beerdigung ihres Mannes hielt sie meine Hände und fragte mit dem Blick eines hilflosen Vogels: »Ich bin jetzt also Witwe? Mein Gott, ich habe keine Ahnung, wie man das macht ...«

Benedito lächelt traurig. Plötzlich wird sein Gesicht weicher, und er ist wieder der Junge, den ich in Erinnerung habe.

»Deine Mutter«, sagt er, »hätte von ihrer Schwiegermutter Dona Laura lernen können. Die wusste, wie man Witwe ist. Das hat sie von Geburt an gewusst.«

»Benedito, du musst mir erzählen, was an dem Tag geschah, als sie starb. Du warst als Einziger anwesend.«

Und so erzählte er.

Der junge Benedito war gerade im Garten, da hörte er ein lautes Geräusch drinnen. Er blickte nach oben zur Veranda und sah einige Zettel umherflattern. Er lief schnell hinein. Dona Laura war gestürzt, er half ihr, sich aufs Sofa zu setzen. Mit dünner Stimme bat sie ihn, ihre Schwiegertochter zu holen. »Beeil dich, bevor es zu spät ist.« Benedito sagte, die Senhora sei zum Einkaufen gegangen, und Dona Laura forderte ihn auf, eine Nachricht zu schreiben. Sie diktierte Wort für Wort, doch ihre Stimme versagte. Ihre Lippen bewegten sich, brachten aber keinen Laut hervor. Benedito tat, als hörte er zu und schreibe mit, bis die Lippen der alten Frau erstarrten.

Als er merkte, dass Dona Laura gestorben war, geriet er in Panik. Meine Eltern waren gute Menschen, die besten, zu denen er hatte kommen können. Er fühlte sich bei uns zu Hause.

In diesem Moment aber packte ihn tiefe Angst, eine Angst, die aus dem Unterbewusstsein kam. Als Dona Laura leblos dalag, wurde Benedito das, was er immer gewesen war: ein Hausboy, Angehöriger einer anderen Rasse, einer anderen Welt. Auch wenn die Herrschaften es ihm nie vorgeworfen hätten, fühlte er sich irgendwie verantwortlich für diesen Tod. Und da beschloss er zu fliehen. Er packte seine Sachen und ging zurück nach Inhaminga. Doch das war nicht sein endgültiges Ziel. Er wollte sich der Guerilla anschließen, für Mosambiks Unabhängigkeit kämpfen.

»So war das«, sagt Benedito. »In einem portugiesischen Haus habe ich gelernt, dass ich Mosambikaner bin.«

»Mir ist es genauso ergangen«, sage ich. Und füge resigniert hinzu: »Ich wollte das auch, mich der Frente de Libertação anschließen. Aber ich war nie so mutig wie du.«

»Das Schwierigste war nicht, mich für die Guerilla zu entscheiden«, antwortet Benedito, »sondern es meinem Vater mitzuteilen.«

Er erzählt von dem Tag, als er in sein Dorf zurückkam. Sein Vater befand sich im Hof und rauchte Mbangue. Benedito verkündete, er wolle sich den Befreiern des Vaterlandes anschließen. Der alte Capitine nahm einen tiefen Zug und behielt den Rauch in der Lunge.

»Den Befreiern?«, fragte er.

»Ja, Vater, den Befreiern.«

»Ein unterdrücktes Volk ist ein armes Volk«, urteilte Capitine. »Und noch ärmer ist eines, das befreit werden muss.«

Benedito seufzte tief, setzte sich zu seinem Vater und rauchte mit ihm zusammen.

Benedito schlägt vor, gemeinsam durch die Stadt zu gehen. Wir überqueren den Golfplatz. Ein altvertrauter Anblick, ein Grün aus meiner Kindheit. »Spielt irgendwer in dieser Stadt

Golf?«, frage ich. Lächelnd antwortet Benedito: »Ja, ich zum Beispiel.«

Ein Fußball landet vor unseren Füßen. Ein paar Jungen kommen schreiend angelaufen. Ich stelle den Fuß auf den Ball, fordere die Jungen heraus, mich auszudribbeln, und spiele mit. Ich täusche zwei Schüsse an, dann gebe ich auf.

Benedito lacht. »Mein lieber Diogo, du bist also immer noch der Khiwa, der Trickser?«

»Khiwa« wurde ich damals von den Jungen genannt, mit denen ich Fußball spielte. Ich war, wie sie sagten, ein »Trickballspieler«. Bis auf die Trickserei hatte ich keinerlei Talent. Ich habe es nie geschafft, auf das Tor zu schießen, geschweige denn ins Tor. Ich rannte über das ganze Spielfeld, dribbelte die Gegner, den Schiedsrichter und meine eigenen Mannschaftskameraden aus. Und plötzlich blieb ich stehen und wusste nicht mehr, was ich tun sollte. In ihrer Verzweiflung nahm meine eigene Mannschaft mir den Ball ab und spielte ohne mich weiter. Noch heute frage ich mich, warum sie mich überhaupt mitspielen ließen.

Benedito und ich erinnerten uns an die Momente, wenn das Spiel unterbrochen wurde, um nicht nur das Tor zu feiern, sondern auch den guten Pass des Stürmers oder die grandiose Parade des Torwarts. Wir feierten das Ereignis, nicht das Ergebnis. Zumindest denken wir heute so. »Vielleicht ist das ein Lügenmärchen, aber ein schönes«, sagt Benedito. Eines aber ist wahr: Diese Kinder heute haben dasselbe gemacht wie damals meine Mannschaftskameraden: Sie haben mich gewinnen lassen. Ich war früher schon, was ich heute bin – ein Spieler ohne Spiel, im ewigen Kampf gegen mich selbst.

»Siehst du den Jungen da, den mit den roten Schuhen?«, fragt Benedito. »Das ist mein Neffe.«

Er ruft den Jungen zu sich. Er stellt mich als alten Freund vor und sagt, ich hätte Geschichten für Kinder geschrieben.

Dann fordert er mich auf, seinem Neffen von dem Fußballstadion zu erzählen, das wir uns hier auf dem Golfplatz ausgedacht hatten.

Damals bildete Benedito das Schlusslicht unseres triumphalen Einzugs auf den Rasen, und er war es auch, der die nicht vorhandene, aber lärmende Zuschauermenge am heftigsten begrüßte. Im Gänsemarsch, einen Kriegsgesang intonierend, traten wir kraftstrahlend auf wie Krieger in der Schlacht. Ich ging voran, den Ball unterm Arm. Dann kam Sandro, der dabei half, vier Holzpfosten zu tragen. Das waren die Tore. Sandro spielte nicht mit, er hielt Fußball für ein brutales Spiel. Doch er nahm an unserem gloriosen Einzug teil, stolzierend wie ein Model auf dem Laufsteg. Die armen Jungen ringsum applaudierten, wenn ich auflief. Damals begriff ich nicht, dass ihr Applaus nicht dem Spieler, sondern dem Träger des Balls galt.

An einem Nachmittag aber war alles anders. Unsere Gegner waren echte Gegner, Jugendliche aus dem Reichenviertel, die hier unbedingt gewinnen wollten. Sie fuhren in luxuriösen Autos vor, am Steuer weiße Chauffeure, und sie trugen Schienbeinschoner und bunte Stutzen. In unserer größten Not verpflichteten wir Benedito als Torwart.

»Ich geriet in Panik«, erinnert sich Benedito. »Du musst bedenken: Ich war der einzige Schwarze unter zwei Dutzend aufgeregter weißer Jungen.«

Und so spielte es sich ab: Kaum näherte sich der erste Gegner unserer Hälfte, lief Benedito davon und überließ das Tor dem Stürmer. Er wagte nicht, dem »jungen Herrn« gegenüber Widerstand zu leisten, erklärte er, als wir ihn verärgert zur Rede stellten. Schiedsrichter war der Apotheker Natalino, herausgeputzt wie zur Weltmeisterschaft: Kakishorts, Kniestrümpfe und eine silberne Trillerpfeife, die ihm abwechselnd mit einer Zigarette im Mundwinkel hing. »Wo sind die Schuhe von dem Jungen da?«, fragte der Schiedsrichter und wies auf Benedito. Bevor jemand antworten konnte, verkündete Doutor Natalino durch die Trillerpfeife sprechend: »Barfuß wird nicht gespielt!« Ich glaube, keiner verstand, was er sagte, denn er pfiff mehr, als dass er sprach. Dann ließ er die Pfeife fallen und erklärte, man sei hier ja wohl nicht bei Rebenta Fogo, wo man jeden mitspielen lasse.

Im Nu umringten zahllose Beine unseren Torwart, der auf dem Rasen saß und verängstigt die ungeschickten Versuche verfolgte, ihn im Spiel zu behalten.

»Welche Schuhgröße hast du?«, fragte Sandro.

»40, aber ich halte auch bis 36 aus«, antwortete Benedito.

Da bot ihm Sandro – der riesige Füße hatte – seine Turnschuhe an. Benedito zog sie schnell an. Die Schuhe waren ihm so viel zu groß, dass bei seinem ersten Abstoß der eine Turnschuh dem Spieler, der ihm am nächsten stand, an den Kopf flog. Der Junge ging bewusstlos zu Boden. Benedito verschwand auf der Stelle. Er flog über das Tor davon und kehrte nie wieder von da oben zurück.

Beneditos Neffe sitzt da und wartet anscheinend auf das Ende des Berichts. Dann, als wäre nichts geschehen, zuckt er die Achseln und läuft zurück zu seinen Freunden.

»Ich beneide dich, Diogo«, sagt Benedito. »Aber nicht um deinen Ruhm, deinen Erfolg. Ein Schriftsteller, denke ich, ist jemand, der das Leben anderer lebt. Irgendwann werde ich auch mein eigenes Buch schreiben.«

»Dann wirst du mich nicht in der Nähe haben wollen.«

»Warum das denn nicht?«, fragt Benedito verwundert.

»Ich weiß nicht. Vielleicht, um Herr deiner Geschichte zu sein.«

»Hast du mich nicht um Hilfe gebeten, um dieses Buch zu

schreiben? Warum kann ich nicht dasselbe machen? Du weißt doch, ich habe damals die Pfosten für das Tor getragen. Wenn ich meine Geschichte aufschreibe, kannst du das Tor tragen. Aber wir werden zusammen sein.«

»Ehrlich gesagt«, antworte ich, »weiß ich nicht, ob ich wirklich derjenige bin, der meine Geschichte schreibt.«

Nach einer langen Pause fragt Benedito: »Apropos deine Geschichte: Weißt du, wer dein Cousin Sandro wirklich war?«

»Ich weiß, dass er ein erfundener Cousin war«, antworte ich. »Er war nicht einmal mit uns verwandt.«

»Oh doch. Und enger, als du glaubst.«

Und dann erzählt Benedito: Sandro war das Kind einer Geliebten meines Vaters. Sie arbeitete angeblich als Tänzerin in einem Nachtclub. Ein Jahr nach der Geburt gab sie das Kind in der Redaktion der Zeitung ab, bei der mein Vater arbeitete. Dona Virgínia zögerte keine Sekunde, sie nahm den Jungen auf und gab ihn in der Nachbarschaft als einen Neffen aus. Sie erfand die Geschichte, der kleine Sandro sei verwaist, seit seine Eltern, entfernte Verwandte, bei einem Unfall ums Leben gekommen seien.

Benedito betont Silbe für Silbe, was offensichtlich ist: Sandro war von meinem Blut. Und da es keine halbe Verwandtschaft gibt, war er mein Bruder, mein einziger Bruder. Aber nicht diese Enthüllung verwirrt mich. Im Grunde habe ich immer an der Version gezweifelt, die in meiner Familie erzählt wurde. Viel mehr erschreckt mich, dass Benedito über eine so private Angelegenheit meiner Familie mehr weiß als ich.

»Vorteil, wenn man Hausboy ist«, sagt Benedito in ironischem Ton.

»Ich weiß, ich bin Schriftsteller«, gebe ich ein wenig überheblich zurück. »Die Hausherrinnen vertrauen dem Personal Dinge an, die sie vor den eigenen Kindern verheimlichen.«

»Ich würde nicht sagen, alle Hausherrinnen«, wendet

Benedito ein. »Aber deine Mutter, ja. Sie war so manches Mal auch meine Mutter.«

Der Fußball rollt uns wieder vor die Füße. Benedito nimmt Anlauf und schießt ihn überraschend kräftig ins Tor. Dann macht er sich am Knoten seiner Schürsenkel zu schaffen. Ohne aufzublicken, fragt er: »Als ich euer Hausboy war, lief ich da barfuß oder in Schuhen?«

»Ehrlich gesagt, kann ich mich nicht erinnern«, antworte ich.

»So viele Jahre hast du mich gesehen und nie darauf geachtet?«

»Ich erinnere mich nur, dass du im Haus keine Schuhe anhattest. Außerhalb des Hauses, keine Ahnung.«

»Noch eine Frage, Diogo. Weißt du, wie ich heiße? Ich meine, mit vollständigem Namen?«

»Ich habe es lange nicht gewusst«, gebe ich zu. »Liana hat es mir vor Kurzem gesagt.«

»Mach dir keine Vorwürfe«, sagt Benedito. »Jahrelang habe ich geglaubt, dass die Weißen sich alle kennen. Und dass die Schwarzen dieser Welt alle miteinander verwandt seien.«

Er geht ein paar Schritte und dreht sich dann lächelnd zu mir um.

»Mein vollständiger Name ist Benedito Rafael Fungai. Als ich bei euch arbeitete, lief ich weder barfuß noch trug ich Schuhe. Ich hatte Schlappen, Genosse Diogo.«

»Bitte, Benedito, nenne mich nur beim Vornamen.«

»Sag nicht, du bist kein Genosse mehr?« Und mit einem Blick auf die losen Schnürsenkel: »Ich tue es, wenn du mir die Schuhe zuschnürst.«

Ich bücke mich schon und will mühsam die Knie beugen, da holen mich Beneditos Lachen und seine ausgestreckte Hand in eine neuerliche Umarmung zurück.

Ich kehre zum Hotel zurück. Liana erwartet mich auf dem Vorplatz. Sie sei ohne Auto da, ihr Verlobter habe sie gerade vor dem Hotel abgesetzt. Um ein Haar wären wir uns begegnet, der Polizeichef und ich.

»Ich wollte dich zum Abendessen abholen«, sagt Liana. »Wir können zu Fuß irgendwohin gehen.«

»In ein Restaurant, wir beide allein?«, frage ich.

»Warum nicht?«, entgegnet Liana. »In den Augen der Leute bin ich eh schon deine Geliebte.«

»Und in den Augen deines Verlobten?«

»Mein Verlobter ist beschäftigt«, sagt sie achselzuckend. »Er, ja, er hat Geliebte. Ich habe den Überblick verloren. Die hingegen haben sein Konto genau im Blick.«

»Morgen fahre ich in aller Frühe mit Benedito nach Inhaminga.«

»Ich weiß, und ich komme mit. Aber jetzt erst mal habe ich eine Idee für unser Abendessen. Wir bestellen etwas beim Roomservice.«

Sie stützt sich auf meinen Arm. Und so, wie ein Ehepaar, begeben wir uns auf mein Zimmer.

Liana schläft tief und fest, sie merkt nicht, dass ich vom Bett aufgestanden bin. Ich decke sie mit dem Laken zu, zum Schutz vor nicht vorhandener Kälte. Der Wind rüttelt am Fenstergriff, ein blechernes, rhythmisches Geräusch. Ein vertrautes Geräusch, das mich in meine Kindheit zurückversetzt. Nach und nach taucht das Bild meines Vaters vor mir auf, wie er auf seiner Schreibmaschine hämmert. Bis in die Nacht drang das Klappern durch die Wände, vermischt mit dem schrillen Zirpen der Zikaden.

Eines Tages kam die Geheimpolizei und holte die Schreibmaschine ab. Sie wollten feststellen, von wem die aufrührerischen Flugblätter stammten, die in der Stadt zirkulierten.

Die Polizisten verließen unser Haus mit dem suspekten Gerät unter dem Arm. Sie hielten die Schreibmaschine weit weg vom Körper, als könnte sie jeden Augenblick explodieren. Ungekämmt und im Unterhemd lief Adriano wie ein Schlafwandler hinter den Polizisten her. Er setzte sich auf die Straße und blieb dort, bis meine Mutter ihn nach Hause holte. Bedrücktes Schweigen senkte sich über uns alle. Ich hätte nie gedacht, dass eine einfache Schreibmaschine uns so beschäftigen könnte.

Am nächsten Tag brachte die Polizei die Schreibmaschine zurück und setzte sie auf der Fußmatte im Hauseingang ab. Mein Vater kniete sich hin und strich zärtlich mit den Fingerspitzen über die Hülle. Dann trug er die Maschine ins Wohnzimmer, behutsam wie eine Mutter ihr neugeborenes Kind.

Wieder schlafe ich beim Hämmern der Typenhebel auf das unschuldige Papier ein. Es klingt so wirklich, dass ich zu hören meine, wie mein Vater in meinem Hotelzimmer Gedichte schreibt. Hin und wieder verhaken sich die Hebel. Als wären sie hybride Lebewesen, halb Tänzer, halb Boxer. Bei der Berührung mit einem Finger lösen sie sich voneinander. Und schon hämmert mein Vater weiter auf die Tasten. Merkwürdige Geschöpfe defilieren durch meinen Kopf, während die Tasten wie blinde Pendel sich heben und senken. Nach vorn ist es der mächtige Schnabelhieb eines hochbeinigen Vogels; zurück der reuige Hals einer Giraffe.

Warten auf den Weltuntergang

Die Dokumente des PIDE-Agenten

Ich trage Trauer, aber niemand starb.
In meinen Augen
stehen noch Wände,
die mich vor dem Dunkel retten.
Adriano Santiago

DOKUMENT NR. 18
Brief des Genossen Faustino Pacheco an meinen Vater
Beira, 23. März 1973

Werter Adriano,
ich benutze wie immer deinen ehemaligen Angestellten, den gebrechlichen Juliano, als Kurier. Wer würde einen alten Schwarzen verdächtigen, der so langsam geht, dass er fast stillsteht? Außerdem bindet sich der alte Juliano eine Capulana über den Rücken, wenn er aus dem Haus geht, wie die Frauen zum Tragen ihrer Kinder. Statt eines Kindes steckt Juliano ein Kofferradio da hinein, und so geht er wie ein wandelnder Rundfunksender durch die Straßen. Er ist der beste Postbote, der beste Kurier. Wer würde denn so einen Menschen abfangen?

Genosse Adriano, wir haben uns gestern gestritten, und das obendrein vor den anderen Genossen. Du hast uns alle rausgeworfen, eigentlich unvorstellbar für einen Menschen mit deinem freundlichen Wesen. Wir werden diese kleine Krise überwinden, dessen bin ich mir sicher. So wie wir schon wesentlich ernstere Krisen überwunden haben. Weißt du noch, wie wir darüber diskutiert haben, welche Art von Freiheit wir nach dem Sturz der Diktatur erwarten können? Du hast erklärt, dass alle kommunistischen Regime davon träumen, ein Kolonialreich zu werden. Und schlimmer noch: dass der sicherste Weg zum Kapitalismus darin besteht, als Erstes ein sozialistisches Regime zu etablieren.

Das Problem ist, dass du, mein werter Santiago, nur ein Dichter bist. Dass du dich nicht für Aktien interessierst, nur für Wörter. Der Faschismus muss begeistert sein von deiner metaphorischen Übung. Die Welt braucht Poesie, das gebe ich zu. Aber sie braucht nicht dich, mein werter Dichter. Und ganz bestimmt braucht sie nicht deine Gedichte, die der Sache der Arbeiter- und Bauernmassen nicht dienen.

Ich habe gehört, die holländischen Patres wären festgenommen worden. Das stimmt nicht. Sie harren aus in Inhaminga und befolgen den Appell von Papst Paul VI., der die katholischen Priester aufgefordert hat, Mosambik nicht zu verlassen. Wie du weißt, habe ich die Fotos auf Vorschlag der Patres abgeholt. Es kann sein, werter Adriano, dass die Fotos in unserem Besitz der einzige noch vorhandene Beweis dafür sind, dass diese Massaker stattgefunden haben. Allmählich gebe ich dir recht: Dieses grauenhafte Verbrechen muss dringend publik gemacht werden. Die Fotos sind noch nicht entwickelt, ich habe die Filmrolle direkt nach Lissabon geschickt. Die Berichte mit den Anklagen der Patres sind mit demselben Kurier rausgegangen.

DOKUMENT NR. 19
Brief des Inspektor Campos an den Direktor der PIDE/DGS in Mosambik
Beira, 2. April 1973

Ich weiß, dass Sie einen Brief von der Gattin des Dichters Adriano Santiago erhalten haben, in dem sie sich nach dem Schicksal ihres Neffen erkundigt, einem Soldaten namens Sandro Santiago. Sie bitten mich um Informationen zu diesem Fall. Dem will ich mit diesem Schreiben nachkommen. Dies ist ein persönlicher Brief, kein offizieller Bericht. Ich schreibe mit der Hand, und Sie werden mir, dessen bin ich sicher, gestatten, dass ich einen weniger formellen Ton anschlage.

Vor zwei Monaten erhielten wir von höherer Stelle Anweisungen, auf die Überfälle auf die Züge in der Region Inhaminga energisch zu reagieren. Es war zwingend geboten, die Moral der Bevölkerung, die sich den Vorstößen der Terroristen schutzlos ausgeliefert fühlte, wiederherzustellen. Um Entschlossenheit zu demonstrieren, wurde entschieden, gar nicht erst Soldaten zu entsenden, sondern direkt eine Art Generalstab am Ort des Geschehens einzuberufen.

Da die Zeit nicht zu unseren Gunsten arbeitete, waren wir gezwungen, wie Sie besser als jeder andere wissen, Massenverhaftungen vorzunehmen. Ich selbst befand mich vor Ort, um den Einsatz zu beaufsichtigen. Agent Gorgulho hat Sie fraglos auf dem Laufenden gehalten. Ich weiß, dass Gorgulho sich über mich beschwert hat. Vermutlich hat er meine mangelnde Härte angeführt und dass ich unser entschiedenes Vorgehen infrage gestellt hätte. Deshalb gestatten Sie mir, dass ich, der ich die dramatischen Ereignisse in Inhaminga persönlich miterlebt habe, Ihnen diesen Bericht präsentiere.

Wir handelten unter der Annahme, dass alle, die noch keine Terroristen waren, es in naher Zukunft werden würden. Da die einen nicht von den anderen zu unterscheiden waren, nutzten wir die Kapazität des örtlichen Gefängnisses voll aus. Anschließend füllten wir Zelte mit weiteren Gefangenen. Diese Zelte wurden als »Wartesaal« bezeichnet. Sowie diese gefüllt waren, beluden wir Lastwagen mit Gefangenen und luden dieselben hinter dem Hospital ab. Dort mussten sie ihre eigenen Gruben schaufeln, an deren Rand sie dann exekutiert wurden. Die Agenten der DGS wurden von den Soldaten lediglich eskortiert. Den Angehörigen, die sich nach dem Verbleib der Aufständischen erkundigten, wurde mitgeteilt, sie seien in den »Busch gegangen, Brennholz sammeln«. Ich kann bestätigen, dass in besagten Tagen viele Leute Brennholz sammeln gegangen sind. Wie viele Gefangenentransporte genau es gab, weiß ich nicht, aber sie haben wochenlang ununterbrochen stattgefunden.

Ich gestehe, dass sogar mich das mitgenommen hat. Es waren alte Männer, Frauen, kleine Jungen. Auf der Fahrt zur Exekution, noch auf den Lastwagen, haben manche sich vor Angst eingekotet. Als wir das Ziel erreichten, wurden als Erste die Stinkenden erschossen. Das drehte mir den Magen um. Ich sprach Agent Gorgulho darauf an und bemerkte, wir dürften nicht so viele einfach der Reihe nach erschießen. Das habe ich angemerkt. Worauf Agent Gorgulho wütend entgegnete: »Wollen Sie die einzeln auswählen? Dann sind Sie damit bei Kriegsende noch beschäftigt.« Er wies auf den Vorteil des so beschleunigten wie willkürlichen Verfahrens hin. Statt eines einzigen Gemetzels wie in Wiriamu und Mecumbura würden kleinere, aber häufigere Einsätze durchgeführt. Hier fände somit keine barbarische Aktion statt, die man denunzieren könne, sagte Gorgulho.

Doch dann wurde der Ablauf gestört: In der Truppe machte sich ein gewisses Unbehagen breit. Die Soldaten sind keine DGS-Agenten. Im Heer kommen Männer mit unterschiedlicher patriotischer Gesinnung zusammen. Wir mussten das Risiko eines Protests seitens der Soldaten minimieren, indem wir sie an der Exekution beteiligten. Diese Idee stammte – bei aller Bescheidenheit – von mir selbst.

Die Soldaten wurden also ab einem bestimmten Zeitpunkt nicht mehr nur zum Begleiten der Transporte eingesetzt, sondern auch für die Exekutionen. Zunächst meldeten sich sogar ein paar freiwillig, doch nach der anfänglichen Begeisterung mussten wir die Schützen bestimmen. Als dann Soldat Sandro Santiago an der Reihe war, zitterte er so sehr, dass er sich kaum auf den Beinen halten konnte. Wir alle lachten, und ich schlug noch vor, es ihm zu erlassen. »Ausgeschlossen«, entgegnete Agent Gorgulho. »Diese Schwuchteln sind die Gefährlichsten. Die sind noch zarter besaitet als Frauen. Und morgen, wenn sie nicht mehr beim Militär sind, machen sie den Schnabel auf und prangern uns öffentlich an.« In dieser Hinsicht stimme ich mit Gorgulho überein und schlage vor, dass Homosexuelle vom Dienst ausgeschlossen werden.

Bei einer erneuten Fahrt zum Erschießungsplatz saß ich mit den Soldaten auf der Ladefläche des Lastwagens, neben mir besagter Sandro Santiago. Beim ersten Geholper klammerte er sich an meinen Arm. Ich sah mich um, alle Soldaten suchten irgendwo Halt. Aber dieser verschwitzte Soldat ekelte mich so sehr an, dass ich ihn wegstieß. Auf halbem Weg bat Santiago um einen Stopp, um sich in den Büschen zu erleichtern. Wir sahen ihn in das Dickicht hineingehen, hörten seine stolpernden Schritte. Jemand rief noch, er solle sich wegen der Minen in Acht nehmen. Er ging weiter und immer weiter, und dann haben wir nie wieder von ihm gehört. Wir haben noch kurz in der näheren Umgebung gesucht, aber schnell aufgegeben. In diesem mit Minen und Fallen verseuchten Gelände war das zu gefährlich. »Der kommt zurück«, behauptete der Kommandant. Und die Kolonne fuhr weiter.

Für mich gab es eine einfache Erklärung für das Verschwinden des Soldaten. Er war nicht in der Lage zu kämpfen, hatte aber auch nicht den Mut, sich umzubringen. Also tat er alles, damit jemand anderes die entscheidende Kugel abfeuerte. Er suchte sein Schicksal. Da er Uniform trug, war er ein Feind auf gegnerischem Terrain. Meine Kollegen versichern, dass er von den Kommunisten der FRELIMO erschossen wurde. Ich habe da so meine Zweifel. Wäre er getötet oder gefangen genommen worden, hätten die Terroristen das für ihre Propaganda genutzt.

Letzten Endes habe ich durchaus Verständnis für die fragile Moral unserer jungen Soldaten. Die Ereignisse in Inhaminga sind nicht unbedingt leicht zu verdauen. Ich selbst hätte geschwankt, wäre da nicht mein eisernes Pflichtbewusstsein. Einmal bemerkte ein Gefangener auf dem Lastwagen, dass ich ein Kruzifix um den Hals trug. Er hielt mich für einen Pater, nahm meine Hände und forderte mich auf, mit ihm zu beten. Mit geschlossenen Augen sprach er so inbrünstig ein Vaterunser, dass ich nicht anders konnte, als mitzusprechen.

Als der arme Kerl wenige Minuten später zum Erschießungsplatz gezerrt wurde, schrie er: »Um Gottes willen, Pater, bitte lassen Sie mich nicht sterben!« Ich überlegte noch kurz, wie ich ihn verschonen könnte. Ich hob den Arm, um die Exekution zu stoppen, doch der Soldat am Gewehr war so nervös, dass er übereilt abdrückte. Noch heute schrecke ich von dem Knall aus dem Schlaf hoch.

Ich beende meinen Bericht bescheiden mit einem Rat: Antworten Sie der Senhora, der Tante von Sandro Santiago, nicht. Sie wohnen in Lourenço Marques, die Senhora hier in Beira. Sie wird glauben, der Brief sei verloren gegangen. Dona Virgínia Santiago ist nur die Ehefrau eines Dichters. Sparen Sie Ihre Worte für unsere Kriegspatinnen auf. Alles andere ist reine Zeitverschwendung.

DOKUMENT NR. 20
Die Großmutter, das Meer und die Fotos
(Auszug aus meinem Tagebuch)
Beira, 7. April 1973

Gestern Nachmittag bat mich Großmutter, sie zum Strand zu begleiten. Wir gingen zu Fuß bis an den Saum des Wassers. Den ganzen Weg über trug sie einen Stoffbeutel um den Hals. Als wir den Strand erreicht hatten, holte sie ein halbes Dutzend Fotos aus dem Beutel. Es waren Fotos von Sandro. Sie verteilte die Bilder auf dem Sand und legte auf jedes eine Kaurimuschel. »Jetzt hoffen wir, dass die Flut kommt«, sagte sie. Und dann standen wir da und sahen zu, wie das Wasser stieg und Tausende kleiner Krebse aus ihren Höhlen krabbelten. Es waren so viele, dass der Sand zu kochen schien. Irgendwann befreite das Wasser die Fotos und trug sie gewandt hinaus auf das Meer.

»Meine Toten werden im Meer begraben«, sagte Großmutter.

»Sandro ist nicht tot«, widersprach ich ihr brüsk.

Sie nahm mich am Arm, und wir gingen schweigend zurück. Zu Hause fragte ich, ob es nicht sinnvoller gewesen wäre, in die Kirche zu gehen und für Sandro zu beten. Großmutter antwortete, als Kind habe sie allein im Dunkeln gebetet. Aber nicht aus Frömmigkeit habe sie sich hingekniet, sondern aus Angst. Sie suchte nicht Zuflucht zu Gott. Sie wollte einfach sich selbst vergessen.

»Kommt der Krieg bis zu uns in die Stadt?«, fragte ich ängstlich.

»Der Krieg? Der Krieg, mein lieber Enkel, der ist in uns drin, von unserer Geburt an. Wir glauben, Sandro sei im Krieg gestorben. Aber in Wirklichkeit hat der Junge seit langer Zeit Schlachten gekämpft, die nur er kannte. Er ist jeden Tag gestorben. Jeden Tag haben wir ihn getötet.«

Großmutter begleitete mich zu meinem Zimmer und setzte sich an mein Kopfende, während ich mich ins Bett legte. Dann erzählte sie von einer Freundin, die in Tica wohnte, rund hundert Kilometer von unserer Stadt entfernt. Als Nachrichten von den Überfällen der Guerilleros kamen, nahm sie sich einen Stuhl und setzte sich mitten auf die Straße. Bewaffnet war sie mit einer Bierflasche und einem Tuch, an dem sie nähte. Dort wartete sie auf die Schüsse. Sie wusste: Auf einen Krieg wartet man nicht in seinen vier Wänden. Denn die Frauen werden in den Häusern umgebracht.

»Erzähl mir eine Geschichte, aber eine schöne«, bat ich.

»Jetzt nicht, ich bin sehr müde. Heute Nacht schreibe ich dir eine Geschichte.«

Am nächsten Tag lag auf dem Frühstückstisch ein Blatt Papier, beschrieben in Laura Santiagos Handschrift. Ich las laut, bevor ich den ersten Löffel Haferbrei in den Mund nahm.

Mein lieber Enkel,
jeden frühen Abend schließt unser Hausdiener die Pforte und macht sich auf den Weg in sein Viertel, einem Stadtteil, den niemand aus unserer Familie kennt. Achte einmal darauf, mein Kind, wie schön dieser Schwarze ist, wie er Höflichkeit und Würde miteinander vereint. Ich mag sie, die Schwarzen. Ich mag diese Leute. Ein schöner Menschenschlag, die Afrikaner. Manche Leute behaupten, sie sähen keine Rasse, sie sähen nur Menschen. Das ist hübsch gesagt. Aber in der Welt von heute, mein lieber Enkel, kann für Rassen blind sein auch bedeuten, dass man Rassismus nicht sieht. Ich möchte, dass du aufmerksam durch diese Welt gehst, in der es so viel Hässliches gibt, aber auch so viele schöne Menschen.

Sieh dir zum Beispiel unseren Hausdiener an, den Juliano, der ja schon ziemlich alt ist. Ich habe deinen Vater gebeten, ihn nicht zu entlassen. Und dafür gibt es gute Gründe. Erstens, weil er selbst nicht aufhören will. Zweitens, weil dieser alte Schwarze – von dem alle sagen, er tauge zu nichts mehr – mir jeden Tag eine neue Geschichte erzählt. Ehrlich gesagt, ist das, glaube ich, das Einzige, was er noch hier im Haus tut. Du kannst dir nicht vorstellen, wie wichtig diese Geschichten für mich sind. Neulich hat er mir von einem Freund erzählt, der im Ausland gestorben ist.

Ich berichte dir davon, betrachte es als das Geschenk, worum du mich gestern vor dem Einschlafen gebeten hast. Die Geschichte handelt von einem alten Bergarbeiter, der in den Minen in Südafrika gestorben ist. Seine Kameraden haben sich für die einfachste Lösung entschieden und ihn im Ausland begraben, um die Scherereien mit der Überführung zu vermeiden. Sie haben ihn gemessen, alle zusammengelegt und den billigsten Sarg bestellt, den es gab. Als sie ihn hineinlegen wollten, passte er nicht hinein. Darauf ließen sie einen größeren Sarg zimmern. Wieder dasselbe: Die Leiche war zu groß. Da sie nun kein Geld mehr hatten, beschlossen sie, auf einen Sarg zu verzichten. Sie wickelten die Leiche in ein weißes Tuch, um sie schnell zu beerdigen. Das Ergebnis: Die Leiche passte nicht in das Grab. Also gruben sie ein größeres Grab, doch schnell wurde ihnen klar, dass ein größeres Grab wenig weiterhalf. Jemand sagte: Dieser Tote will in seine Heimat zurückkehren. Sie legten ihn auf einen Karren, überquerten die Grenze und fuhren mit ihm dorthin, wo er geboren war. Und da passte der Tote endlich in seinen eigenen Tod.

Verstehst du diese Geschichte, mein Enkel? Sie handelt nicht von einem namenlosen, fremden Toten. Es geht um mich, deine Großmutter Laura Santiago, dazu verurteilt, in einem Land zu sterben, das ihr nach all diesen Jahren immer noch fremd ist. Es heißt, Mosambik sei auch Portugal. Irgendwo habe ich gelesen, dass die Wirkung einer Lüge mehr über die Naivität des Belogenen aussagt als über das Geschick des Lügners. Man möge mir also eine besser konstruierte Lüge präsentieren. Ich wünsche mir sehr, mein Enkel, dass du dir deine Naivität dein Leben lang erhältst. Aber überleg dir genau, in welchen Fragen.

Das Chaos bezwingen

Beira und Búzi, 9. März 2019

Nicht der Fluss fließt zum Meer.
Das Meer mündet in die Flüsse.
Ein Fischer vom Búzi

Benedito und Liana holen mich im Hotel ab. »Hast du heute Vormittag etwas Zeit?«, fragt Liana und klimpert mit den Autoschlüsseln in der rechten Hand. Das Zeichen, dass sie mich zu einer Fahrt durch die Stadt auffordert. Im nächsten Augenblick sind wir auf dem Weg zu Natalino Fernandes, dem Apotheker aus Goa. »Wie alt mag der jetzt sein?«, frage ich. »Über neunzig«, vermutet Benedito. Der Besuch verfolgt einen egoistischen Zweck. Der alte militante Kolonialismusgegner hat bestimmt Informationen über Lianas mysteriöse Mutter Almalinda. Ich sehe im Geiste den Kupferton von Doutor Natalinos Hautfarbe vor mir, seine schlanke Gestalt und seine obligatorischen Anzüge mit farblich zu den Schuhen passender Weste.

Siebenundvierzig Jahre später sitzt der pensionierte Apotheker auf der Terrasse seines alten Hauses, als wäre dies sein allerletzter Thron.

»Erinnern Sie sich an diesen Mann, Doutor Natalino?«, fragt Benedito und weist auf mich.

»Nicht ich bin es, der sich nicht mehr erinnern kann«, brummelt der pensionierte Apotheker. »Du hast vergessen, wer du warst, deine Partei hat ihre Prinzipien vergessen …«

»Nicht aufregen, Doutor …«, beschwichtigt ihn Benedito. Dann schiebt er mich zu ihm hin. »Sehen Sie mal, wer zu Besuch gekommen ist, unser Diogo Santiago.«

Der alte Apotheker betrachtet mich mit halb geschlossenen Augen und richtet seinen Spazierstock wie einen Degen auf mich.

»Warum bist du hergekommen?«, fragt er, ohne mich zu begrüßen. »Das ist nicht mehr deine Stadt.«

»Ich bin auf der Suche nach meiner Kindheit«, antworte ich schüchtern lachend.

»Du lügst.«

»Nein, das ist die reine Wahrheit, Doutor Natalino«, entgegne ich sanft.

»Wenn das wahr wäre, hättest du nicht so lange gewartet. Wie dem auch sei, du bist zum richtigen Zeitpunkt gekommen. Ich bin jetzt zu alt zum Sterben.«

Seine Stimme ist tief und heiser. Was er sagt, wirkt schroff, ist aber von altgewohnter Liebenswürdigkeit. Mein Vater war auch so: Er sprach so leise, dass ich nie aufhören werde, ihm zu lauschen. Benedito sagt, ich sei Schriftsteller geworden und möchte Geschichten aus der Zeit der »Weißen Maulwürfe« hören.

»Wenn du Schriftsteller bist, weißt du sicher, dass es damals nicht eine Zeit war, sondern ein Leben, ein anderes Leben«, sagt der alte Natalino. Und murmelt fast gehaucht: »Und dafür müsste man noch einmal geboren werden.«

»Erzählen Sie mir von sich, Doutor Natalino«, bitte ich und ziehe meinen Stuhl näher heran.

»Ich bin so alt und so abgemagert, dass ich inzwischen mehr Knochen als Wörter habe.«

»Alt sein ist nichts anderes als eine Entscheidung«, erkläre ich emphatisch. Der alte Apotheker erkennt die Worte, und reagiert überraschend angeregt: »Das ist von deinem Vater.«

Jetzt wirkt er wacher. Er spricht über sich selbst, mit geschlossenen Augen, als könnte er das Tageslicht nicht ertragen. Er hatte immer Arzt werden wollen. Die Mutter redete es ihm aus. Ihr Sohn, der kleine Natalino, hatte lange, schlanke Hände, damit könne er nur Apotheker werden. Das war ihr Argument. Aber in Wirklichkeit gab es einen anderen Grund. Erst sehr viel später gestand die Mutter ihm ihre wahre Sorge: Er sei ein Hindu, ein Inder, wenn auch ein gepflegter. Aber welcher Weiße würde zu ihm in die Praxis kommen? Ihr Sohn sollte Vernunft annehmen und sich für einen Beruf entscheiden, bei dem ihn niemand sehen müsse. Und bei dem alle beim Anblick des so portugiesischen Namens an der Tür denken würden, sie hätten es mit einem Weißen aus dem Mutterland zu tun. Merk dir für alle Zeit, riet ihm die Mutter, Menschen wie wir sind nur glücklich, wenn niemand uns beachtet.

»Mich hat nie jemand beachtet«, seufzt Natalino. »Aber ich war trotzdem glücklich.«

Natalino hielt sich an den mütterlichen Rat. In den Hinterräumen der Apotheke blieb er vollkommen unsichtbar. Weder Kranke noch Polizisten nahmen ihn wahr. Umgeben von Flakons, Reagenzgläsern und Waagen, hielten er und die »Weißen Maulwürfe« ihre streng geheimen Treffen ab. Kein Ort eignete sich besser für Leute, die wie sie die Welt kurieren wollten. In der Runde seiner Kameraden genoss Natalino Fernandes unvergleichlich hohes Ansehen: Er war als Einziger schon verhaftet worden. Gleich nachdem Indien 1962 Goa besetzt hatte, war er von der PIDE festgenommen worden.

Nach seiner Freilassung bot mein Vater ihm an, bei uns unterzukommen. Natalino hat nie ein Wort darüber verloren, was er im Gefängnis erlitten hat. Es gibt keine würdigere Form zu klagen, als zu schweigen. Das waren seine Worte. Meine Mutter bestand darauf, für ihn zu kochen, was er aber höflich ablehnte. »Ich habe keinen Körper mehr, Dona Virgínia«, erklärte er freundlich. »Die Gefängniswände sind mir unter die Haut gekrochen.« Und er strich sich mit der Hand über die Arme, als fürchtete er, die Knochen könnten zerfallen.

Noch heute, ein ganzes Leben später, steckt das Gefängnis dem Apotheker Natalino in der Seele. Fasziniert von seinen zitternden, aber zielgerichteten Bewegungen betrachtet Liana den alten Mann. Unvermutet stützt Natalino Fernandes sich vom Stuhl ab und steht auf, um mich zu umarmen. Er verharrt in meinen Armen und murmelt immer wieder: »Nein, nicht dich, sondern deinen Vater, ja, deinen Vater umarme ich, meinen Genossen Adriano Santiago.«

Eine Weile stehen wir so da, dicht aneinander. Dann richtet er sich auf, als könnte die gerade Haltung die Traurigkeit vertreiben. Ich bin fraglos tiefer bewegt als er. Denn dieser alte Mann mit seinen fast unwirklich schmalen Händen hält unverändert an seinen alten Überzeugungen fest und träumt noch davon, den Imperialismus zu besiegen. Auf meinen Arm gestützt, richtet Natalino den Blick auf Liana.

»Wer ist diese hübsche junge Dame?«, fragt er. »Wartet, sagt noch nichts, sie erinnert mich an jemanden.«

»Ich bin Liana, die Tochter von Almalinda.«

»Almalinda?«, fragt Natalino. »Das junge Mädchen, das sich beim Beira Terrace umgebracht hat?«

»Ja, genau«, bestätigt Liana.

»Tatsächlich ist Almalinda gar nicht gestorben«, erklärt der Apotheker. »Ihr Freund, der ist gestorben. Das ist eine sehr traurige Geschichte.«

»Ich möchte, dass Sie mir alles erzählen, was Sie über das Schicksal meiner Mutter wissen.«

»Schicksal ist ein großes Wort«, sagt der Apotheker.

»Es ist wichtig für mich, dass Sie es mir erzählen, bitte, Doutor.«

»Angeblich trieb Ihre Mutter im Wasser im Punguè. Fischer sollen sie gefunden und nach Búzi gebracht haben.«

»Und dann?«, fragt Liana. »Hat mein Großvater nicht nach ihr gesucht?«

»Manche Fragen stellt man besser nicht«, antwortet der Apotheker und zieht ein Telefon aus seiner Jackentasche.

Während er nach einem Kontakt sucht, teilt er uns mit, dass er einen Besuch in Búzi arrangieren wird. Dort würden wir die Geschichte finden, nach der Liana sucht. Er sagt, er wolle einen Freund anrufen, Florêncio Zembe, der arbeite seit der Kolonialzeit in der Verwaltung. Er stützt sich auf meinen Arm und ruft nach jemandem. Aus dem Haus kommt ein großer, schlanker junger Mann mit langen Zöpfen, die ihm über das Gesicht und die Schultern fallen.

»Das ist Periquito, mein Hausdiener«, sagt der alte Natalino. »Ihr fahrt heute um die Mittagszeit nach Búzi, Periquito wird euch führen. Er stammt von dort und kennt sich da aus.«

»Wir sollen einfach so Hals über Kopf aufbrechen?«, fragt Liana.

»Es soll ein Zyklon kommen«, antwortet der Apotheker, »deswegen müsst ihr heute fahren und morgen zurück sein. Geht jetzt nach Hause, packt eure Sachen und kommt um die Mittagszeit wieder. Periquito und ich organisieren alles. Und du, Santiagos Sohn, bist du sicher, dass du nicht nach Maputo zurückkehren willst, bevor es zu spät ist?«

Ich lache verlegen. Natalino hat nicht ganz unrecht. Das Vernünftigste wäre, die Stadt zu verlassen. Aber mir käme das wie ein Verrat vor. Ich bleibe. Ich habe schon einmal einen Zyklon erlebt, auch hier in meiner Stadt. Der alte Natalino zitiert lachend das Motto der Beirenser: »Einheimische zittern nicht.« Sein Winken zum Abschied straft die berühmte Standhaftigkeit Lügen.

Ich beschließe, zu Fuß nach Hause zu gehen. Das Hotel liegt gleich um die Ecke, und so hat Liana mehr Zeit, ihre Sachen zu packen. Ich habe Lust, durch die Stadt zu laufen, und denke an den Zyklon, der meine Kindheit so geprägt hat. Ich war damals neun Jahre alt, und es war, als hätte ich noch nie Wind gesehen. Von unserem Haus aus sahen wir, wie Beira entwurzelt wurde, Bäume zersplitterten, Wellblechplatten wie Blätter umherflogen. Sandro und ich liefen zu meiner Mutter, der Einzigen, die uns noch festen Halt bieten konnte. Sie hätte nur meinen Namen auszusprechen brauchen, und das Unwetter wäre vorbei gewesen. Sie hätte mir nur das Gesicht zu streicheln brauchen, und der Sturm hätte sich in der Muschel ihrer Hand wie eine Katze zusammengerollt. Aber Virgínia Santiago zitterte wie Espenlaub. Diese Schwäche machte mir mehr Angst als der Sturm.

Irgendwann flog das Asbestdach des Schuhgeschäfts Lusitana an uns vorbei. Mit unserer Hilfe verbarrikadierte meine Mutter die Türen und Fenster mit Tischen und Schränken. Und was machte mein Vater mitten in diesem Weltuntergang? Er saß in einer Ecke und las ein Buch. Meine verängstigte Mutter sprach ihn mehrmals an. »In solchen Fällen ist es am besten, nichts zu tun«, sagte er zu seiner Rechtfertigung.

Am nächsten Tag, nach dem Sturm, verlangte mein Vater, die Fenster zu öffnen. Da ich nicht gleich reagierte, stand er selbst auf, drehte an den Kupferriegeln und klappte die Fensterläden weit auf. Er stellte sich dabei an, als hätte er es noch nie getan und als wäre das Fenster eine nagelneue Erfindung. Er blickte hinaus in den strahlenden Tag, atmete tief ein und sagte: »Komm her, mein Sohn, hier kannst du die Welt zum ersten Mal sehen.«

Um die Mittagszeit treffen Liana und ich vor Natalinos Haus ein. Periquito erwartet uns mit einem Rucksack über der

Schulter. Ohne Zeit zu verlieren, bringt er uns zum Anleger in Praia Nova. In meiner Erinnerung legten die Boote am Manarte-Kai ab. Jetzt befindet sich der Anleger an dem Strand, an dem ich eine Weile gewohnt habe. Damals gab es dort nur eine ausgedehnte Sandfläche, die weitläufige Landzunge gesäumt von einem Mangrovenwald. Der wurde inzwischen abgeholzt. »Angeblich sollen sich da Verbrecher versteckt haben«, sagt unser Führer.

Nun gibt es auf dem ehemals brachliegenden Gelände keinen freien Zentimeter mehr, überall Baracken, Strohhütten, Müllhaufen und matschige Wege. Periquito scheint empört: »Wie konnte man zulassen, dass hier im Matsch ein Viertel entsteht? Wenn der Zyklon kommt, werden sie sagen, das Klima, der Regen, die Natur seien schuld. Allen werden sie die Schuld geben, nur nicht der schlampigen Regierung.« Während er das sagt, hüpft er hin und her, um nicht in den Müll zu treten, der fast den ganzen Erdboden bedeckt.

Frauen mit Körben voll Trockenfisch kommen vorbei, oben auf der Düne werden auf Dutzenden von Fahrrädern Säcke mit Holzkohle transportiert. Etwas weiter begegnen wir Fußball spielenden Kindern, ihre Bälle bestehen aus Plastikmüll, zusammengehalten von Präservativen. »So viele vergeudete Kondome! Hier fehlt es an Aufklärungskampagnen!«, sagt Liana. Unser Führer ist anderer Ansicht: »Woran es hier fehlt, Dona Liana, sind Bälle für die Kinder!«

Wir haben gar nicht gemerkt, dass wir beim Anleger angekommen sind, so viele Menschen drängen sich dort. Unser kleines Boot heißt *Makwiti o mudjombe*. Das ist ein Ausdruck aus der Sprache der Vandaus und bedeutet *Meereswolke*. Der Kapitän steht am Ufer und ruft die Passagiere zusammen.

»Wann legen Sie ab?«, frage ich.

Der Kapitän unterbricht seinen Aufruf und antwortet nachsichtig: »Wenn der letzte Passagier da ist, Boss. Dann ist das Boot voll, und wir legen pünktlich ab.« Nun weiß ich Bescheid.

Nach und nach füllt sich das Boot, anscheinend passen immer noch mehr Menschen, mehr Ziegen, Hühner und Koffer und Säcke und Plastikkanister voll Benzin oder fermentierten Getränken an Bord. Alles ist Fracht, beweglich oder starr, lebendig oder tot, menschlich oder nicht menschlich. Ich spreche wieder den Kapitän an, will wissen, wie viel das Boot maximal laden darf.

»Kommt drauf an«, erklärt er so kategorisch, als habe er eine genaue Zahl genannt. »Durchschnittlich maximal fünfundzwanzig Personen. Aber es trägt bis zu fünfzig, je nach Windstärke.«

Eigentlich will ich fragen, wie lange die Fahrt dauert, aber ich beherrsche mich. Ich bin der Einzige, der Fragen stellt. Alle anderen Passagiere sitzen da und warten, wie seit Jahrhunderten. Von nun an genügt mir, was ich bereits wusste: Wir werden ungefähr zwei Stunden den Rio Punguè flussaufwärts fahren und dann noch eine Stunde lang gegen die Strömung des Rio Búzi. Für die Rückfahrt werden wir halb so lange brauchen.

Wir legen ab, der Fahrtwind mildert nicht den Geruch nach Benzin und Trockenfisch. Das Schiff schaukelt vom Seegang, die Wellen schlagen gegen Steuerbord. »Das Wasser ist schlammig«, bemerke ich. Der Kapitän fühlt sich offenbar beleidigt, und erklärt herablassend: »Das kommt vom Gold.« Ich tue so, als wäre mir das nicht neu. Der Kapitän legt nach: »Da oben, weiter flussaufwärts, bei der Quelle, da gibt es richtig Gold im Wasser.« Er nimmt beide Hände vom Ruder: »Irgendwann sag ich dem Meer Adieu und geh da schürfen, wo der Fluss gelb wie die Sonne entspringt.«

Mit dem Meer ist es wie mit der Jagd, die Leute erzählen Geschichten. Und der Kapitän breitet seine Geschichte aus.

Er ist im Landesinnern geboren, weit weg vom Meer. Bis fünfzehn war er Hirte, hat die Rinder der Familie gehütet. »Und jetzt bin ich ein Hirte zur See.« Der Seegang ist so heftig geworden, dass ich mich gezwungen sehe, ihn zu korrigieren. »Ein Hirte? Sie sind ein Reiter. Aber das Pferd hier ist Ihnen durchgegangen.« Die Wellen klatschen über das Deck, und im Handumdrehen sind alle klitschnass. Manche Passagiere empfehlen ihre Seele Gott. Der Kapitän lacht herablassend.

»Das Schiff ist ein schwimmendes Gotteshaus, hier wird mehr gebetet als in der Kirche. Irgendwann verlange ich meinen Zehnten. Einen Kassierer habe ich schon, jetzt brauch ich nur noch einen Namen für meine Sekte. Einen hatte ich mir schon ausgedacht, *Floß der Ewigen Sintflut,* wie finden Sie das?«

Am Ziel angekommen, hilft der Kapitän uns beim Aussteigen. Und er rät uns, am nächsten Morgen zurückzufahren. »Es kommt ein schwerer Sturm. Später fährt dann kein Schiff mehr.«

Wir merken nicht, dass wir an Land sind. Der Boden schwankt, als befänden wir uns an Deck eines anderen Schiffes. Liana ist schlecht, sie versteckt sich hinter einem Baumstamm, ihr Rücken krümmt sich wie bei einem Insekt, das aus seinem Kokon kriecht. Sie atmet tief ein. In diesem Zustand will sie nicht in den Ort gehen. Ich biete ihr meine Unterstützung an, wische ihr mit einem nassen Taschentuch über das Gesicht. Periquito geht ein paar Schritte weiter, dreht uns den Rücken zu und wartet am Straßenrand. Liana ist so benommen, dass sie nicht wahrnimmt, dass auf dem Stamm, an dem sie sich abstützt, eine Eidechse sitzt und mit ihrem bläulichen Kopf wackelt. Mir kommt der Gedanke, ich sei wie diese Eidechse – ein Baum genügt mir als Zuhause. Dann macht die arme Liana ihrem Namen alle Ehre und umschlingt mich, als strebte sie nach mehr Licht. Auf mich gestützt, steigt sie die Düne zur Straße hinauf.

Auf dem Weg zur Verwaltung begegnen wir Fischern. Sie richten endlos lange Begrüßungen an Periquito. Wir müssen mehrfach stehen bleiben und auf das Ende der jeweiligen gemächlichen, langen Litanei warten. Die Höflichkeitsregeln verlangen, wer sich nach langer Abwesenheit wieder begegnet, muss sich nach allen und allem erkundigen. Unerlässlich sind die Fragen, ob der Mais kräftig gewachsen ist, ob es rechtzeitig geregnet hat, ob die Verwandten alle gesund sind. Erst wenn dem ganzen Zeremoniell Genüge getan ist, verkündet der Besucher: »So, nun bin ich angekommen.« In der langen Abfolge von Neuigkeiten ist für schlechte Nachrichten kein Platz. Alles ist immer gut. Über Unglücke wird erst gesprochen, wenn die Unterhaltung Vertrauen gefestigt hat. An keinem anderen Ort der Welt ist ein »Guten Tag« so authentisch.

Bei der Verwaltung angekommen, verabschiedet sich Periquito. Er sagt, er habe seinen Auftrag erfüllt und müsse nun seine Verwandten besuchen. Er hebt einen Stoffbeutel an, um zu demonstrieren, wie schwer die Päckchen sind, die er verteilen wird. Er geht ein paar Schritte, seine Zöpfe schaukeln auf seinem Rücken, dann bleibt er stehen und fragt: »Und ihr, was bringt ihr mit?« Angesichts unserer verblüfften Mienen erklärt er lachend: »Ihr sucht die Verwaltung auf und bringt kein Geschenk mit?«

Liana und ich sehen uns an. Plötzlich fällt Liana ein, dass sie einen Band mit Gedichten von mir mitgenommen hat. Ich müsse ihn nur signieren, damit sei die protokollarische Peinlichkeit ausgeräumt.

Das Verwaltungsgebäude scheint zu schlafen. So ist es mit den meisten Verwaltungen. Man hat immer das Gefühl, man sei zu früh gekommen. Oder zu spät. Es ist vier Uhr nachmittags, die meisten Mitarbeiter haben schon den Dienst quittiert. Wir gehen schummrige Flure entlang, immer wieder hören wir ein »Entschuldigung«. Dann tritt aus einem Türrahmen, in dem sich nie eine Tür befunden hat, ein korpulenter Mann mit einem Lächeln, das die Welt aufstrahlen lässt.

»Sind Sie gut angekommen?«, fragt er und stellt sich als Florêncio Zembe vor, ständiger Sekretär der Verwaltung von Búzi. »Ich weiß schon Bescheid«, sagt er. »Ich weiß sogar Ihre Namen. Unser Freund Natalino Fernandes hat mich gestern angerufen, ich bin über alles informiert.«

An seinem Gürtel, tief unterhalb seines planetengroßen Bauchs, hängt ein riesiges Schlüsselbund. Er ist der Mann, der sämtliche Türen, Schränke und Schubladen der Verwaltung aufschließt und abschließt. »Man kann niemandem vertrauen«, seufzt Zembe, während wir uns setzen und uns aus einer mit einem Plastiknetz abgedeckten Wasserkaraffe bedienen.

Ich schreite zur formellen Übergabe des improvisierten Geschenks. Zembe liest die Widmung und drückt sich das Buch an die Brust, ein Zeichen des Danks.

»Dieses Geschenk kommt genau zum richtigen Zeitpunkt«, sagt er. »Morgen feiert unser Ort Jubiläum. Und ich wollte Sie bitten, ein Gedicht zu schreiben, das wir bei der Feier vorlesen können.«

»Nun ja, ein Gedicht, so auf Bestellung …«, erwidere ich höflich.

»Das ist keine Bestellung, sondern eine Bitte. Und ich will Ihnen sogar sagen, was in dem Gedicht vorkommen soll. Bitte notieren Sie.« Er wartet ab, bis ich bereit bin, dann diktiert er: »Das Gedicht beginnt mit einem ausführlichen Lob unseres Verwalters; es folgt ein Hinweis auf das Dekret 35/2011, mit dem der Status unseres Ortes als Stadt bestätigt wird. Dann gibt es weitere gesetzliche Bestimmungen, die im Gedicht vorkommen müssen, es lohnt nicht, damit jetzt Zeit zu verlieren, meine Sekretärin wird Ihnen sämtliche Unterlagen ins Haus bringen.«

Er lehnt sich selbstzufrieden im Sofa zurück. Ich schlage langsam mein Notizbuch zu, was dem resignierten Gehorsam eines Staatsdieners entspricht. Liana, weniger diplomatisch, schlägt vor, darüber zu sprechen, was uns hierhergeführt hat.

Florêncio Zembe hat schon alles geplant. »Sie müssen sich beeilen, die Zeit läuft Ihnen davon, meine Freunde. Ab morgen am späten Vormittag fahren keine Schiffe mehr. Meinerseits ist alles organisiert. Ich habe den Fischer Arlito Muporofeta schon herbestellt.«

Dieser Fischer hatte vor Jahrzehnten eine junge Weiße, die im Fluss trieb, aus dem Wasser gezogen. In seinem Boot hatte er sie zur Verwaltung gebracht und hier, in diesem Raum, auf den Fußboden gelegt. »Das war in der Kolonialzeit, aber die Verwaltung ist noch dieselbe«, bemerkt Florêncio Zembe. Korrigiert sich aber schnell: »Also, nicht dieselben Verwalter, Gott bewahre!«

An der hinteren Wand hängt das obligatorische Foto des Staatspräsidenten, an einer Seitenwand eine alte Uhr. Sie ist kaputt, die Zeiger bewegen sich nicht.

»Die Uhr hängt da seit der Kolonialzeit, niemand will sie abnehmen«, erklärt der Verwalter auf meinen fragenden Blick hin. »Die Zeiger sind um drei Uhr nachmittags stehen geblieben. Das ist unsere ewige Uhrzeit, hier wird niemand alt.«

Dann beginnt Florêncio mit seinem Bericht. Es war drei Uhr Nachmittags, als vor vierzig Jahren der Fischer Arlito Muporofeta mit der jungen Frau auf den Armen in der Verwaltung erschien. Er war starr vor Angst. Eine junge, unbekleidete Weiße aus dem Wasser zu ziehen, das war kein beiläufiges Ereignis. Außerdem, dass ein Schwarzer eine Weiße rettete, war keine Geschichte, die die Portugiesen gern hören würden. Statt ihm zu danken, würden sie ihm bestimmt ein Vergehen vorwerfen.

»So war das damals: Wenn die Weißen uns Guten Tag

sagten, war es, als wollten sie uns irgendetwas vorwerfen. Für mich war es anders, ich war selbst schon wie ein Mezungo, damit will ich nicht angeben, aber so was ist einem doch ziemlich angeboren. Dieser Arlito, der arme Kerl, der war durch und durch ein Einheimischer, falls Sie verstehen, was ich meine.«

Liana notiert sich, was der Mann sagt. Ich hingegen suche nur nach einer Möglichkeit, weit weg von hier zu sein. Aus dem Fenster ohne Fensterscheibe fällt mein Blick auf Frauen in bunten Tüchern, die mit Bündeln auf dem Kopf vorübergehen. Sie alle sprechen laut, als unterhielten sie sich nicht mit einem anderen Menschen, sondern mit einem unsichtbaren, fernen Wesen. Es gilt als unhöflich – und kann sogar verdächtig sein –, leise miteinander zu sprechen. Bei Florêncio Zembe besteht diese Gefahr nicht. Seine mächtige Stimme macht seinem Körperumfang alle Ehre.

»Damals war ich nur ein einfacher Tipp-Assistent. Eine merkwürdige Bezeichnung, finden Sie nicht? Wie kann man beim Tippen assistieren? Schlägt man nur die Vokale an?«

»Entschuldigen Sie, Senhor Zembe«, unterbricht ihn Liana. »Können wir vielleicht auf die halb ertrunkene Frau zurückkommen? Wir möchten wissen, was passiert ist. Zunächst einmal, wie ist sie den ganzen Weg bis hierher gelangt?«

»Also, das weiß niemand. Das ist ein schwimmendes Rätsel. Hat die Strömung sie mitgerissen? Wer kann das genau sagen? Unsere Meeresströmungen gehorchen keinem Gesetz, die Natur ist hier noch völlig unerzogen. Das sind nur aufmüpfige Wellen, launische Kräfte, die haben noch keine Namen mit Stempel und Siegel, verstehen Sie? Als man uns die junge Frau brachte, haben wir sie hier in den Raum gelegt. Sie war noch am Leben, aber das war ein anderes Leben. Wir mussten eine Weile abwarten, wie sie da so lag, um zu sehen, ob sie wie unsereins atmete, mit Menschenatmung, verstehen Sie? Als der

Verwalter sie so sah, nackt und halb tot, da kriegte er Panik. Ich sage Ihnen eins, bei allem Respekt, werter Dichter: Wenn Weiße einen Schreck kriegen, dann wechseln sie die Rasse. In dem Augenblick war der Verwalter Ferreira Leite, so hieß der nämlich, wie ein frisch Verstorbener, er hatte keine Stimme und keine Hautfarbe mehr. Ich musste ihn stützen, weil ich Angst hatte, dass er umfällt, und dann hätten wir hier zwei Weiße liegen gehabt, beide matt und platt. Ich hab den Verwalter gefragt, ob er weiß, wer die Halbtote ist. ›Ich hab nicht die geringste Ahnung‹, hat er gestöhnt. Dass er nicht die Wahrheit sagte, versteht sich. Er kannte das Mädchen, und das genau war der Grund, warum er so nervös war. ›Bringt sie zur Krankenstation‹, befahl er. Sie wissen ja: Je größer die Angst, umso mehr wird befohlen. Je mehr befohlen wird, umso mehr Befehle müssen wir erhalten. Deshalb versuchte der Verwalter gleich, mit seinen Vorgesetzten in Beira zu sprechen, aber die Leitung war tot. In der Nacht hatte ein Gewitter Búzi abgeschnitten. ›Die hiesigen Gewitter finden nicht ohne Grund statt‹, habe ich dem Ferreira Leite erklärt, weil er noch neu in Afrika war. Und er hat sich kerzengerade hingestellt und gesagt, ich solle kein übernatürliches Zeug reden, das Gewitter sei ein ganz wissenschaftliches. Als das Unwetter vorbei war, konnte er mit seinen Vorgesetzten sprechen. Worum es in dem Gespräch ging, weiß ich allerdings nicht.«

Florêncio Zembes detaillierter Bericht wird plötzlich unterbrochen durch den Auftritt einer großen korpulenten Frau mit einer kunstvoll um den Kopf geschlungenen Capulana. Sie erinnert daran, dass eine Abteilungsbesprechung angesetzt ist. Der Sekretär versichert uns, er habe uns alles mitgeteilt, was er wisse. Er entschuldigt sich, dass er sich verabschieden müsse, und hebt die Hände, um zu unterstreichen, wie merkwürdig er den Termin findet, den er selbst leiten muss. »Wir sollen die Mechanismen der ›due diligence‹ und die ›compliance‹ untersuchen, um das ›procurement‹ des Dezentralisierungsprogramms zu integrieren«, sagt er lachend und klimpert mit dem Schlüsselbund an seinem Gürtel.

Bevor er geht, ergänzt er noch seine Angaben zu dem bestellten Gedicht: »Ich muss noch dazu sagen, werter Dichter, dass das Gedicht sieben Minuten lang sein soll, so steht es im Programm.« Dann bittet er seine Assistentin, uns zum Gästehaus der Regierung zu bringen.

»Und sehen Sie nach, wo Arlito Muporofeta bleibt«, weist er sie außerdem an. »Wenn der sich weigert, sagen Sie ihm, dass er von den Herrschaften ein Saguate bekommt.« Schon im Gehen murmelt er vor sich hin: »Dieser Fischer ist uralt, aber wenn er hört, dass es eine Belohnung gibt, kommt er sofort angerannt.«

Das Gästehaus befindet sich zwei Straßen vom Verwaltungsgebäude entfernt. Es ist geräumig und sauber, hat aber einen gewichtigen Nachteil: Es gibt nur ein Schlafzimmer, ein Bett und ein Badezimmer. Hier sollen wir gemeinsam übernachten, Liana und ich. Periquito kann bei Verwandten unterkommen. Ich verkünde schnell, dass ich auf dem Sofa schlafen werde. Liana fährt mit der Hand über das Bett: »Diese Matratze ist breit, Professor.« Ich schalte den Deckenventilator ein, er produziert mehr Lärm als Kühle. Liana bittet, ihn auszuschalten. Seit dem Schiff kann sie nichts mehr schwanken sehen. Sie stellt sich mit geschlossenen Augen unter den Ventilator und breitet die Arme aus, als wolle sie das Universum anhalten.

Der Fischer Arlito lässt nicht mehr lange auf sich warten. Er ist freundlich und gesprächig. »Sind Sie auf der *Nuvem do Mar* gekommen? Die ist sehr alt, sie humpelt stärker als ich. Auf der Rückfahrt wird sie aber weniger schaukeln.«

Der Himmel von Búzi kenne Ebbe und Flut, sagt der Fischer. Ihm zufolge haben wir gerade Niedrighimmel. Die Fische reagieren auf die Phasen.

»Bei Niedrighimmel«, sagt Arlito, »sind die Fische verwirrt, sie kommen an die Oberfläche, das ist prima, da brauchen wir keine Netze. Wir können sie mit der Hand fangen.« Dann seufzt er tief: »Na ja, früher, da war das so. Wie es heute ist, weiß ich gar nicht, die Welt ist ja ganz umgekrempelt.«

Ich hätte noch den ganzen Nachmittag Arlito Muporofetas Ausführungen lauschen können. Doch Liana hat es eilig und bittet den Fischer, sich auf die Geschichte mit der Frau, die er aus dem Wasser gerettet hat, zu beschränken.

»Hören Sie, Senhora: Das war keine Frau. Das war ein Mädchen. Die Mezungos machen da keinen großen Unterschied, für sie ist es nur eine Frage des Alters. Aber für uns sind das vollkommen verschiedene Kategorien: Kinder, Mädchen, Frauen, Mütter, Witwen. Dieses junge Mädchen gehörte zu einer anderen Kategorie: Sie hatte einen Draht um das Handgelenk, sie soll an den Arm ihres Geliebten gebunden in den Fluss gesprungen sein. Das haben die Leute erzählt. Aber in Wirklichkeit ist sie seit ihrer Geburt an den Fluss gebunden. Ich habe gesehen, wie sie sich verhalten hat, an dem Abend hat sie am Ufer des Búzi gesessen. Da hat sie leise gemurmelt, das war keine Menschensprache. Manchmal klang es wie Singen, manchmal wie Weinen.«

»Was ist danach passiert?«, fragt Liana.

»Danach?«, fragt der Fischer erstaunt zurück. »Ich bitte Sie, Senhora: Bei manchen Dingen gibt es kein Danach. Ich bin die ganze Nacht wach geblieben und habe das Mädchen aus dem Wasser beobachtet. Für uns ist das der Ort, wo die Geister wohnen. Nicht im Himmel, auch nicht im Paradies. Sie wohnen im Fluss.«

»Ist jemand zu ihr gekommen?«, frage ich.

»Am zweiten Tag ist ihr Vater gekommen«, erklärt Muporofeta. »Wir haben ihn ankommen sehen, mit einem anderen Weißen. Sie haben gesagt, sie seien Polizisten von der Regierung. Eine Nacht haben sie hier verbracht, in diesem Haus, und sie haben Pater Januário kommen lassen, um den Auftrag zu erledigen.«

»Auftrag? Welchen Auftrag?«, fragt Liana.

»Sie haben das Mädchen in mein Boot gesetzt, zusammen mit Januário Fungai, das war ein schwarzer Pater aus der Gegend von Inhaminga. Die Leute von hier hatten noch nie einen schwarzen Pater gesehen. Sie sind von weit her gekommen und wollten ihn anfassen, sie haben sich gewundert, dass Gott Afrikaner anstellt.«

»Diese Einzelheiten muss ich nicht wissen«, sagt Liana. »Erzählen Sie nur von der jungen Frau.«

»Wir sind quer über das Mündungsdelta gefahren, aber ihr endgültiges Ziel war Inhaminga. Sie haben sie da untergebracht, heißt es, in Inhaminga, in der katholischen Mission.« Der Fischer macht eine Pause und streicht sich mit der Hand über den Hals. »Das ist alles, was ich weiß, und jetzt habe ich schon eine ganz ausgetrocknete Kehle. Ich denke nicht so gern daran zurück. Sie wissen sicherlich, was man hier sagt: Wer einen Menschen rettet, verschafft sich für den Rest des Lebens einen Feind.«

Liana bedankt sich und entschuldigt sich, sie müsse sich hinlegen und von der Reise erholen. Ich lade den Fischer ein, mit mir ein Bier trinken zu gehen. Wir landen in einer Spelunke, in der Arlito Muporofeta anscheinend Stammgast ist.

»Ich habe vorhin eine trockene Kehle bekommen, aber das lag daran, dass ich von Pater Januário gesprochen habe. Ich muss etwas trinken, damit mein Mund vergisst, dass er diesen Namen genannt hat.«

»Was hat Januário Ihnen getan?«

»Ach, nichts«, murmelt der Fischer und blickt durch das Glas hindurch. »Wer schon gestorben ist, redet nicht gern über den Tod.«

Ich fordere ihn auf, das näher zu erklären, aber er weicht aus und schnalzt mit der Zunge. Eine Weile lang erzählen wir uns gegenseitig Witze. Das Bier macht es einfacher: Je weniger witzig, umso mehr lachen wir. Nach dem letzten Lachen legt der Fischer den Kopf auf den Tisch. Da sehe ich die Narbe quer über seinem Nacken.

»Das ist ja eine üble Narbe, mein Freund«, sage ich.

»Das ist mein zweiter Nabel«, antwortet Arlito und fährt mit den Fingern über die Narbe.

Es folgt ein langes Schweigen. Arlito Muporofeta hatte seinen Namen wohl zu Ehren des »Propheten« gewählt. Jetzt gerade ist er jedoch ein blinder Hellseher. Er redet wirres Zeug. Unsere Zeit reicht noch für eine letzte Runde, der Fischer bestellt sie schon lange, bevor er sein Glas geleert hat.

»Gut, dass sie zu Hause geblieben ist«, brummt er.

»Wer?«, frage ich.

»Ihre Freundin, gut, dass sie nicht mitgekommen ist, mit uns zu trinken.«

»Haben Frauen hier keinen Zutritt in eine Bar?«, frage ich.

»Doch, das ist kein Problem. Aber Ihre Freundin ist so blass, dass die Leute über mich reden würden. Die würden über mich verbreiten, dass ich noch eine Weiße aus dem Wasser gezogen hätte.«

Ich gehe zurück in der Erwartung, dass Liana schon schläft. Irrtum. Sie liest, auf dem Sofa liegend, das für mich bestimmt ist. »Hier ist besseres Licht«, sagt sie zu ihrer Rechtfertigung. Ich setze mich neben sie, schließe die Augen und berichte ihr von dem Gespräch in der Bar. Vorsichtshalber unterschlage ich, dass Arlito sie als Weiße bezeichnet hat. Liana legt Wert auf ihre Herkunft.

»Was liest du?«, frage ich mit einem Auge auf die Papiere, die sie sich dicht vors Gesicht hält.

»Meine eigenen Sachen«, sagt Liana. »Erinnerungen daran, als wir das erste Mal ins Bett gegangen sind. Natürlich alles erfunden.«

»Dann ruf mir in Erinnerung, was passiert ist«, bitte ich.

»Gleich zu Anfang, noch bevor wir begonnen haben, habe ich dich zitiert: ›Mein Körper entblößt sich nur in deinem.‹ Du warst ganz verwirrt, als würde ich dir die Kleider vom Leib reißen. Dann habe ich mich an dich geschmiegt und gefleht: ›Töte mich!‹ Du bist entsetzt zusammengezuckt. Und ich habe noch inbrünstiger gefleht: ›Mach, dass ich vergehe‹, und in diesem Augenblick hast du dich in Luft aufgelöst.«

Liana steht auf und setzt sich aufs Bett. Sie klopft auf das Laken, wie man Hunde oder Katzen lockt. Ich rolle mich neben ihr ein. Ihre Finger entwirren meine Haare. Sie tut, als kämme sie mich.

»Der Fischer hat mir erzählt, woher das Schiff seinen Namen hat, auf dem wir gekommen sind«, sage ich schläfrig. »Das ist eine hübsche Geschichte. Willst du sie hören?«

»Ja«, sagt Liana. »Aber nicht als seine Geschichte. Ich möchte, dass du sie erzählst, als wärst du der Fischer.«

»Soll ich den alten Muporofeta nachmachen?«

Nicht ganz überzeugt, stehe ich auf. Aber Liana spornt mich an, und so allmählich verwandelt sich das Zimmer in eine Bühne, und ich spiele den zahnlosen Fischer: »Sie sind auf der *Meereswolke* gekommen? Ich bin mit dem Besitzer verwandt. Das Boot war das Einzige, was dieser Verwandte geerbt hatte. Es lag eine Weile still, ankerte am Strand vor seinem Haus. Lag still ist gut gesagt. Denn das Boot war nur da, wenn es wollte. Manchmal verschwand es für mehrere Tage und tauchte dann an einem anderen Strand wieder auf. Der Seemann brachte einen zusätzlichen Anker an. Erfolglos. Er hegte den Verdacht, dass jemand sein Boot in der Nacht benutzte. Also beschloss er, im Boot zu schlafen. Als er am nächsten Morgen aufwachte, wusste er nicht, wo er sich befand. Dann sagte man ihm, das Boot sei zu Wasser gelassen worden, ohne einen Namen zu haben. Und deshalb treibe es umher. So kam er auf die Idee mit dem Namen. Und jetzt weiß er: Namen sind Anker.

Ich habe die Geschichte erzählt, und jetzt habe ich eine ganz trockene Kehle.«

Offenbar hat Liana, meine einzige Zuschauerin, das Ende meines Auftritts nicht wahrgenommen. Sie ist in Gedanken versunken, und erst nach einer Weile bemerkt sie: »Der Schauspieler ist miserabel. Doch die Geschichte ist hübsch. Der Text ist gekünstelt, wenn er ins Lyrische abgleitet. Aber dass der Schauspieler sich in die Rolle versetzt, gefällt mir: Namen sind Anker. Sie binden uns an ein Schicksal.«

»Brauche ich vielleicht einen neuen Namen?«, frage ich.

Wenn die Toten nicht sterben, wer gebietet dann über die Vergangenheit?

Die Dokumente des PIDE-Agenten

Was ist der Himmel anderes als eine Bestechung?
Was ist die Hölle anderes als eine Drohung?
Jorge Luis Borges

DOKUMENT NR. 21
Brief von Virgínia Santiago an ihren Neffen Sandro
Beira, 12. April 1973

Ich weiß nicht, ob du diesen Brief jemals lesen wirst. Genau genommen, weiß ich nicht einmal, ob ich ihn abschicken werde. Aber ich schreibe dir, mein lieber Neffe, so liebevoll wie immer, als wärst du hier neben mir und könntest mir zuhören. Ich will dir Nachrichten von deinem Zuhause schicken, von der Familie, die das Leben dir bestimmt hat.

Dein Onkel Adriano hat sich vorgenommen, dich zu suchen, und ich bin ihm dafür unendlich dankbar. Wir sind davon überzeugt, dass dir nichts zugestoßen ist und dass du heil und gesund an einem Ort deiner Wahl wieder auftauchen wirst. Ich habe mich heute in der Frühe in die Küche begeben, um die Vorbereitungen für Adrianos Reise abzuschließen. Die Abfahrt nach Inhaminga war für den Nachmittag geplant.

Als der Koffer gepackt und der Proviant vorbereitet war, teilte ich mit, ich werde mich zurückziehen. Ich hatte eine Verabredung mit dem Bischof. Ich wollte ihn um Hilfe bitten, deinem Onkel, der immer so aufmüpfig und starrköpfig ist, eine neue Arbeitsstelle zu besorgen.

Ich war noch dabei, das Kopftuch umzubinden, da brüllte Adriano los, er würde nie einen Fuß in die Kirche setzen – wenn sie ihm keine Arbeit geben wollten, weil er Atheist sei, dann sei das deren Problem.

»Du bist arbeitslos, Adriano«, ermahnte ich ihn geduldig, »vergiss nicht, du hast eine Familie zu ernähren.«

Ich ging schnell aus dem Haus, als liefe ich vor meiner eigenen Seele davon. Ich trat auf die Schatten der großen Bäume, die Avenida wurde immer schmaler, bis sie so schmal war wie die Trampelpfade in meinem Dorf. Ich war zuversichtlich, dass der Bischof auf meine flehentliche Bitte eingehen würde, Adriano bei der Zeitung der Diözese anzustellen. Ich hörte noch Adrianos Geschrei am Ende der Straße.

»Sag ihnen, ich lasse mich nicht erpressen«, rief er, barfuß auf der Straße stehend. »Ich habe mich nicht von den Drohungen der Machthaber unterkriegen lassen, da lasse ich mich doch jetzt nicht von einem Bischof erpressen.«

»Denkst du auch an deinen Sohn?«, fragte ich, ohne mich umzudrehen.

»Mein Sohn wird stolz sein, einen Vater zu haben, der sich nicht kaufen lässt.«

Die Gestalt deines Onkels wurde in der Ferne immer kleiner. In der Kirche führte mich ein Pater, ein Mulatte, in einen schummrigen Warteraum, blieb reglos vor mir stehen und hörte sich meine Klagen an. Ich sprach von dir, von deinem rätselhaften Verschwinden. Der Pater hörte mir so geduldig zu, dass mir kurz der Verdacht kam, er verstehe kein Portugiesisch.

Was ich ihm sagte, möchte ich dir jetzt anvertrauen. Dein Onkel ist verrückt geworden, Sandro. Immer wieder habe ich das Gefühl, dass Adriano nicht bei uns lebt. Er lebt woanders. Oder vielmehr, er lebt an keinem Ort, und dort fühlt er sich lebendiger, ist er glücklicher. Mir wäre lieber, mein Mann wäre mit einer anderen durchgebrannt. Das wäre ein Schmerz, den Frauen schon kennen, bevor sie überhaupt wissen, was Liebe ist. Ich hoffe, dass du niemals solche Qualen erleiden musst. Aber noch mehr hoffe ich, dass du heil und gesund nach Hause zurückkehrst. Und dass ich dich bald in die Arme schließen kann, mein lieber Sandro.
Dich küsst deine Tante, die mehr als eine Mutter ist.
Virgínia

DOKUMENT NR. 22
Brief meines Vaters an den Genossen Faustino Pacheco
Beira, 16. April 1973

Genosse Faustino,
meinen zweiten Besuch in Inhaminga habe ich um ein paar Tage aufgeschoben. Der Grund war, dass meine Frau beim Bischof um eine Audienz gebeten hatte, mit dem Ziel, mir eine Stelle bei der Zeitung der Diözese zu verschaffen. Anfangs habe ich das abgelehnt. Ich sollte konvertieren, ich, ein geborener Atheist. Schließlich habe ich doch eingewilligt. Ich habe nicht das Recht, meine Familie wegen meiner politischen Überzeugungen zu bestrafen. Ich habe begriffen, dass Männer mit großen Idealen oft nicht sehr viele Ideen haben. Zum Glück habe ich weder Ideen noch Ideale. Ich gehe auf die fünfzig zu, ein Zeitpunkt, ab dem das Alter zur Krankheit wird.

So kam es, dass Virgínia und ich zur Kathedrale gegangen

sind. Meine Frau ging voran, und erst als wir uns näherten, verlangsamte sie ihr Tempo und bot mir den Arm, damit wir wie ein ordentliches Ehepaar auftreten konnten. Am Eingang zur Kirche verkündete ich laut: »Ich bin hier, um meine Seele auszuwechseln.« Als hätte ich eine Autowerkstatt betreten.

Entsetzt zog Virgínia mich schnell in eine Ecke. Sie zupfte mein Jackett zurecht und ordnete die wenigen Haare, die ich noch habe. Sie behandelte mich wie ein Kind.

»Spuckst du auf den Teller, von dem du essen willst?«, fragte sie vorwurfsvoll.

In diesem Augenblick betrat ein großer, schlanker Priester den Raum, er trug eine schwarze Soutane mit einer lila Schärpe um die Taille. Ein Bischof, aber es war nicht der Bischof von Beira. Er richtete seinen ruhigen Blick auf mich und fragte, ob ich nun doch dem »Ruf des Schöpfers« Folge leiste.

»Ich verspüre schon lange Sehnsucht nach Gott«, sagte ich nicht sehr überzeugend und sah, dass Virgínia vor Dankbarkeit die Tränen in die Augen traten.

»Sie fangen falsch an, mein Freund«, bemerkte der Bischof.

»Wieso?«, fragte ich.

»Weil Sie gleich mit einer Lüge beginnen. Ich weiß, wer Sie sind, werter Dichter. Und ich weiß, dass Sie Atheist sind.«

Virgínia rückte näher zu mir und flüsterte vorwurfsvoll: »Hast du nicht gesehen, wer der Bischof ist? Das ist Dom Manuel Vieira Pinto.«

»Vieira Pinto?«, fragte ich überrascht und verbeugte mich ehrfurchtsvoll. »Entschuldigen Sie, Eminenz. Ich dachte, Sie seien in Nampula. Ich empfinde große Hochachtung für Sie …«

»Ich leite vorübergehend die Diözese von Beira«, erklärte der Bischof.

»Ich brauche Arbeit, Eminenz. Im Gegenzug verlangt man von mir, dass ich mich vor diesen Altar knie.«

»Wir wissen, dass Sie ein großzügiger Mensch sind. Es gibt viele, die hier in der Kirche knien, aber denen fehlt Ihre Güte, Ihre Courage.«

»Glauben Sie, ich kann für Ihre Zeitung arbeiten?«, fragte ich unverkennbar flehentlich.

»Die Zeitung gehört seit gestern nicht mehr uns«, antwortete der Bischof. »Sie wurde eingestellt. Besser gesagt, sie wurde verkauft.«

Ich musste trocken schlucken. Manuel Vieira Pinto legte mir ruhig die Hand auf die Schulter und sagte in feierlichem Ton: »Wir haben unsere Zeitung nicht mehr, aber wir haben Einfluss. Sie werden Arbeit bekommen, mein Freund. Seien Sie unbesorgt.«

»Ich bin Schriftsteller, aber mir fehlen die Worte. Ich weiß nicht, wie ich Ihnen danken soll.« Und dann fragte ich überraschend demütig: »Kann ich Sie einen Moment unter vier Augen sprechen, Eminenz?«

»Wenn Sie mir etwas zu sagen haben, unterhalten wir uns hier ganz offen«, erklärte der Bischof. »Die Kirche lässt Geheimhaltung nur im Beichtstuhl zu.«

»Ich bin vor ein paar Tagen aus Inhaminga gekommen«, erklärte ich. »Was ich dort gesehen habe, war die Hölle.«

»Wir wissen, was dort geschieht«, sagte der Bischof. »Und wir wissen, dass Sie dort waren. Wir wissen alles. Sie brauchen mir nichts zu sagen.«

»Ich fahre wieder nach Inhaminga«, sagte ich leise.

»Ich rate Ihnen dringend, nicht zu fahren.«

»Ich muss fahren, Eminenz. Das habe ich meiner Frau versprochen. Ich will nach meinem Neffen suchen. Ich brauche seine Vergebung.«

»Das vermag nur Gott«, erwiderte der Bischof. »Die Kinder Gottes können nicht vergeben, nur vergessen. Aber genau genommen vergessen sie auch nicht. Das ist wie mit einem

Blatt Papier, das man zerreißt und dann denkt, es sei nie beschrieben worden.«

DOKUMENT NR. 23
Brief von Virgínia Santiago an ihre Schwiegermutter
Laura Santiago
Beira, 17. April 1973

Sie, verehrte Schwiegermutter, werfen mir vor, Ihren Sohn zu demütigen. Sie beschuldigen mich, ich hätte ihn gezwungen, seine Seele für eine Arbeitsstelle zu verkaufen. Manche Dinge, verehrte Schwiegermutter, kann man nicht erzwingen. Adriano hat die Arbeit angenommen, weil er an etwas glaubt, das er unter anderem Namen kennt. Sein Glaube heißt Liebe. Ich hatte auch schon verschiedene Glauben. Zum Beispiel habe ich an meine Familie geglaubt. Und an die Ehe. Ich habe Demütigungen erlebt, und die schlimmsten haben Sie mir zugefügt, Dona Laura. Die erste Kränkung erfuhr ich an dem Tag, als Adriano mich der Familie vorstellte. Ich habe gesehen, wie Sie die Augen verdreht haben – wie war es möglich, dass Ihr so besonderer Sohn sein Leben mit einem Mädchen vergeuden wollte, das so gar keinen Namen, gar keine Familie hatte? Ich habe noch gehört, wie Sie geknurrt haben: So viele hübsche Mädchen in unseren Kreisen, aber du holst dir eine vom Dorf!

Ich habe viel und viele Jahre geweint, denn im Grunde haben Sie mich gezwungen, mich meiner selbst zu schämen. Aber jetzt sage ich Ihnen, verehrte Schwiegermutter: Ich bin nicht die, für die Sie mich halten. In dem Haus, in dem ich aufgewachsen bin, herrschte Mangel. Aber wir tauschten Lachen, Lieder, Geschichten. Mit einer so erfüllten Kindheit kann ich niemals arm sein. Und Sie, Senhora, sind, auch wenn Sie dies verwundert, Teil meines Reichtums.

Sie kritisieren mich, weil ich Ihren Sohn zwinge, in der Kirche das Knie zu beugen? Ihr Sohn beugt schon seit vielen Jahren das Knie. Nicht vor irdischen oder göttlichen Autoritäten. Adriano beugt sich vor Träumen und Schimären. Mein Mann ist ein guter Mensch. Aber um andere, die sie nicht kennen, nicht zu kränken, verletzen gute Menschen mitunter jene, die ihnen nahestehen.

In der vergangenen Woche haben Sie gestanden, dass Sie mich darum beneiden, wie gern die Schwarzen mich haben. Und Sie wollten wissen, woran das liegt. Ich will es Ihnen erklären: Ich bin selbst eine Schwarze, verehrte Schwiegermutter. Ich bin seit jeher Ihre Schwarze gewesen. Jeden Tag laufe ich barfuß durch das Haus, so barfuß wie die Armen dieser Welt ihr Leben lang. Was ich von Ihnen erwarte, ist nicht verwandtschaftliche Zuneigung. Nur den Respekt, den man dem Hauspersonal entgegenbringt.

Für immer Ihre Freundin
Virgínia

DOKUMENT NR. 24
Brief des Inspektor Óscar Campos an den
Direktor der PIDE in Mosambik
Beira, 20. April 1973

Über unsere Informanten aus der katholischen Kirche habe ich erfahren, dass der Dichter Adriano Santiago und seine Ehefrau Virgínia mit verdächtiger Regelmäßigkeit die Kathedrale besuchen und Kontakt zu Verantwortlichen der Diözese pflegen. Vor vier Tagen sollen sie sogar eine private Unterredung mit Dom Manuel Vieira Pinto gehabt haben.

Ich weiß, dass Sie der Ansicht sind, ich verliere nur meine Zeit mit der Beobachtung des Dichters Santiago. Aber mich beschäftigt genau genommen nicht die Person, sondern seine Kontakte und seine Reisen. Und da er Dichter ist, lässt er sich leichter überraschen, weil er unvorsichtig oder unaufmerksam ist. Sie kennen das Sprichwort: Ein Sumpf wird vom Ufer her trockengelegt. Und der Dichter Adriano ist ein ausgezeichnetes Ufer.

Deshalb hielt ich es für nützlich, persönlich zu überprüfen, welcher Art die Bekanntschaft mit Vieira Pinto ist. Ich beschloss, zu den Santiagos zu gehen. Den Vorwand bot mir die Rückgabe eines Gedichtbands, den wir früher beschlagnahmt hatten. Es war ein Notizbuch mit von Hand geschriebenen Liebesgedichten, deren einziger Makel in der allzu drastischen Sinnlichkeit bestand.

Virgínia kam an die Tür, und in ihrer arglosen Freundlichkeit bat sie mich herein. Bevor ich den Anlass meines Besuchs erklären konnte, bot sie mir schon eine Erfrischung an, gezuckertes Zitronenwasser. Sie erklärte, ihr Mann sei nicht da, werde aber bald kommen. Im Wohnzimmer befand sich ihr Sohn, der junge Diogo. Ich überreichte Virgínia Santiago das Notizbuch. »Das sind Liebesgedichte, die Ihr Mann geschrieben hat«, sagte ich. Und fügte lächelnd hinzu: »Diese Zeilen gehören eher Ihnen als dem Verfasser. Deshalb übergebe ich das Büchlein in Ihre Hände.«

Virgínia Santiago drückte das Notizbuch an die Brust, und mit strahlendem Lächeln warf sie einen Blick hinein. Sie wirkte so verzückt, dass sie sich das Notizbuch irgendwann direkt vors Gesicht hielt. Es sah aus, als lachte sie, doch dann wurde mir klar, dass sie krampfhaft weinte. Der arme Junge wollte sie trösten, doch plötzlich richtete sie sich auf und ging in die Küche. Der verwirrte Diogo und ich folgten ihr. Sie irrte wie von Sinnen durch die Küche und wäre fast über einen Eimer Farbe gestolpert. Im Haus fanden Malerarbeiten statt, nur eine Wand war noch nicht gestrichen. Gegen diese

Wand ließ sich Virgínia sinken. Ihr Sohn fragte: »Soll ich das verfluchte Notizbuch zerreißen, Mutter?« Sie lehnte mit leichtem Kopfschütteln ab. Der Junge fragte: »Soll ich es verbrennen?« Virgínia ging an den Schrank und gab ihrem Sohn ein Messer. Vorsichtshalber trat ich beiseite. Dann wies die Mutter den Sohn an, den Farbeimer zu öffnen. »Das wird weder verbrannt noch zerrissen«, verkündete sie und steckte das Notizbuch in den Farbeimer. Anschließend rieb sie sich die Hände unter dem Wasserhahn über dem Waschbecken, und ich begriff, dass sie nicht nur Farbe von den Fingern abwaschen wollte.

Auf Zehenspitzen zog ich mich zurück. Ich wollte gerade die Haustür öffnen, da spürte ich eine Berührung am Rücken. Es war Diogo, der Sohn. Er streckte mir den Farbeimer mit dem versunkenen Notizbuch entgegen. »Mutter sagt, ich soll Ihnen das geben«, sagte der Junge mit erschrockener Miene.

Mit dem Eimer in der Hand ging ich die Stufen hinunter. Bevor ich ins Auto stieg, setzte ich den Eimer unauffällig am Straßenrand ab.

Bei der Rückkehr zum Büro wurde ich Zeuge eines höchst ungewöhnlichen Ereignisses: Eine Menschenmenge demonstrierte in den Straßen gegen unsere Armee. Die erregten Leute trugen Plakate, riefen Parolen und zogen Richtung Macúti. Ein Polizist teilte mir mit, andere Gruppen hätten sich bereits gegenüber der Offiziersmesse versammelt. Sowie ich mich in meinem Büro befand, traf ich die notwendigen Vorkehrungen. Die Männer, die ich dorthin schickte, reagierten verblüfft, ungläubig. Es ist schlicht unvorstellbar, dass die weiße Bevölkerung sich gegen die Armee stellt, die geschworen hat, sie zu beschützen! Ich sagte zu den Männern: »Achten Sie mehr auf die Reaktion der Soldaten als auf die Demonstranten.« Die weißen Zivilisten machen mir in der Tat keine Sorgen, mögen sie noch so erregt agieren. Sie sind gekränkt, unsere Landsleute.

Jemand hat einmal gesagt, dass die Hoffnung Nahrung für die Massen ist. Und ich sage: Hoffnungslosigkeit bringt verblendete Heerscharen hervor.

Sie, Exzellenz, wissen so gut wie ich: Diese Leute demonstrieren nicht spontan. Hinter diesen Protesten steckt eine Hand, die das organisiert, und wir beide wissen, wessen Hand das ist. Die Gefahr bei dem Ganzen ist jedoch, dass die Unzufriedenheit unter den Offizieren zunimmt. Die Proteste der Zivilisten haben an etwas gerührt, das für Angehörige des Militärs heilig ist: die Ehre der Zunft. Wir sind dabei, den Bogen zu überspannen, mit Hauptleuten und Generälen, die inzwischen vom Verlauf des Krieges enttäuscht sind. Es besteht die Gefahr, die Keimzelle einer Revolte von Offizieren zu erzeugen, was zu einem Militärputsch und womöglich zum Sturz der Regierung führen kann, die zu verteidigen wir geschworen haben.

Wir, die Polizei der Staatssicherheit, müssen die Führung übernehmen im Kampf gegen terroristische Umtriebe. Ich erinnere an die Worte unseres Oberstleutnants Hermes de Oliveira, der gestern in Lourenço Marques eine Rede gehalten hat: »Der Feind ist unser Diener, der uns seit zehn Jahren dient. Der Feind ist der Hausboy, der sich um unsere Kinder kümmert. Der Angestellte, der neben uns sitzt. Der Feind sind wir selbst, weil wir nicht wissen, bis wann wir durchhalten können.« Und ich füge jetzt hinzu: Der Feind kann von dort kommen, von wo wir ihn am wenigsten erwarten; von Offizieren, die ihren Platz in einem Krieg hinterfragen, den sie für ungerecht halten.

Aber ich muss gestehen, mich wundert die Beteiligung der weißen Bevölkerung nicht. Denn tatsächlich, Exzellenz, hat Beira uns nie gehört. Und wir haben diese Stadt nie verstanden. Denn überlegen Sie, Exzellenz, welche andere portugiesische Stadt hat für Humberto Delgado, den Kandidaten der

Opposition, gestimmt? Die traurige Schlussfolgerung lautet, dass die Weißen aus Beira dafür gestimmt haben, dass unsere Feinde sie regieren. Wem können wir vertrauen, Senhor Diretor? Ich weiß inzwischen nicht mehr, auf wessen Seite unsere Informanten stehen, Weiße wie Schwarze. Und wir, Exzellenz, die wir geschworen haben, das Regime zu verteidigen, wem gegenüber werden wir jetzt loyal sein? Denen, die Steine auf die Offiziersmesse werfen? Oder der Armee, die mehr damit beschäftigt ist, psychosoziale Initiativen zu fördern, als Krieg zu führen?

Erlauben Sie mir, Exzellenz, von einer alten Erinnerung zu sprechen. In meiner Familie gab es einen betagten Onkel, er war um die achtzig und blind. Oder vielmehr fast blind. Er betonte ganz ohne Bitterkeit, dass *fast* blind sein schlimmer sei als vollständig blind sein. Und er hatte recht. Vollständige Blindheit weckt Mitgefühl und stellt keine Bedrohung dar. Nicht vollständige Blindheit weckt Angst. In meiner Familie fragte man sich, was konnte dieser Onkel sehen?

Heute überkommt mich auch diese Angst, wenn ich an Sie, Exzellenz, an mich, an unsere Kollegen denke. Was wissen wir von den anderen? Wir haben den Auftrag, die Geheimnisse der anderen aufzudecken. Aber wer deckt die großen Geheimnisse auf, die wir in unserem kleinen Leben hüten?

Die Wunderbezähmer

Búzi, 10. März 2019

Meine Haut genügt nicht. Ich brauche deine,
um nicht zu bluten.
Adriano Santiago

Ich erwache vom Brummen der Stadt Búzi. Ich richte mich auf, und das Haus richtet sich mit mir auf. Das intensive Licht und die feuchte Hitze bringen das Haus zum Schweben. Alles lädt mich ein, die Tür weit zu öffnen und durch den Ort zu schlendern. Doch mir steht eher der Sinn danach, die verschwitzte Schläfrigkeit in den Laken auszudehnen. Ich blicke auf Liana, die schutzlos auf dem Bett nebenan liegt. Die Zeilen meines Vaters fallen mir ein: »Du schläfst, und das einzige Laken ist deine Kindheit.« Auf dem Fußboden neben Lianas Kopfende liegen die Blätter mit ihren Aufzeichnungen. Ich lese eine Seite. Es ist ein Auszug aus meinem Jugend-Tagebuch. So abgetippt und gedruckt, erfüllt mich das Geschriebene mit Eitelkeit. Wie gut ich schon schrieb, und noch so jung! Als hätte ich gewusst, dass dies alles einmal als Buch veröffentlicht würde.

Ich höre die Stimme von jemandem am Gartentor. Hier klopft niemand an. Das wäre unhöflich. Das Haus beginnt draußen, schon ein gutes Stück vor den Mauern. Die Menschen klatschen in einer bestimmten Entfernung vom Grundstück in die Hände, an einer Grenzlinie, die für einen Fremden vollkommen unsichtbar ist. An dieser nicht definierten Grenze steht nun der Fischer Arlito Muporofeta und senkt respektvoll den Kopf, als ich mich am Fenster zeige.

»Wer ist da?«, fragt Liana mit belegter Stimme.

»Ich, der Fischer.«

»Um diese Zeit?«

Hier sind die Gezeiten bedeutsamer als die Uhrzeit. Arlito Muporofeta hat einen gewichtigen Grund, uns aufzusuchen. Am Eingang reibt er die Füße etliche Male an einem imaginären Teppich ab, dann tritt er so vorsichtig durch die Tür, als befürchtete er, Spuren zu hinterlassen. Er knetet seinen Hut in den Händen und setzt sich darauf, sowie er einen Stuhl findet. Die Regeln des guten Benehmens gebieten es, dass der Besucher nicht stehen bleibt, wenn der Besuchte sitzt. Arlito Muporofeta lehnt höflich das Glas Wasser ab, das wir ihm anbieten, und verrät schließlich den Anlass für seinen Besuch.

»Das hier wollte ich Ihnen zeigen«, sagt er und streckt uns eine alte Fotografie entgegen.

Das Foto zeigt eine brünette junge Frau mit dunklem Haar. Die um die Taille geknotete Bluse verleiht ihr etwas Rebellisches.

»Ist sie das?«, fragt Liana.

»Ja, das ist das Mädchen aus dem Meer«, bestätigt Muporofeta.

»Mein Gott, das ist meine Mutter!«, ruft Liana, und ihre Augen strahlen. »Hier, Professor, meine Mutter!«

»Sie sehen sich ähnlich, Sie beide«, sagt der Fischer.

»Kann ich das Foto behalten?«, fragt Liana.

»Entschuldigen Sie, Senhora, aber das ist das einzige Bild, das es noch gibt«, antwortet der Fischer.

»Ich gebe Ihnen, was immer Sie wollen. Irgendetwas, für diese Erinnerung.«

»Das geht nicht, entschuldigen Sie. Ich habe meine Gründe.«

»Was kann denn wichtiger sein als der Wunsch einer Tochter, die ihre Mutter wiederfinden will?« Vor Rührung ist ihre Stimme belegt.

»Es hat keinen Sinn, das zu erklären«, erwidert der Fischer. »Sie leben in einer anderen Welt, Sie werden das nie verstehen. Ich gebe Ihnen dafür etwas anderes. Einen Moment«, Muporofeta wühlt in seinen Taschen. »Lassen Sie mich das erst erklären. Einen Tag, nachdem Ihre Mutter aufgetaucht war, legte ein Boot hier in Búzi an. Mit dem Boot kam der Vater der jungen Frau.«

»Mein Großvater Óscar!«, ruft Liana.

»Ich habe ihn hergebracht«, sagt der Fischer.

»In Ihrem Boot?«

»Nein, auf dem Rücken«, entgegnet der Fischer. »Ich habe ihn auf dem Rücken getragen.«

Damals gab es noch keinen Anleger. Die armen Schwarzen trugen die Weißen, damit deren Schuhe nicht nass wurden. Der Fischer trug den Mann bei der Ankunft und bei der Abfahrt. Beim letzten Mal ließ der Portugiese, als er ihm ein Trinkgeld gab, aus Versehen eine schmale Brieftasche fallen.

»Ich habe nichts gesagt, ich dachte, da ist Geld drin«, gestand Muporofeta. »Aber letztlich war es ein Foto und ein Zettel«, sagt der Fischer. »Das Foto habe ich schon gezeigt. Und der Zettel ist dieser hier.« Mit diesen Worten zieht er ein zerknülltes Blatt Papier aus der Tasche.

»Lesen Sie, aber bitte laut. Ich kann nicht lesen, ich weiß nicht, was da steht. Ehrlich gesagt, ist mir erst gestern wieder eingefallen, dass ich das habe. Erst war es ein Geheimnis; dann etwas Vergessenes.«

Liana faltet das Blatt langsam auseinander, schüttelt es wie ein Staubtuch. Es ist ein Dokument mit dem Briefkopf der PIDE und der Überschrift »Eintrag über einen Vorfall«. Liana liest langsam, damit der Fischer folgen kann. Doch bald liest sie langsam, weil die Lektüre sie traurig macht.

Eintrag über einen Vorfall

Dies ist kein Bericht über einen Vorfall, sondern über einen Nicht-Vorfall. Die Aussage dient allein mir persönlich, ich habe kein anderes Blatt Papier bei mir, um die außergewöhnlichen Ereignisse festzuhalten, die mir gerade widerfahren sind. Es beginnt damit, dass ich in der Verwaltung von Búzi meine Tochter Almalinda in bedauernswertem Zustand vorfinde, gerettet von einem Fischer, den wir bezahlt haben, damit er nicht darüber spricht. Das habe ich übrigens dem Verwalter dringend angeraten: Er solle die Angelegenheit mit größtmöglicher Diskretion behandeln. Ich begab mich in unserem Boot nach Nova Lusitânia (manche nennen es Vila do Búzi), unter dem Vorwand, ich müsse mich beruflich mit einem dringenden Fall befassen. Almalinda lag im Verwaltungsgebäude wie tot auf dem Fußboden. Ich gestehe, dass mich das zutiefst erschüttert hat. Ich ging hinaus und lief ziellos umher, bis ich mich wieder gefasst hatte. Bei meiner Rückkehr war Almalinda ganz bei Sinnen, ich begrüßte sie, machte aber keine Anstalten, sie zu umarmen, auch wenn ich, das gebe ich zu, sie am liebsten in die Arme geschlossen hätte. Und es war gut, dass ich mich auf Abstand hielt, denn sie griff mich sofort mit Worten und auch körperlich an und warf mir vor, ich sei für den Tod ihres Liebsten verantwortlich. Dann beruhigte sie sich. Oder vielmehr, sie ermüdete. Der Verwalter Ferreira Leite führte sie in ein Zimmer, wo sie sich schlafen legte.

Ich habe die ganze Nacht, von Moskitos umschwirrt, in einem Schaukelstuhl gesessen und über meine Sorgen nachgedacht. Ich war erfüllt von einem mit Dankbarkeit vermischten Schuldgefühl. Dankbarkeit, weil Almalinda den Selbstmordversuch überlebt hatte; und Schuldgefühl, weil ich wünschte, sie wäre gestorben. Gott war nicht großmütig, als er mir diese Tochter bescherte, falls ich sie überhaupt meine

Tochter nennen kann. Nicht damit zufrieden, dass sie als Mulattin auf die Welt kam, wählte Almalinda einen Neger zum Liebsten, und am allerschlimmsten ist, dass sie Gottes Gesetz trotzte und versuchte, ihrem Leben ein Ende zu machen.

Wenn schon vorher über mich geklatscht worden war, würde das Intrigen-Klima in der Stadt unerträglich werden, wenn ich mit Almalinda zusammen zurückgekehrt wäre. Am besten wäre es, so zu tun, als wäre meine Tochter im Fluss ertrunken. Diese Lüge wäre die Lösung für meine peinliche Lage. Und vor allem der beste Ausweg für die verzwickte Lage meiner Frau. Womöglich würde sich Vitória dank der Nachricht, dass die Tochter überlebt hatte, so weit erholen, dass man sie aus dem Heim entlassen würde. Sie würde wieder nach Hause kommen, um mir das Leben zur Hölle zu machen.

So kam es, dass ich in dieser schlaflosen Nacht, umringt von unermüdlichen Moskitos, den Entschluss fasste, die Geschichte zu verfälschen. Der Lüge von einer Tochter von meinem Blut fügte ich die falsche Nachricht von ihrem Tod hinzu. Noch in dieser Stunde verfasste ich einen Brief an den Leiter der psychiatrischen Anstalt, mit dem ich Almalindas trauriges Ende bestätigte.

Doch diese neuerliche Lüge genügte nicht. Es musste noch mehr geschehen. Almalinda musste versteckt werden. Ich bat meinen Kollegen Ferreira Leite, sich unter größter Geheimhaltung einen Ort zu überlegen, wo Almalinda untergebracht werden konnte. Der Verwalter, der nicht für seine Intelligenz bekannt ist, dachte einen Moment nach, dann sagte er: »Afrika ist sehr groß, aber ich sehe nicht, wo man eine weiße Frau verstecken könnte.« Wenn ich schon nicht besondere Bewunderung für Ferreira Leite hegte, in diesem Moment hasste ich ihn. Meine Rettung war, dass sich zufällig ein schwarzer Priester namens Januário im Ort aufhielt. Dieser Umstand half mir zu entscheiden, wohin ich Almalinda schicken konnte: nach Inhaminga. Das war schon immer am Ende der Welt, aber nun, nach Ausbruch des Krieges, war es zum Hinterhof der Hölle geworden. Von dort würden wir einen Weg finden, das Mädchen nach Lissabon zu bringen.

Der glückliche Zufall wollte es, dass dieser Januário Priester und zugleich unser Informant war. Der schwarze Pater konnte nicht anders, als meinen Anweisungen Folge zu leisten. Also habe ich ihn beauftragt, Almalinda zur Mission in Inhaminga mitzunehmen. Und ich habe verlangt, dass er über die Identität des Mädchens absolutes Stillschweigen bewahrt. Er fragte noch, ob er wissen dürfe, wie sie heißt. Ich antwortete »Ermelinda«, aber dann korrigierte ich mich: »Sie heißt Almalinda.« Als der Pater schon gehen wollte, sagte ich noch: »Behandeln Sie sie, als wäre es meine Tochter.«

Der Fischer Muporofeta nickt zustimmend, während Liana liest, was auf dem vergilbten und zerknitterten Blatt steht.

»Das können Sie behalten«, sagt er großzügig. »Und ich behalte das Foto und die Brieftasche.«

Arlito Muporofeta verabschiedet sich, teilt aber noch mit, wegen des schlechten Wetters müsse unsere Abreise verschoben werden.

»Ist das etwa schon der Zyklon?«, fragt Liana aufgeregt.

»Nein, das ist sein Sohn«, versichert der Fischer. »So ist das mit den Zyklonen, die schicken ihre Söhne voraus. Sie können morgen früh nach Beira zurückfahren.«

Der Fischer geht am Flussufer seines Weges. Windböen erheben sich und zerzausen Wolken und Palmen. Sprühregen schwebt ziellos durch die Luft. Liana möchte nicht gleich zurückgehen, sie möchte spüren, wie ihr die Regentropfen über das Gesicht rinnen. Ziellos schlendern wir durch die Umgebung. Der Ort ist klein, er lebt vom Fluss und der Reisfabrik.

»Die Fabrik« wird sie genannt. Als wäre sie die einzige Fabrik der Welt, und als schämte sich der Reis seiner Herkunft und stellte sich als handgefertigtes Produkt dar.

Unterwegs grüße ich die Menschen, jede Ecke bietet sich für einen kurzen Schwatz an. In den Buden und an den Ständen kaufe ich Kleinigkeiten, in der Schlange am Krankenhaus spreche ich mit den Wartenden.

»Das ist beeindruckend«, sagt Liana. »Du kannst dich mit allen unterhalten.«

»Das habe ich von meiner Mutter gelernt.«

Unmöglich, das zu vergessen: Jeden Morgen ging meine Mutter los, Küsschen verteilen. Sie grüßte fremde Menschen, Straßenfeger, Bettler, Passanten, als wären alle gute Bekannte. Die Schwarzen nannten sie »unsere Mutter«. Irgendwann fragte meine Großmutter sie: »Über etwas habe ich mich schon immer gewundert. Warum warst du nie Rassistin?«

»Ich weiß nicht«, antwortete meine Mutter. »Ich war mit den Gedanken immer woanders.«

Liana gefällt die Geschichte. Sie fragt, ob ich nicht ein Foto von Virgínia Santiago bei mir habe. Ich benutze keine Brieftasche und trage erst recht keine Fotos meiner Familie mit mir herum. Aber bestimmt habe ich ein Foto auf dem Computer und verspreche, sowie wir zu Hause sind, in den Familienbildern nachzusehen.

»Gut, dann kehren wir um«, sagt Liana, »aber unter der Bedingung, dass wir noch am Anleger vorbeigehen. Um diese Zeit ist bestimmt niemand dort.«

Ihre Vermutung trifft zu. Bis auf ein paar Kinder, die im Fluss baden, liegt der Anleger verlassen da. Begeistert wie ein junges Mädchen schlägt Liana vor, wir sollen es den Kindern gleichtun. Von meiner Apathie entmutigt, planscht Liana bis zu den Knien in den Wellen. Sie hebt das Kleid an, sodass ihre Oberschenkel zu sehen sind. Die Kinder kichern aufgeregt. Frauen dürfen ihre Brüste zeigen, aber niemals ihre Beine.

Ich weiß nicht, ob Liana die Tradition kennt, aber die Randstreifen des Flusses, auf die sie tritt, sind heiliges Territorium. Dort werden die Kinder begraben. Wer noch kein fertiger Mensch ist, wird nicht in trockener Erde beigesetzt. Das Leben ist ein Kreislauf vom Wasser zur Erde, vom Lehm zum Knochen. Das schreibe ich in mein Notizbuch, während Liana im Fluss badet.

Diese Zeilen zeige ich ihr später, als wir unter uns im Zimmer sind. Sie hält sich nicht lange mit dem Lesen auf. Langsam lassen ihre Hände von den Blättern ab und wandern über meine Arme, meine Schultern, meinen Rücken. Das Notizheft fällt zu Boden. Zwischen leidenschaftlichen Küssen fordere ich sie auf, mich nicht mehr Professor zu nennen.

»Jetzt muss ich mich auf Abstand halten.«

»Warum das?«

»Damit ich noch zurückkann.«

Sie geht zu einem Stuhl am Fenster und setzt sich. Übertrieben langsam – sie lässt mich in Erwartung zurück – zündet sie sich eine Zigarette an. Vorsichtig, aber gekonnt dreht sie die Zigarette mit der Zunge um, sodass das glühende Ende zwischen ihren Lippen verschwindet.

»Ich rauche wie die schwarzen Frauen im Busch«, erklärt sie stolz.

»Ich dachte, du wärst eine schwarze Frau.«

»Ja, aber nicht aus dem Busch. Ich bin ein Feuerscheit, ich muss gelöscht werden.«

Jedes einzelne Wort ist wie ein Streichholz, das sie zwischen den Zähnen anreißt. Als ich sie von ihrer Kleidung befreien will, gebietet sie mir Einhalt. Sie lässt meine Finger um die Knöpfe der winzigen Bluse kreisen. Und flüstert: »Die Hände mögen deine sein, aber ich ziehe mich selbst aus.« Dann legt sie mir einen Finger auf die Lippen: »Entschuldige, mein werter Dichter, das sind alte Wunden. Irgendwann ändert sich das.«

Ich berühre ihre Haut, als zöge ich für mich selbst eine Grenze. Und ich denke an die Worte meines Vaters: »Ich will nicht deinen Körper. Ich will nicht mehr meinen haben.« Sie möchte, dass ich ihre Schultern, ihre Schulterblätter, ihren Rücken küsse. »Ich bin deine Nixe«, murmelt sie.

Wir legen uns auf den Boden, unter uns mein Notizheft. Von unserem Schweiß färben die Seiten ab. Die Farbe überträgt sich auf Lianas Körper. Ich lese meine Schrift auf ihren Beinen, ihrem Rücken. Ich stehe auf ihrem Körper geschrieben.

Am nächsten Tag gehen wir bei der Verwaltung vorbei, um uns von Florêncio zu verabschieden. Er besteht darauf, dass jemand uns hilft, unser Gepäck zu tragen, obwohl es kaum etwas wiegt. »Es geht nicht um das Gewicht«, erklärt er. »Sondern um die Gewichtigkeit Ihres Besuchs.«

Der Fischer erwartet uns am Anleger. Er hat das Foto von Almalinda mitgebracht. Aber er weigert sich, es Liana zu geben. Stattdessen schlägt er vor, wir sollen es abfotografieren.

»Wäre es umgekehrt nicht einfacher? Kann ich nicht das Original behalten?«, fragt Liana.

»Sie verstehen es nicht«, antwortet der Fischer. »Ihre Mutter ist eine Nzuzu. Meine Nzuzu.«

»Was bedeutet das, Arlito?«

Die Frau, die er aus dem Fluss geholt hat, war kein gewöhnlicher Mensch. So erklärt er es. Sie war eine Gottheit, eine Wassergöttin. Jeden Abend habe er das Foto umarmt und die Gnade eines anderen Schicksals erbeten. So hat Almalinda, seine Nzuzu, ihn mehrfach vor dem Ertrinken bewahrt.

Zum Schluss bittet Arlito, wir möchten bei einem nächsten Besuch Seidentücher mitbringen, um der Gottheit zu Gefallen zu sein.

Als ich bereits im Boot sitze, sagt Arlito, die Hände vor den Mund gelegt, zu mir: »Und Sie, seien Sie vorsichtig, mein Bruder. Die Tochter einer Zauberkundigen …«

Mit einer Rasse Geborene

Dokumente des PIDE-Agenten

Nicht der Dichter ist es, der sich verstellt. Es ist das Gedicht, das lügt: Was darin geschrieben steht, stand schon zuvor geschrieben.
ADRIANO SANTIAGO

DOKUMENT NR. 25
Aufzeichnungen meines Vaters über seine zweite Fahrt nach Inhaminga
Inhaminga, 21. April 1973

Wir fahren mit dem Auto nach Inhaminga. Dieses Mal nehme ich meinen Sohn nicht mit. Nur mein Hausboy Benedito begleitet mich, er sitzt aufrecht neben mir, die Hände auf den Knien. Noch nie zuvor hat er auf dem Beifahrersitz gesessen. Als wir aus der Stadt herauswollen, ist die Straße gesperrt. Eine Polizeikette lässt keine Autos durch. Eine Menschenmenge demonstriert vor einem Hotel, das jetzt als Offiziersmesse dient. Ich zeige meinen Journalistenausweis vor (den ich meinem früheren Arbeitgeber noch nicht zurückgegeben habe) und frage einen Polizisten, was da vor sich geht.

»Was vor sich geht?«, antwortet der Polizist. »Die Leute werfen Steine auf die Offiziersmesse. Die weiße Bevölkerung ist wütend auf das Militär. Sie sagen, die Soldaten würden hier Urlaub machen.«

Ein zweiter Polizist kommt dazu und nimmt meinen Ausweis an sich. »Aasgeier, die haben uns gerade noch gefehlt«, bemerkt er. Und will wissen, ob ich fotografiert habe, was er als »Schandszene« bezeichnet. Er schaut mich prüfend an, während ich ihm den Inhalt meiner Tasche zeige. Außer Wäsche, Papieren und dem gepackten Proviant habe ich nichts dabei.

»Und der Neger da?«, fragt der Polizist.

»Ich sehe hier keinen ›Neger‹, Senhor«, antworte ich. »Der junge Mann heißt Benedito Fungai und ist ein Kollege, ein Praktikant.«

»Praktikant?«, schnaubt der Polizist.

»Die Welt ist am Arsch, recht haben die Leute, dass sie das Militär mit Steinen bewerfen. Ich gebe Ihnen einen guten Rat: Fahren Sie schnell weg, bevor die Meute merkt, dass ein Journalist hier ist. Und dass Sie einen Neger auf dem Beifahrersitz haben.«

Das Auto rollt langsam durch die aufgebrachte Menge, die Spruchbänder und Plakate schwenkt. Benedito sitzt die ganze Zeit mit geschlossenen Augen da. Erst als wir aus der Stadt herausfahren, hebt er den Kopf und sieht mich wortlos eine ganze Weile an.

»Sie sind ein guter Patrão«, murmelt er schließlich.

»Ich will dir eins sagen, Benedito. Ich mache das nicht nur, weil du ein Mensch bist. Ich mache das, damit ich Mensch bleibe. Verstehst du?«

»Ich wünschte, mein Vater wäre so, so gut wie Sie, Patrão«, seufzt Benedito. »Ich habe Angst vor ihm, es war besser, als er weit weg wohnte. Jetzt, wo wir in derselben Stadt leben, kommt er bestimmt bald zu uns. Ich bin sicher, dass er mich bestrafen will. Ich habe mich nicht ordentlich verabschiedet und nie von mir hören lassen.«

Kurz darauf schläft Benedito tief und fest, obwohl die Straße ihn durchschüttelt. Allmählich regt sich Reue in mir. Ich hätte mich niemals auf dieses idiotische Abenteuer einlassen sollen.

Wieso glaubte ich, ich könnte Sandro da im Busch finden? Aber es gab Gründe, die mich veranlassten, mitten in der Nacht durch Kriegsgebiet zu fahren. Der erste Grund ist Virgínia. Ich muss mich in meiner Rolle als Ehemann bessern. Und ich habe ihr angesehen, wie gerührt sie war, als ich diese Fahrt ankündigte. Das hat mir Jahre meines Lebens geschenkt. Aber es gibt noch einen anderen Grund. Vielleicht liefert mir diese so riskante Reise Stoff für eine erste Reportage bei meiner neuen Stelle.

Wir kommen frühmorgens in Inhaminga an. Wir fahren durch den Ort, Benedito führt mich über Wege, auf denen noch nie zuvor ein Auto gefahren ist. Unser Ziel steht fest: Wir wollen mit Beneditos Stiefmutter Maniara sprechen. Endlich erreichen wir eine gerodete Fläche, in deren Mitte das Haus der Fungais steht. Maniara ist dabei, Mais zu stampfen. Sie fährt mit ihrer Arbeit fort, als wäre es nichts Ungewöhnliches, dass sich ein Auto hierhin verirrt. Benedito geht über das Grundstück, legt die Hände zusammen und beugt die Knie, bevor er sich nähert. Dann bedeutet er mir, ich solle mich setzen.

Wir warten wortlos, während die Frau weiter ihren Mais stampft und eine Art uralter Zorn ihre schlanke Gestalt schüttelt. Schließlich unterbricht sie ihre Arbeit. Mit schwungvoller Bewegung wischt sie sich mit einem Zipfel ihrer Capulana über das Gesicht. Dann zieht sie eine Matte in den Schatten, in dem wir warten. Sie und Benedito unterhalten sich auf Chissena. Und in dieser Sprache heißt sie mich schließlich willkommen. Ich verstehe. Sie ist bei sich zu Hause, und die Sprache ist der Boden, auf dem ihr Haus steht.

»Azungu awa ndi abhale ako aswa?«, fragt Maniara.

Benedito zögert, aus Höflichkeit, zu übersetzen. Ich übersetze selbst: »Maniara fragt, ob wir, die hier anwesenden Weißen, ihre neue Familie sind.«

Maniara ist überrascht. »Das wissen Sie noch?«, fragt sie.

Dann nenne ich den Grund für meinen Besuch. Ich möchte mich nach meinem Neffen erkundigen. Maniara schweigt, ihre Hände streichen über ihre Fesseln.

»Beim letzten Mal«, sage ich, »haben Sie mir von einem weißen Soldaten erzählt, der Ihnen ein mit Hand beschriebenes Blatt gegeben hat. Haben Sie das noch?«

Auf Chissena wird Benedito angewiesen, das Schreiben aus dem Haus zu holen. Nach einer Weile kommt er mit triumphierender Miene zurück und überreicht mir ein mehrfach gefaltetes Blatt.

»Das ist Sandros Schrift«, bestätige ich.

»Ja, so hieß er«, sagt Maniara und zieht ihre Capulana auf dem Rücken zurecht. »Sie wollen wissen, wo der Junge ist? Der ist hier irgendwo, Sie werden ihn finden. Sie aus der Stadt denken, das hier sei alles so groß, die Felder hörten überhaupt nicht auf. Aber das Gegenteil stimmt, werter Patrão.«

Hier gab es so wenig Land, dass jeder kleine See Meer genannt wurde. Sie hatte sogar davon geträumt, von hier wegzugehen, zu ihren Kindern. Mit der Zeit musste sie jedoch feststellen, dass es keine Reise gab. Aber nicht, weil sie nicht wusste, wohin. Sondern weil sie von keinem Ort fortgehen konnte.

»Ich habe einen unmöglichen Auftrag«, gestehe ich resigniert. »Sandro zu finden, hier, tief im Urwald.«

Maniara protestiert. In ihrer Sprache gibt es kein Wort für »Urwald«. »Wir kennen das Wort nicht«, sagt sie. »Wo Menschen sind, kann es keinen Urwald geben. Und es gibt überall Menschen. Außerdem verschwinden Menschen nicht. Wir können sie nur nicht finden. Aber ich weiß, wie ich ihn finden kann. Allerdings kann ich jetzt nichts tun.«

Ich wende mich leise an meinen Hausboy: »Deine Mutter verwirrt mich. Worum geht es, möchte sie Geld?« Maniara hat meine Worte verstanden und reagiert in fließendem Portugiesisch: »Worum es geht, werter Patrão, ist, dass man über manche Dinge nicht tagsüber sprechen kann. Kommen Sie am Abend, dann setzen wir uns wieder zusammen. Vorher möchte ich Sie aber um etwas bitten«, und sie reicht mir das von Sandro beschriebene Blatt. »Lesen Sie mir bitte vor, was da steht. In Ihrer Sprache. Mein Sohn kann es übersetzen.«

Ich gehe darauf ein, teile ihr aber mit, dass die Zeilen von mir stammen. »Wenn das Ihre Worte sind«, erklärt Maniara, »lesen Sie, ohne auf das Papier zu blicken.«

Ich stehe zum Vortragen auf. Und ich spreche langsam, damit Benedito Zeit zum Übersetzen hat.

Die Frau
Beim Ankommen sage ich »Guten Tag«.
Und man glaubt, ich bitte um Erlaubnis.
Beim Weggehen sage ich »bis morgen«.
Und man denkt, ich bitte um Entschuldigung.
Irgendwann werde ich sagen: »Endlich bin ich da.«
Und niemand, auch ich nicht, wird jene wiedererkennen, die zuvor immer bat.

Maniara hört mit geschlossenen Augen zu, die Hand wie zum Gebet auf der Brust. Sie bittet mich, es noch einmal zu sprechen. Dann sagt sie: »Sie sind ein guter Mensch. Aber wären Sie eine Frau, hätten Sie das nicht vorgelesen.«

»Warum nicht, Maniara?«

»Sagen Sie nie einer Frau, was sie hätte sein können, wenn sie niemand mehr werden kann.«

»Ich würde gern deine Geschichte hören, ich möchte wissen, wer du bist«, sage ich. Und ich fordere Benedito auf, wörtlich zu übersetzen. Ich habe den Verdacht, dass er die Worte seiner Mutter verschönt.

»Ich soll von mir erzählen?« Maniara schüttelt amüsiert den Kopf. »Verlangen Sie das niemals von einer Frau wie mir. Sie wird Ihnen Träume erzählen, als wären es Erinnerungen.« Sie lächelt gespielt schüchtern. Dann verschränkt sie ihre Finger mit meinen und führt mich zu dem Platz, wo sie Mais gestampft hat. Sie weist auf den Boden des Mörsers und sagt, was unten auf dem Boden übrig ist, das gemahlene Mehl, das sei es, was das Leben mit ihr gemacht habe. Sie sei zwischen zwei Tagen gefangen, sie sei weder Korn noch Mehl. »Das ist mein Leben, werter Patrão.«

Das war ihr Schicksal – das Leben entstand und starb in ihren Armen. Letztlich war es nicht viel anders als bei den anderen Frauen in Inhaminga. Sie lebte von einem toten Kind zum nächsten. Maniara öffnet die Hände und sagt: »Mit dieser Hand schalte ich das Licht ein; mit der anderen beschließe ich die Dunkelheit.«

Ich bitte Benedito um Hilfe. Ich verstehe nicht, was seine Mutter mir sagen will. Dabei spricht sie auf Portugiesisch zu mir. Nur bin ich nicht in der Lage, ihr zuzuhören.

»Meine Mutter sagt, dass sie zwei Aufgaben hat: Tagsüber ist sie Hebamme und abends Totengräberin.«

Maniara stellt richtig: Der Dienst als Totengräberin wird mitunter am helllichten Tag benötigt. Ich selbst habe das auf dem Dorfplatz miterlebt. Hätte sie nicht eingegriffen, wären die Toten mit offenen Augen liegen geblieben. Hätten wir sie im Freien liegen gelassen, wäre der Himmel in ihre Augen eingedrungen, und die Lebenden wären erblindet. Davon ist Maniara überzeugt.

Sie verstehe, dass die Portugiesen die Schuldigen bestrafen wollten. Aber die Schuldigen seien nicht die Getöteten. Schuldig seien all jene, die nur in Rassen sehen, das, was sie einen Geburtsfehler nennt. Sie empfindet sogar Mitleid mit den weißen Soldaten.

»Die stampfen Wasser. Sie haben Angst vor uns. Wir haben Angst vor ihnen. Und noch mehr Angst haben wir davor, zu sein, was wir sind«, sagt sie. »Kommen Sie heute Abend wieder, werter Patrão. Dann können wir freier reden. Im Dunkeln gehören die Worte niemandem mehr.«

Wir fahren im Auto zur Mission des Heiligen Herz Jesu. Wir wollen mit den Patres sprechen, während wir darauf warten, dass es dunkel wird. Und die Zeit nutzen, um Durst und Hunger mit dem Proviant zu stillen, den Virgínia vorbereitet hat.

Am Eingang zur Mission erkennt mich ein junger Mann und öffnet das Tor. »Ich bin Esmeraldo, der Küster, und schreibe in den toten Stunden Gedichte«, teilt er mit und verbeugt sich linkisch. »Mein Vater korrigiert mich: ›Du solltest schreiben, damit die Stunden nicht sterben.‹« Der Küster erklärt, die Patres seien nicht da und kämen erst am Nachmittag zurück. Aber sie wüssten, dass wir kommen wollten, und hätten zwei Zimmer hergerichtet, für den Fall, dass wir uns ausruhen möchten. »Zwei Zimmer?«, flüstert Benedito verwundert.

Der junge Küster begleitet uns zum Gästehaus. Er besteht darauf, den Proviantbeutel zu tragen, und redet auf dem Weg ohne Unterlass. »Ich weiß, dass Sie nicht nur Dichter, sondern auch Journalist sind. Sind Sie wegen der Ereignisse hier?«

»Ja, ich bin wegen der Massaker gekommen.«

»Ich spreche nicht von den Massakern. Ich meine die anderen Ereignisse«, erklärt er aufgeregt. »Haben Sie davon noch nichts gehört? Entschuldigen Sie, wenn ich mich einmische, aber an Ihrer Stelle würde ich weder einen Stift noch einen Notizblock benutzen. Die Wahrheit ist nämlich, Senhor: Hier verschwindet alles Geschriebene. Nach wenigen Stunden ist das Papier wieder ganz weiß.« Der junge Mann hat offenbar nicht den geringsten Zweifel daran. »Die Patres schreiben

Briefe auf der Maschine, und am nächsten Morgen sind die Blätter vollkommen weiß.«

»Und wie erklärst du dir das?«, frage ich.

»Das sind Geister«, versichert der Küster. »Sie wischen mit dem Finger über das Papier, und die Buchstaben fallen herunter, einer nach dem anderen. Sie lösen sich ab wie Schorf von trockener Haut.«

Das geschehe sogar während der Messe. Von der Bibel des Priesters und den Messbüchern der Gläubigen fallen die Buchstaben herunter. Am Ende der Messe ist die Kirche voller Vokale und Konsonanten. Und er, der Küster, muss sie zusammenfegen, weil sie laut knallen, wenn man drauftritt. Eines Tages hat Esmeraldo die neun Buchstaben, die seinen Namen bilden, mit nach Hause genommen. Seine Familie verlangte, er solle sie im Garten vergraben. Die Buchstaben seien »heiß«, niemand dürfe sie berühren.

»Das alles soll Ihnen eine Botschaft übermitteln, Senhor: Seien sie vorsichtig mit dem, was Sie schreiben, passen Sie genau auf, wo Sie Ihre Notizhefte hinlegen.«

»Keine Sorge, mein Freund«, versichere ich ihm und strecke ihm meinen Stift und den Notizblock entgegen. »Das ist für dich. Ich werde sie nicht benutzen.«

Der junge Mann verneigt sich zum Dank. Aber er geht einen Schritt zurück und lehnt das Geschenk ab. »In Inhaminga wird nicht mehr geschrieben«, prophezeit er. Und hüpfend wie ein Schulkind in der Pause kehrt er zum Tor zurück.

Ich teile mit Benedito den Imbiss, den Virgínia uns mitgegeben hat. Benedito ist verlegen, noch nie hat er mit mir an einem Tisch gesessen. Nach der Mahlzeit spüle ich das Geschirr ab. Benedito will mich daran hindern. Ich beruhige ihn, heute sei seine Aufgabe, mir die Geschichte seiner Mutter zu erzählen.

Benedito blickt lange auf seine Füße, dann beginnt er zögerlich und fast flüsternd mit seinem Bericht. Die Mama Maniara, so fängt er an, war nicht aus Inhaminga. Als sie auftauchte, war Benedito noch sehr jung. Aber er erinnert sich genau an den Nachmittag, als eine Fremde aus dem Busch trat, über das Grundstück ging und sich auf eine Matte setzte. Sie bewegte sich resolut, als gehörte das alles ihr. Sie wies auf Capitine und sagte: »Capitine Fungai, du hast den Mond in mir gelassen. Aber dieser Mond ist nur zur Hälfte aufgegangen. Und diese Hälfte war ziemlich klein.«

Alle auf dem Hof verstanden, was die Fremde sagte. Beneditos Vater hatte sie geschwängert. Und das Kind war bei der Geburt gestorben. Es herrschte tiefes Schweigen, bis Capitine Fungais erste Frau, die biologische Mutter von Benedito, aufstand und eine Matte mit der Fremden teilte. So hielten sie es bis zum Tod der ersten Frau.

»Was ist mit deiner richtigen Mutter geschehen? Ist sie gestorben?«

»Alle beide sind meine richtigen Mütter. Meine ältere Mutter ist auf eine Mine getreten. Was von ihr übrig geblieben ist, wurde in einem kleinen Grab beerdigt. Maniara hat es ausgehoben.«

Ich höre Beneditos ruhigen Worten zu, und auf einmal überkommt mich die Traurigkeit der ganzen Welt. Und dann weicht die Traurigkeit Wut. »So ein verdammter Scheiß«, schreie ich und werfe mein Glas an die Wand. Benedito weiß nicht, wohin mit sich, er ist ratlos. Er will mich trösten, mich umarmen, wagt aber keinen Muskel zu bewegen. Seine Fürsorge rührt mich.

»Du musst keine Angst haben«, sage ich. »Ich fühle mich nur so machtlos. Leer, kaputt wie das Glas, das ich gerade zerschlagen habe.«

Benedito starrt mich mit großen Augen an und wahrt vorsichtig Abstand.

»Siehst du, was aus mir geworden ist, mein guter Benedito? Ich bin ein revolutionärer Dichter, der den Glauben an die Poesie und an die Revolution verloren hat. Ich verkünde, ich wolle die Welt umkrempeln, aber nun sitze ich hier, ein weißer Patrão, fast in Tränen aufgelöst, neben ihm ein schwarzer Hausboy, der ihn trösten will, aber sich nicht befugt fühlt. Umarme mich, Benedito. Ich brauche deine Umarmung.«

Benedito schlurft näher und legt mir unbeholfen die Hände auf die Schultern. Ich bin es, der ihn umarmt. Diesen pathetischen Anblick bieten wir, als plötzlich eine junge weiße Frau wie aus dem Nichts in der offenen Tür auftaucht. Sie wirkt schlaftrunken, angelockt durch meine Flüche und überrascht, einen weißen Mann zu sehen, der einen jungen Schwarzen umarmt. Sie blickt ängstlich, bleibt stehen, ohne sich zu nähern. Den Kopf gesenkt, hängende Schultern.

»Ich heiße Santiago, und das hier ist Benedito, mein Hausboy«, erkläre ich mit heiserer Stimme. »Ich bin Journalist. Und ich bin hier, weil ich nach meinem Neffen Sandro suche.«

Ich habe so leise gesprochen, dass sie, neugierig geworden, den Kopf hebt. Sie sieht mich ausdruckslos an und verharrt eine Weile schweigend. Ich möchte wissen, wer sie ist und was sie in der Mission macht. Sie verweigert eine Antwort.

»Ist gut, du machst es richtig«, sage ich, um ihr Mut zu machen, »du befolgst den alten Rat aller Mütter, nicht mit Fremden zu sprechen.«

»Meine Mutter war die erste und seltsamste Kreatur«, sagt das Mädchen. »So seltsam, dass sie nie existiert hat.«

Eine Weile betrachtet sie die Baumkrone, als suchte sie nach etwas jenseits der Blätter. Schließlich spricht sie wieder: »Ich heiße Almalinda. Ich bin noch jung, aber möchte nicht mehr leben.«

Die Schultern vorgebeugt, als regnete es, geht sie ein paar Schritte auf dem mit Beeten gesäumten Weg und bleibt dann wieder stehen. Da erst nehme ich ihr volles, widerspenstiges Haar wahr, das ihr über die Schultern fällt. Benedito versichert später, mein Blick sei ihr gefolgt, als wäre er von einem Zauber gebannt. In Wirklichkeit war es so, dass mir noch nie jemand begegnet war, der so gelassen sagte, er wolle nicht mehr leben. Um das Handgelenk hatte sie eine tiefe Narbe, die ihre schrecklichen Worte bestätigte.

In diesem Augenblick hören wir Schüsse. Gleich darauf bellen und heulen Hunde. Benedito ist davon überzeugt, dass Hunde zwischen Donner und Detonationen unterscheiden können. Im nächsten Moment fährt vor der Missionsmauer ein Bagger vorbei, der ganze Boden vibriert. Um uns herum fallen Mangos von den Bäumen. Ich wundere mich, wie gelassen die junge Frau angesichts der Ankündigung der Apokalypse bleibt. Wieder sind Schüsse zu hören, nun sehr viel näher.

»Das klingt nach Weltuntergang«, sage ich.

»Hier ist jeden Tag Weltuntergang«, antwortet sie. Jetzt erst fällt mir auf, dass sie Männerschuhe trägt. Im Weggehen tritt sie auf am Boden verfaulende Früchte.

Gemeinsam mit Benedito kehre ich langsam zum Haus der Patres zurück, in der Hoffnung, das mysteriöse Mädchen wiederzusehen. Am Eingang begegnen wir Pater Martens. Ich spreche ihn auf die seltsame junge Frau an. Er lächelt.

»Und wenn ich Ihnen sage, dass sie die Tochter von Inspektor Campos ist?«

»Von Inspektor Campos?«, frage ich. »Was macht die Tochter eines PIDE-Inspektors hier?«

»Das ist eine lange Geschichte, mein Guter. Das Mädchen braucht dringend Gottes Hilfe. Das Problem ist, dass sie nicht betet. Dafür schreibt sie«, sagt der Pater. »Jeden Tag bittet sie um ein neues Heft. Das beruhigt mich. Sie wissen besser als jeder andere: Wer schreibt, glaubt noch an Erlösung.«

»Und woher kommt sie?«

Ihr Vater hatte darum gebeten, sie in der Mission des Heiligen Herz Jesu zu verstecken. Sie würde nur wenige Tage bleiben. Inspektor Campos hatte bereits geplant, wie man sie aus Mosambik herausbringen könnte. Im Gegenzug wollte der Inspektor den holländischen Patres helfen, über die Grenze zu kommen. Das Auto, mit dem seine Tochter weggebracht werden sollte, würde auch die Patres mitnehmen, denen eine baldige Verhaftung drohte. Sie wollten die Grenze bei Machipanda passieren. Von dort sollte es weitergehen nach Südafrika und dann nach Lissabon, wie Pater Martens mir erklärt.

»Deshalb haben Sie sich mit dem Teufel eingelassen?«, frage ich.

»So sollten Sie über niemanden sprechen«, antwortet der Pater. »Dieser Inspektor Campos ist nur ein Vater, den das schlechte Gewissen drückt. Der Teufel, werter Dichter, hat weder Kinder noch kennt er Schuldgefühle.«

Die Sonne ging bereits unter, als wir zu Maniara zurückkehren. Der Abend beginnt hier lange, bevor es dunkel wird. Ich parke den Wagen, lasse aber die Scheinwerfer an, um das Grundstück zu beleuchten. Maniara taucht aus dem Dunkel auf und kommt, am Rand des Lichtkegels gehend, näher. Sie spricht mich auf Portugiesisch an.

»Sandro ist hier«, sagt sie und schirmt ihre Augen ab.

»Wo, hier?«, frage ich.

»In meinem Haus«, behauptet Maniara.

»Das kann nicht sein«, entgegne ich, fest überzeugt. »Er ist weggelaufen, weil er zur FRELIMO wollte.«

»Und wer sagt Ihnen, dass ich nicht von der FRELIMO bin? Vergessen Sie nicht, Senhor, ich bin Ihrem Neffen schon begegnet. Ich habe Ihnen nicht erzählt, worüber wir bei diesem ersten Treffen gesprochen haben.«

Mit einer vagen Handbewegung gebe ich zu verstehen, dass ich nichts davon hören will. Plötzlich packt mich unbezwingbare Verzweiflung, und ich brülle los: »Ich will Sandro sehen, ich will meinen Neffen sehen!«

»Beruhigen Sie sich, Senhor«, verlangt Maniara. »Sandro macht sich noch fertig. Solange wir warten, erzähle ich Ihnen, wie Sandro hergekommen ist. Er ist Ihr Neffe, richtig? Oder sollte ich vielleicht sagen, Ihr Sohn?«

Alles war geplant gewesen. Sandro war von seiner Abteilung desertiert und mit einem Kompass, dem Einzigen, was er von der portugiesischen Armee mitgenommen hatte, durch den Buschwald geirrt. Schließich traf er auf ein paar Strohhütten. Angeblich war es ein Stützpunkt für die Guerilla, aber offenbar war er aufgegeben worden. Dort verbrachte er die Nacht. Am nächsten Morgen wachte er von einer Kalaschnikow an seinem Kopf auf. Guerilleros befragten ihn: »Willst du desertieren?« Er verneinte, er wolle weiterkämpfen. »Aber auf eurer Seite«, erklärte er. Und mit vor Stolz geschwellter Brust verkündete er: »Ich bin Mosambikaner, ich kann nicht aus meinem Land desertieren.« Die Guerilleros wechselten misstrauische Blicke.

Leise berieten sie sich, dann fesselten sie ihm die Hände und teilten ihm mit: »Wir bringen dich zu unserem Kommandanten. Wir haben von dir gehört. Aber vorerst bist du kein Deserteur, sondern ein Gefangener.« Sandro erhob sich so erleichtert, als hätte man ihm seine Freilassung mitgeteilt. Dann machten sie sich auf den Weg, hintereinander an einem Bach entlang. Sandro wollte noch die Uniformjacke ablegen, aber die anderen hinderten ihn daran. »Du gehst so, du bist unsere Trophäe.« Als sie die Basis erreichten, war der Kommandant aufgebracht. »Seid ihr verrückt? Wir nehmen keinen feindlichen Soldat auf, egal ob weiß oder schwarz.« »Maniara, die Frau von Capitine, hat uns von ihm erzählt«, sagten die

Guerilleros. »Dann bringt den Mann zu dieser Frau«, befahl der Kommandant.

»So kam es, dass Ihr Sandro bei mir gelandet ist«, erzählt Maniara. »Er war müde, hatte Hunger und Durst. Ich habe ihn versorgt. Der Junge war drei Tage lang mein weißer Sohn.«

Als sie geendet hatte, bedeckte Maniara sich den Kopf mit dem Tuch über ihren Schultern, blickte nach oben und seufzte: »Ich habe zu viel gesprochen, es fängt an zu regnen.« Sie streifte ihre Sandalen ab und zog ihre Füße wie einen Pflug durch den nassen Sand.

Ich kann nicht länger an mich halten, und während es blitzt und donnert, stürze ich wie ein Wahnsinniger schreiend zu Maniaras Haus: »Sandro, Sandro, ich bin hier.« Die Tür ist abgeschlossen, ich versuche vergeblich, hineinzugelangen. Die Hand auf der Klinke, rufe ich durch die Tür: »Ich bin gerade aus Beira gekommen, ich habe die ganze Fahrt deinetwegen gemacht.«

Ich will mich schon resigniert zurückziehen, da öffnet sich die Tür, und im Dämmerlicht erscheint geräuschlos eine Gestalt. Es ist eine Frau. Sie trägt eine Capulana um Hüfte und Kopf. Hüftschwingend kommt sie auf mich zu. Als sie ins Licht tritt, erkenne ich fassungslos, dass es Sandro ist. Er ist es, mein Neffe, in Frauenkleidern. Er bewegt sich wie ein Model auf dem Laufsteg. Dann bleibt er in provozierender Haltung vor mir stehen und fragt: »Wissen Sie, wer ich bin?«

»Du bist Sandro.«

»Das ist nur mein Name. Es gibt viele Sandros.« Dann stemmt er die Hand herausfordernd auf die Hüfte und fragt erneut: »Wer bin ich?«

»Du bist mein Neffe«, sage ich leise.

»Es ist traurig«, sagt er. »Sie erkennen mich noch immer nicht. Nun gut, Sie können nach Beira zurückfahren, denn auch ich habe Sie noch nie gesehen.«

Er dreht sich abrupt um und flüchtet in die Hütte. Benedito folgt ihm, um ihn zu trösten.

Maniara kommt zu mir, sie ist ein dunkler Schatten im Gegenlicht, als sie mir eine Hand auf die Schulter legt. »Gehen Sie hinein und umarmen Sie Ihren Sohn«, fordert Sie mich auf.

Maniaras Worte entfachen nur meinen Zorn, und ich klage ihr mein Leid. Ich finde Sandros Reaktion vollkommen inakzeptabel, diese Undankbarkeit nach so vielen Jahren der Fürsorge und Zuneigung kränkt mich. Maniara betrachtet mich mit distanziertem Blick, und ehrlich gesagt, interessiert mich auch nicht, ob sie mich versteht. Ich spreche zu mir selbst und muss alle meine Kränkungen aufzählen. Ich beklage mich weiter: Ich habe für Sandro genauso liebevoll gesorgt wie für Diogo. Ich habe ihm weiterhin genauso große Zuwendung geschenkt, auch nachdem ich erfahren habe, dass er eine Krankheit hat, die offenbar nicht zu heilen ist.

Ich komme zu dem Schluss, dass ich meinen Auftrag erfüllt habe. Ich habe mich davon überzeugt, dass Sandro am Leben ist. Und ich weiß, für welche Zukunft er sich entschieden hat. Ich habe hier nichts mehr verloren.

»Benedito, komm«, sage ich. »Wir fahren zurück nach Beira.«

»Nehmen wir Sandro nicht mit?«

»Jeder wählt seinen eigenen Weg. Sandro hat sich für seinen entschieden.«

Wir gehen zum Auto zurück. Benedito sagt kein Wort. Er ist so traurig, dass er sich ein Tuch vor das Gesicht hält. »Es ist gut, dass du nichts sagst«, erkläre ich. »Und du wirst auch nichts sagen, wenn wir zu Hause sind. Oder vielmehr der Senhora erzählen, dass wir wissen, dass Sandro lebt und desertiert ist, um sich der Guerilla anzuschließen.«

»Ist gut, Patrão.«

»Ich wette, mein lieber Benedito, das Erste, was deine Patroa fragen wird, ist, ob Sandro nicht zu dünn ist. Sie wird wissen wollen, was ihr Kleiner da in der Ferne zu essen bekommt.«

Ein Wundmal auf der Haut der Zeit

Beira, 11. März 2019

Das Heim ist eine Erwartung,
zurück kehrt nur, wer es nie verließ.
ADRIANO SANTIAGO

Vielleicht lag es am Schaukeln des Bootes, aber in dieser Nacht habe ich gut geschlafen. Ich stehe früh auf, weil ich mit Liana verabredet habe, zu meinem früheren Haus zu fahren und es auf den angekündigten Sturm vorzubereiten. Liana kommt pünktlich. Sie hat den Kofferraum voller Bretter, dazu Nägel und einen Hammer.

Ohne die Stimmen der Kindheit wird jedes Haus leer. Aber dieses Haus ist nicht nur leer, es ist tot. Ich streiche über die Wände. Spüre, dass sie schwitzen. Vielleicht verbindet uns ein Lebensfaden. Meine Schritte produzieren ein Echo, das mich zum Fremden macht. Das bin nicht ich, der in meinem Körper geht. Ich ziehe die Schuhe aus. Und da wird das Haus wieder zu meinem. Ich streichele den Fußboden, auf den meine Mutter sich in Tränen aufgelöst warf und schrie, mein Vater solle das Haus verlassen, und ihn im nächsten Augenblick anflehte, nicht wegzugehen.

Keine Heimwehanwandlungen, hatte ich Liana versprochen. Wir wollen sämtliche Türen und Fenster mit Brettern vernageln. Mit dem Wohnzimmer und den Schlafräumen sind wir schnell fertig, es fehlt nur noch die Küche. Beim Hinterausgang öffnet Liana die Tür zu einem Raum, in dem ich nie gewesen war. Es ist ein Abstellraum, der offenbar als Dunkelkammer zum Entwickeln von Fotos diente. Das Material ist noch da, der verrostete Projektor, die Plastikwannen, die Behälter mit den Flüssigkeiten zum Fixieren und Entwickeln. Da sind Schachteln mit Papier, und an der Schranktür hängen Filme. Alles ist staubig, verlassen, wie eine Ruine. Liana öffnet Schachteln voller alter Fotografien. Sie nimmt ein Bild heraus, das Sandro Arm in Arm mit einer Frau zeigt. Ohne das Foto aus der Hand zu legen, ruft sie jemanden an. Sie geht ins Wohnzimmer und spricht leise, aber der Hall in den leeren Räumen trägt ihre Stimme zu mir.

»Ich bins. Nein, ich kann jetzt nicht sprechen. Ich will nur wissen, wie diese Prostituierte heißt … die jetzt als Friseuse hier in Matacuane arbeitet …«

Liana notiert sich eine Adresse in ihrer Handfläche. Sie kommt in die Küche zurück, ohne zu wissen, dass ich ihr kurzes, rätselhaftes Gespräch mit angehört habe.

»War das dein Verlobter am Telefon?«, frage ich.

»Ich kenne eine Nachbarin hier in der Nähe, die einiges über Sandro weiß. Sie heißt Soraya. Komm mit.«

Wir gehen über Wege, an denen sich Verkaufsstände und Buden drängen und Männer an kleinen Tischen sitzen und Ntxuva und Murrarrava spielen. Ich sehe mich um und denke: Die Stadt lügt, wann immer sie mir ihr verbrauchtes Gesicht, ihren gealterten Atem bietet. Unter dieser Asche lebt ein unauslöschliches Feuer.

Soraya wohnt ein paar Straßen weiter. In ihrer Garage hat sie einen Frisiersalon eingerichtet. Das Schild an der Tür verspricht: »Schwarze Göttin – Schönheitssalon«. Sie trägt eine orange Perücke, ein Kontrast zu ihrer dunklen Haut.

»Dona Soraya?«, fragt Liana.

»Soraya mit Ypsilon«, antwortet die Frau, die einmal hübsch gewesen sein muss.

»Ich brauche Ihre Hilfe.«

»Soll ich dir Zöpfe flechten?«

»Nein, es geht um etwas anderes«, antwortet Liana.

Mit einer Verbeugung und einem Lächeln fordert Soraya uns zum Eintreten auf. Sie entschuldigt sich für die Unordnung und beeilt sich, den Fernsehapparat auszuschalten, in dem eine evangelische Predigt übertragen wird. Ein brasilianischer Bischof kündigt gerade den Zyklon Idai als Gottes Strafe an. Soraya breitet die Arme aus, als wolle sie sich entschuldigen: »Wenn keine Bischöfe predigen, laufen Telenovelas. Ich spreche schon mit brasilianischem Akzent.«

Sie führt uns hinter einen Plastikvorhang in einen winzigen Raum, in dem nur zwei Stühle stehen, und besteht darauf, dass ihre Gäste sich setzen. Ich begreife, warum sie lieber stehen bleibt: Während der ganzen Unterhaltung stolziert sie pausenlos vor uns auf und ab.

»Hier, alles bestens erhalten«, sagt Soraya und klopft sich auf das Gesäß. »Könnt ihr anfassen, ist alles fest, alles stramm. Hab viele Männer bedient, aber keinen Einzigen geküsst. Das ist das Geheimnis meiner Jugend, Küssen macht alt.« Sie klopft sich auf den Oberschenkel. »Manche Kolleginnen aus meiner Zeit haben die Mode mit dem Küssen übernommen. Die müsstet ihr sehen, bei denen hängt der Körper am Hals.«

»Mein Freund hier ist Professor, er ist vor ein paar Tagen aus Maputo gekommen«, stellt Liana mich vor. »Er möchte Sie um eine Gefälligkeit bitten.«

»Da ist er hier genau richtig!«, ruft Soraya aus und rückt die Perücke zurecht. »Hin und wieder bediene ich hier auch Lehrer. Wenn der Senhor möchte, ich bin noch im Dienst, aber ohne Küsschen …«

Sie macht Anstalten, sich mir auf den Schoß zu setzen. Ich

springe auf und winke energisch ab. Ich suche in meinen Taschen und in der Brieftasche nach einem Foto von Sandro.

»Wollen Sie schon zahlen, ohne Dienstleistung?«, fragt Soraya.

»Ich suche nach diesem Mann«, sage ich und zeige Sandros Foto.

»Dieser Junge … dieser Junge … ich weiß, wer das ist.« Soraya wählt ihre Worte sorgfältig. »Dieser Junge hat eine sehr traurige Geschichte. Kurz vor der Unabhängigkeit ist er bei uns aufgetaucht. Der war so durcheinander, dass ich mir gesagt habe: Dieser dünne Bengel kommt zur Einweihung. So nannten wir die erste Sitzung mit einem Jungen. Aber ich hatte mich getäuscht. Er wollte mit Almalinda sprechen. Er ging mit in ihr Zimmer, da haben sie sich lange unterhalten. So eine Zeitvergeudung. Hätte für zwei oder drei Einweihungen gereicht.«

»Haben Sie gehört, worüber sie gesprochen haben?«

»Über Politik. Sie hatten beide mit Aktionen gegen die Regierung zu tun. Danach ist er verschwunden. Wir haben erfahren, dass er sich zum Militärdienst gemeldet hat, dann haben wir nie wieder von ihm gehört.«

Ich zeige ihr das Foto von meinem Vater vor dem Mira-Mortos-Gebäude, in dem Almalinda und Soraya sich ein Zimmer teilten.

»Das ist mein Vater, der Dichter und Journalist Adriano Santiago«, erkläre ich. »Haben Sie diesen Mann jemals in dem Haus gesehen?«

»Ich kann mich nicht erinnern«, antwortet sie. »Ehrlich gesagt, sind Sie der erste Dichter, dem ich begegne. Und ich muss gestehen, dass ich sehr beeindruckt bin.«

»Erzählen Sie, was Sie über Ihre frühere Kollegin Almalinda wissen«, bittet Liana. »Lassen Sie sich ruhig Zeit.«

»Entschuldigen Sie, aber das hier ist ja das reinste Verhör«, protestiert Soraya. »Ich habe alles angemeldet, es fehlt nur eine Lizenz, aber Sie können Doutor Sigauque anrufen …«

»Ich bin Almalindas Tochter«, sagt Liana.

Soraya starrt Liana sprachlos an. Dann breitet sie die Arme aus, als wolle sie sie vom Körper trennen, und umarmt Liana so stürmisch, dass die fast zwischen ihren üppigen Brüsten erstickt. Ihre Wimperntusche zerfließt in einem Tränenstrom. Sie tritt zwei Schritte zurück, um Liana genauer anzusehen.

»Du bist viel dunkler als deine Mutter«, stellt sie fest. Mit dem Handrücken wischt sie das verlaufene Make-up ab und strahlt Liana an: »Du hast die Rasse wieder einen Schritt zurückgeführt, mein Kind.«

Sie öffnet eine chinesische Holztruhe, und der Geruch von Mottenkugeln verpestet den Raum. »Ich schenke dir ein Kleid, das ich noch von ihr habe.« Soraya beugt sich über die Truhe und wühlt in den Kleidern. »Für Sie sind das nur Kleider. Aber für uns war das damals unser erster Körper«, sie rückt die Perücke wieder zurecht, die ihr über die Stirn gerutscht ist. »Die obenauf liegen, waren meine, das waren die billigsten, weil ich am dunkelsten war, ich war die Schwarze, mir wurden nur die einfachen Soldaten zugeteilt.« Schließlich richtet Soraya sich auf und hält ein gelbes, mit Organdy und Pailletten verziertes Kleid hoch. »Das war Almalindas Kleid, das trug sie bei den Tanz-Shows.« Soraya lacht. »Die ›James Wilson Ballettgruppe‹! Und die Tänzerinnen hatten alle mondäne Namen. Taxi Girls, Funny Girls, Dancing Queens … immer auf Englisch …«

»Erzählen Sie mir alles über sie«, bittet Liana, das gelbe Kleid ihrer Mutter an sich gedrückt.

Soraya setzt sich auf den Truhendeckel, die Perücke hängt ihr schief über die Stirn. Liana informiert sie, dass ich ihre Worte aufnehmen will. Soraya schielt auf mein Mobiltelefon und klagt, wie dringend sie ein neues Telefon bräuchte.

Anfang der Fünfzigerjahre wurde die kleine Almalinda, erst wenige Monate alt, aus Mosambik in ein Waisenhaus in Lissabon gebracht. Ihre Mutter war in Lourenço Marques in einer Irrenanstalt gestorben, und der Vater erklärte, er sei nicht in der Lage, für das Kind zu sorgen. Das Mädchen wuchs in dem Waisenhaus auf. Mit fünfzehn Jahren äußerte Almalinda den Wunsch, nach Mosambik und zum Vater in Beira zurückzukehren. Ihr Vater, Inspektor Óscar Campos, war bereit, sie aufzunehmen. Er bezahlte ihre Schule, nahm aber nie die Rolle eines Vaters ein.

Almalinda war wunderschön. Doch es gab ein Problem: Ihre Haut war zu dunkel, ihr Haar kräuselte sich zu sehr. Vielleicht war dies der Grund, warum sie sich in einen schwarzen Jungen verliebte. Sie hatte etliche Verehrer, Weiße, Mulatten, sogar ein Chinese war darunter, aber sie musste ja unbedingt den Dunkelsten von allen wählen. Natürlich war die Liebschaft zum Scheitern verurteilt. An den Armen mit einem Draht aneinandergebunden, hatten sie sich gemeinsam in den Fluss gestürzt. Nur er war gestorben. Das Mädchen, von einem Fischer geborgen, wurde zunächst in Inhaminga versteckt, dann über die Grenze nach Südafrika gebracht und schließlich zurück nach Lissabon, in dasselbe Waisenhaus, in dem sie ihre Kindheit verbracht hatte.

Seelisch verödet, bleich und mit leerem Blick kam sie in Lissabon an. Bei der Aufnahme ins Waisenhaus wurde an ihrem Handgelenk eine frische Einschnittwunde festgestellt. »Wir kennen die Geschichte«, sagte der Pfleger, der sie untersuchte. »Wir haben von deinem Selbstmordversuch gehört.«

»Es war kein Versuch«, entgegnete Almalinda. »Ich bin in dem Fluss gestorben.«

An ihrem achtzehnten Geburtstag holte der Pfleger sie aus ihrem Zimmer unter dem Vorwand, man wolle den Tag mit dem ganzen Waisenhaus feiern. Es war später Abend, die Flure lagen im Dunkeln. Almalinda fürchtete sich und ließ zu, dass der Pfleger sie um die Taille fasste und führte. Als sie das Refektorium erreichten, ging das Licht von allein an, wie durch Magie, und der Pfleger verkündete, dass das Fest beginne. Man brachte ihr Wein und zwang sie, das Glas zu leeren. Dann verlangte der Pfleger, sie solle auf einen Tisch steigen und einem Dutzend Mitarbeiter des Waisenhauses ihr Alter zeigen. »Zieh die Bluse aus«, befahl er. Da sie nicht gehorchte, wies er eine andere Waise an, ihr beim Ausziehen zu helfen. Als Almalindas Kleidung zu Boden gefallen war, erklärte der Pfleger, nun werde sie klinisch untersucht. Er begann, sie zu berühren, berührte sie immer wieder, bis sie ihren Körper nicht mehr spürte. Sie dachte an den dunklen Fluss, in dem sie untergetaucht war, dachte an das Wasser, das sie von innen verzehrte. Und sie beschloss, ein zweites Mal zu sterben.

Schwankend, auf den Pfleger gestützt, kehrte sie in ihr Zimmer zurück. Zum Abschied wanderte er noch einmal mit der Hand über ihren nackten Körper. »Weine nicht, Mädchen. Du verstehst es nicht, aber das ist dein Geburtstagsgeschenk.« Und er erklärte, an jedem Monatsende kämen Männer in Schlips und Kragen in das Waisenhaus, um die Mädchen zu begutachten, die er vorher ausgewählt habe. Dann nähmen sie die Mädchen mit, wohin, wisse niemand.

Seitdem verging kein Tag, ohne dass Almalinda sich morgens vollkommen nackt vor den Spiegel stellte. Sie betrachtete prüfend die Größe ihrer Brüste und die Rundung ihrer Schenkel. Entscheidender als ihr Alter war ihr Körper, dank dem sie das Haus würde verlassen können. Das war ihr größter Wunsch. Eines Tages kamen die Männer und holten sie.

Sie machte bei der PIDE in Lissabon einen Sekretärinnenkurs. Während dieser Zeit wurde sie schwanger. Der Vater des Kindes war ein kapverdischer Putzmann, der sie an ihre erste Liebe erinnerte, wie Almalinda gestand.

Nach zwei Jahren wurde Almalinda von der PIDE für einen Auftrag in Mosambik ausgesucht. Dass sie Mutter war, ließ sich damit nicht vereinbaren. Also gab sie ihre Tochter in Lissabon in die Obhut eines befreundeten Ehepaares und ging nach Beira, wo sie als Tänzerin in einem Nachtclub arbeiten sollte. Zwei Monate später war sie tot.

Wir verabschieden uns vor dem Frisiersalon. Soraya umarmt Liana. Beide weinen. Sekundenlang beneide ich sie um diese Fähigkeit. Weinen ist auch eine Sprache. Mein Körper hat dazu keinen Zugang.

»Ich werde die Geschichte aufschreiben, die du mir erzählt hast«, sagt Liana mit belegter Stimme.

»Tu das, meine Liebe«, sagt Soraya. »Aber nenn mich bei diesem Namen. Soraya mit Ypsilon. Deine Mutter kannte mich unter einem früheren Namen.«

»Und wie lautete der?«, frage ich.

»Es hat keinen Sinn, sich zu erinnern«, seufzt Soraya. »Nicht an Namen oder Rasse, an nichts. Jetzt bin ich eine andere, unter diesen orangefarbenen Haaren.« Sie sieht mich an und wägt jedes ihrer Worte ab: »Sie als Lehrer wissen das: Es gibt geläuterte Verbrecher. Es gibt ehemals Vorbestrafte. Aber es gibt keine ehemaligen Huren. Das schleppen wir unser Leben lang mit.«

Liana bringt mich zum Hotel zurück. Sie muss zu einem Mittagessen mit Kollegen von der Universität. Aber sie lädt mich ein, am Abend zu einem Fest von Freunden mitzukommen. Sie möchte trinken, Sorayas Geschichte vergessen. Ich lehne ab. Ich mag keine Feste. Ich habe eine Art Aversion gegen die Inszenierung von Vergnügen geerbt. Bin von Geburt an gelangweilt.

Im Hotelfoyer beobachtet der Portier, dass Lianas Auto

davonfährt, und wedelt mit der rechten Hand. Das ist ein Zeichen. Er warnt mich davor, welche Gefahr ich in Gesellschaft dieser Frau laufe.

Bei der Rückkehr in mein Zimmer finde ich einen zweiten Karton vor, den Liana am Vortag abgegeben hat. Die Papiere sind sorgfältig geordnet. Innerhalb kurzer Zeit ist der Zimmerfußboden übersät mit Papieren und Fotografien.

Es ist fast Mitternacht, als ich zur Bar am Swimmingpool hinuntergehe. Ich trinke einen Saft und wimmele einen Fan ab, der mich bedrängt, seine Lebensgeschichte aufzuschreiben. Dann sehe ich, dass mein Arzt mehrmals angerufen und Nachrichten hinterlassen hat. Er fragt, wie es mir geht, ob ich mich an seine Anordnungen halte. In den letzten Nachrichten schlägt er einen strengeren Ton an: »Komm sofort zurück für die Kontrolluntersuchung. Und rette dich vor diesem verfluchten Zyklon.« Ich schreibe zurück: »Mein Lieber, ich bin völlig außer Kontrolle, und es geht mir, vielleicht gerade deshalb, besser denn je.«

Weil ich so sehr mit dem Telefon beschäftigt bin, merke ich nicht, dass Liana in einem luftigen weißen Kleid vor mir steht. Sie begrüßt mich mit einem flüchtigen Lächeln. Sie lässt sich einen Drink geben, das Glas bis oben hin voll Eis.

»Bin vom Fest geflüchtet«, sagt Liana. »Deine Schuld.«

»Wie schön«, antworte ich. »Schon lange hat mir niemand mehr die Schuld an etwas gegeben.«

»Ich denke die ganze Zeit, dass wir beide einer Fata Morgana hinterherlaufen. Du suchst nicht Sandro, und ich suche nicht meine Mutter.« Während Liana spricht, gleitet ein Eisstück zwischen ihren Zähnen hin und her. »Hast du etwas schreiben können?«

»Keine einzige Zeile. Ich bin mit den Papieren deines Großvaters beschäftigt.«

Unser Gespräch wird durch einen Anruf für Liana unterbrochen. Sie geht etwas zur Seite und legt die Hand über den Mund, aber es ist unmöglich, nichts zu hören. Sie erklärt etwas, sagt, dass sie woanders schlafen wird, und bittet die Person, sie solle sich keine Sorgen machen.

Sie schaltet das Telefon aus und lacht verlegen. »Gehen wir ins Zimmer?« Sie lächelt vieldeutig und geht voran. Steigt langsam die Treppe hinauf, lässt sich bei jeder Stufe nach hinten sinken. Ich soll sie stützen, ihren Rücken an meiner Brust halten. »Ich bin Liana«, murmelt sie, »ich brauche einen Baum zum Festhalten.« Ihre Haare schlingen sich um mein Gesicht, ihre Worte verfangen sich ineinander. An der Tür löst sie sich von mir, zieht die Schuhe aus und geht durch das Zimmer voller Papiere.

»Sei ehrlich, Liana, hast du alle diese Papiere gelesen?«

»Muss ich wirklich antworten?«, fragt sie. »Jetzt gerade kann ich nur an Sorayas Worte über das Küssen denken. Ich möchte so gern älter werden …«

Liana vermeidet, auf die Papiere zu treten. Es sieht aus, als tanze sie. Ihr Kleid fällt zu Boden, meine Kleidung fällt auf unsere Schuhe. Sie küsst mich auf die Augen, die Lider zittern, als entstünden sie gerade. »Ist das schön?«, fragt sie. Ich antworte mit einem Stöhnen.

»Die Augen sind nicht zum Sehen da«, sagt sie. »Augen sind dazu da, geküsst zu werden.«

Liana ist frühmorgens gegangen, ohne dass ich es gemerkt habe. Durch das Fenster weht ein kalter Wind herein. Ich stehe auf, um das Fenster zu schließen, und werfe einen Blick auf das Viertel. Nichts deutet darauf hin, dass sich über dem Ozean ein furchtbarer Hurrikan aufbaut. Ich denke an Inhaminga.

Wieder am Tisch, öffne ich einen Umschlag voller Fotos. Eines zeigt meinen Vater Arm in Arm mit einer wesentlich jüngeren Frau, er strahlt eigenartig. Die Frau dürfte eine seiner

Geliebten sein, aber fraglos eine besondere Geliebte. Vielleicht war diese schöne junge Frau der Grund, warum er eines Tages beschloss, einen Schlusspunkt unter seine Ehe zu setzen. Da ihm die Courage fehlte, sich seiner Frau gegenüber zu erklären, verfasste er einen langen Brief mit gestelzten Darlegungen und herzbewegenden Bitten um Entschuldigung. Den Brief überreichte er ihr im Wohnzimmer mit der trockenen Aufforderung: »Lies das, Virgínia.« Meine Mutter unterbrach ihre Näharbeit und hob den Blick erst wieder, als sie zu Ende gelesen hatte.

»Du hast eine miserable Schrift, Adriano.« Mit leerem Blick ließ sie das Papier sinken und seufzte: »Ich verstehe nicht, warum du dich für Prosa entschieden hast, Adriano. Du weißt doch, dass ich Gedichte lieber habe.«

Dann gingen sie gemeinsam ins Bett, der Brief noch immer in den müden Händen meiner Mutter.

Der Abstieg in den Himmel

Die Dokumente des PIDE-Agenten

Das Ermüdende an einer Reise ist nicht der zurückgelegte Weg.
Ermüdend ist, wie lange wir verharren an dem Ort,
den wir glaubten, verlassen zu haben.
Adriano Santiago

DOKUMENT NR. 26
Ankunft in Beira (Aufzeichnungen von Adriano Santiago)
Beira, 23. April 1973

Auf der langen Rückfahrt nach Beira unterhalte ich mich mit Benedito. Unterhalten ist ein Euphemismus. Seit unserer Abfahrt aus Inhaminga schläft mein Reisebegleiter. Selbst mein lebhafter Ton kann seinen Schlaf nicht stören. »Sieh dir die Landstraße an, Junge. Keine Böschung mehr zu sehen, alles mit Gras überwuchert. Die Wildnis zeigt, wer das Sagen hat.« Den Arm aus dem Fenster gestreckt, sage ich: »Am Zustand der Straßen, mein lieber Benedito, erkennt man ein ganzes Land.«

Ich denke an die Fahrt mit Sandro nach Rhodesien. Daran, dass ich gesagt habe, Mosambik und Rhodesien seien nicht nur zwei verschiedene Länder, sondern zwei Welten. Auf rhodesischer Seite waren die Böschungen klar begrenzt, das Gras kurz geschnitten, die Wildnis weit weg. Trotz allem war mir das Chaos in Mosambik lieber als die Pseudoordnung in Rhodesien. Ich weiß nicht, warum ich über diese merkwürdigen

Themen mit Sandro sprach. Vielleicht wollte ich nur vermeiden, dass sich andere Themen aufdrängten. Irgendwann, erinnere ich mich, unterbrach mich mein Neffe in ernstem Ton.

»Wie heißt meine Mutter?«, fragte Sandro unvermittelt.

Ich war so verblüfft, dass ich anhalten musste. Wir stiegen beide aus, schlugen aber die Türen nicht zu. Ich blieb an das Auto gelehnt stehen, während Sandro die Straße entlangging. Er hielt den Bick gesenkt, hin und wieder pflückte er am Straßenrand ein paar Wildblumen. Um mich zu provozieren, führte er die Blumen mit affektierten Bewegungen an sein Gesicht. Nach einer Weile hielt er inne, den Blick fest auf mich gerichtet.

»Sie haben recht mit dem Chaos auf unseren Landstraßen«, sagte er. »Auf dieser Seite gibt es überhaupt keine Regeln. Auf der anderen Seite zum Beispiel würde niemand seinen Sohn ›Neffe‹ nennen.«

Am späten Nachmittag erreichen wir die Stadt, und Benedito schreckt aus dem Schlaf hoch. Er beruhigt sich erst, als er unsere Straße und die Einfahrt zu unserer Garage erkennt. Virgínia kommt uns entgegen, die Hände unter der Schürze, angstvoller Blick.

»Er lebt!«, rufe ich, noch bevor ich ausgestiegen bin. »Unser Sandro ist am Leben!«

Virgínias Arme breiten sich aus und umschlingen Benedito und mich. Unter Tränen schluchzt sie immer wieder: »Gelobt sei Gott.« Kurz darauf fragt sie, ob ihr Neffe sehr dünn sei. Und wie geplant lüge ich und antworte, ich hätte ihn nicht selbst gesehen. Nur erfahren, dass er am Leben und gut genährt sei. Weitere Nachrichten würden wir später von den Patres erhalten.

Während Virgínia in der Küche das Essen aufwärmt, berichte ich, was in Inhaminga geschehen ist. Der Löffel in meiner rechten Hand ist mein Taktstock, er markiert die Pausen und unterstreicht die Emotionen. Ich sehe nicht den Löffel, nur die Bewegung. Virgínia sieht nicht die Bewegung, nur den Löffel. Sie denkt, dass ich schnell essen möchte. Endlich steht die dampfende Suppenterrine auf dem Tisch. Virgínia fordert mich auf, ohne sie zu essen, sie habe keinen Hunger. Wortlos betrachtet sie mein Gesicht, beobachtet meine Bewegungen.

»Jemand von der Zeitung war hier und hat nach dir gefragt«, sagt sie, als mein Teller halb leer ist. »Du sollst hingehen, in die Redaktion der neuen Zeitung, gleich morgen früh.«

»Hat er gesagt, worum es geht?«

»Dieser Artikel hier, darum geht es«, erklärt Virgínia und wirft eine Zeitung so auf den Tisch, dass mein Weinglas auf der weißen Tischdecke umkippt. Sie zieht sich in den Flur zurück, während der Wein auf den Fußboden tropft.

»Virgínia!«, rufe ich. »Es tropft alles voll!«

»Mach sauber, was du beschmutzt hast«, erwidert Virgínia und knallt die Schlafzimmertür zu.

Ich lese den Artikel und danke Gott dafür, dass ich allein bin. Virgínia hätte meine Reaktion nicht sehen dürfen.

Sechs Monate, nachdem die junge Olívia Mestre vom Hochhaus Príncipe da Beira (im Volksmund als Totenaussicht *bekannt) in den Tod gestürzt wurde, hat sich die Tragödie auf die exakt gleiche Weise und am selben Ort wiederholt. Das Opfer ist Ermelinda Campos, eine 22-jährige Tänzerin eines Nachtclubs der Stadt. Die Unglückliche war erst kürzlich aus Portugal eingetroffen und hinterlässt, wie verlautet, eine minderjährige Tochter in Lissabon. In beiden Fällen handelt es sich offenkundig um Tötungsdelikte, im Gegensatz zu der offiziellen Version der Polizei, die beide Vorfälle als Selbstmorde darstellt.*

Die Tänzerin, im Nachtleben als Almalinda bekannt, ist von demselben Balkon gestürzt wie vor rund sechs Monaten Olívia Mestre. Die beiden tragischen Fälle weisen deutliche Parallelen auf. Beide Opfer zeigen Würgemale; in beiden Fällen gibt es Hinweise darauf, dass sich noch eine Person in dem Apartment befand, aus dem die Frauen gestürzt wurden. Almalinda und Olívia waren Nachbarinnen, beide traten als Tänzerinnen in Beiras Nachtclubs auf.

Auch weitere Übereinstimmungen können wohl kaum dem Zufall zugeschrieben werden: das gleiche Klebeband, das sich tief in den Hals der Frauen eingeschnitten hat, Blutspuren unter den Fingernägeln der Opfer, die darauf hinweisen, dass die Frauen versucht haben, sich von dem Klebeband zu befreien.

Laut Aussagen von Bewohnern des Viertels brannte auf dem Balkon des Opfers Licht, welches aber Sekunden nach dem Sturz rätselhafterweise erlosch. Ebenso soll das Opfer verzweifelt um Hilfe gerufen haben. Die meisten der von uns befragten Personen wurden von den Behörden nicht vernommen oder mussten ihre Aussagen nicht unterschreiben.

Sofort dachte ich an Capitine, der am Ort des Vorfalls wohnte. Noch am Morgen schickte ich nach ihm, er solle zum Tod der Tänzerin aussagen. Und er solle so schnell wie möglich kommen, bevor die PIDE ihn festnehme. Gleichzeitig bestellte ich die »Weißen Maulwürfe« ein, meine Kampfgenossen. Ich fühlte mich dafür verantwortlich, sollte Capitine etwas mit dem Mord an der Tänzerin zu tun haben, schließlich hatte ich ihm die Stelle als Friedhofswärter besorgt. Unter einer Bedingung: Er sollte sich als taubstumm ausgeben. Das war eine Auflage seitens einflussreicher Leute, die in den Striptease-Clubs verkehrten. Die Clubs waren absichtlich in der Nähe des Friedhofs gebaut worden. Die Herren der Stadt wollten keine Zeugen ihrer nächtlichen Vergnügungen.

Erst vor wenigen Tagen hatte ich Capitine an seinem Arbeitsplatz aufgesucht, und er war zufrieden gewesen. Lachend hatte er gesagt, die Stelle sei wie für ihn gemacht. Die Geister der Weißen beschützten ihn vor seinen eigenen Gespenstern. Und er erklärte auch, warum: Die Rasse trenne die Lebenden und stärker noch die Toten. Die Weißen legten einen Stein auf die Verstorbenen und zögen hohe Mauern um sie herum. Aber er, Capitine, sei sich sicher: Die Mauern seien nutzlos. Die Toten mit weißer Haut könnten durch die Grabplatten und Friedhofsmauern hindurch gelangen. Darin seien sie seinen schwarzen Brüdern gleich, sie alle seien damit beschäftigt, die Toten und die Lebenden wiederzubeleben.

Der arme Vater von Benedito, der Hölle von Inhaminga entkommen, dafür in einen politischen Mord verwickelt, der die ganze Stadt erschüttert?

Capitine Fungai erschien am späten Vormittag. Ich führte ihn in den Anbau und forderte ihn auf, dort zu bleiben, bis ich ihn rufe. Am späten Nachmittag hatten sich die »Weißen Maulwürfe« bei uns eingefunden. Ich sah Capitine an, wie unwohl er sich dabei fühlte, mitten in meinem Arbeitszimmer zu sitzen. Rings um ihn saßen Leute, auf Stühlen, auf dem Fußboden, auf Tischen. Es waren alles Männer, weiße Männer, die sich offenbar sehr ernst nahmen. Der Mann hat seine Stelle bekommen, weil er angeblich stumm ist. Doch kein Stummer würde so viel sprechen.

Ich erklärte den Anwesenden den Zweck der Versammlung. Die Aussage des Friedhofswärters Capitine könne wertvolle Beweise für eine kriminelle Beteiligung der PIDE liefern. Alle Blicke richteten sich auf den armen Capitine Fungai.

»Die Senhora konnte nicht fliegen«, erklärte der Friedhofswärter. »Das habe ich gleich gemerkt, als sie am Himmel erschien …«

»Jetzt mal der Reihe nach, Capitine«, sagte Genosse Faustino Pacheco geduldig. »Gestern Abend hast du Schreie gehört und Lichter gesehen?«

»Die Nacht ist immer voll von Lichtern, die schaltet niemand ein …«

»Also, Capitine, dass wir uns richtig verstehen«, sagte Pacheco, bemüht, seine Stimme weiterhin ruhig klingen zu lassen. »Wir wollen Fakten hören, nur Fakten, in Ordnung? Nichts von Leuten, die fliegen, oder Lichtern, die niemand einschaltet. Nur Fakten, verstehst du?«

»Ich sage, mein Patrão, die Senhora ist in die ganz falsche Richtung geflogen. Ich glaube, die hatte einen Besitzer, weil sie nämlich ein Halsband hatte …«

»Fakten, Capitine, wir wollen Fakten«, sagte Pacheco deutlich ungeduldiger.

»Also, das mit den Fakten, so was weiß nur Gott.«

»Ich bring diesen Neger um!«, brüllte Pacheco.

»Was soll das, Pacheco?«, warf ich empört ein. »Wir sind Linke, diese Sprache sprechen wir nicht.«

»Der Kerl nimmt uns auf den Arm«, erwiderte Pacheco.

Capitine verstummte nicht nur, er erstarrte auch. Wie die Gazelle angesichts von Löwen wartet, dass der Wind sich dreht, die Zeit vergeht und die Jäger aufgeben.

»Jetzt hör mir mal gut zu, mein Junge«, sagte Pacheco etwas beherrschter. »Kannst du sagen, welche Farbe das Klebeband hatte?«

»Herrgott noch mal, Pacheco, was für eine idiotische Frage!«, rief ich.

»Lass den Mann antworten«, entgegnete Pacheco.

»Nichts lasse ich, das ist völlig sinnlos.«

»Ganz im Gegenteil«, widersprach Pacheco. »Ich wette, der

Typ weiß nicht mal, was ein Klebeband ist. Wenn man mich weitermachen ließe, würde ich beweisen, dass er so wenig die Wahrheit sagt, wie er Zähne im Mund hat.«

»Was soll das, Leute?«, fragte ich fassungslos. »Wie stehen wir eigentlich da? Schluss damit! Alle raus, dieses Haus ist keine Dienststelle der PIDE.«

Mit hängenden Köpfen zogen die Maulwürfe ab. Capitine blieb sitzen, bedrückt, aber sichtlich erleichtert. Ich zog einen Stuhl heran, reichte ihm eine Tasse Tee und erklärte in ernstem Ton: »Man hat mir gesagt, dein Name sei falsch.«

»Kann ein Name überhaupt falsch sein?«, fragte Capitine verwundert.

»Ist Capitine dein eigener Name? Und Fungai dein Familienname?«

»Alle Namen sind eigene Namen, Senhor. Und alle Namen sind Familiennamen.«

Angesichts meiner ungeduldigen Miene ließ er sich weiter aus. Alle Namen seien richtig, weil sie dazu dienten, dass man zu uns beten könne. Und wir alle, Weiße und Schwarze, bekämen Namen, damit wir nicht sterben.

Ich schwieg, aber er hatte nichts mehr zu sagen. »Und jetzt, Capitine, erzähl nur, was passiert ist«, bat ich.

»Ich weiß nicht, wo ich anfangen soll«, murmelte er. Es seien so viele Leute im Raum gewesen, Leute, die er alle nicht kannte. Wenn er jetzt festgenommen würde, bekäme er nie einen Schlüssel, um aus dem Gefängnis zu kommen.

»Du hast recht, Capitine«, sagte ich. »Aber jetzt sind wir beide unter uns. Du kannst unbesorgt sprechen. Ich bin Schriftsteller, kein Polizist.«

Capitine ließ sich von mir noch einen Tee eingießen. Dann beobachtete er aufmerksam, wie ich seine Aussage über den Tod von Ermelinda Campos zu Papier brachte.

DOKUMENT NR. 27
Zusammenfassung der Aussage von Capitine Fungai über den Tod von Almalinda, aufgeschrieben von Adriano Santiago
Beira, 22. April 1973

An dem Abend, als Ermelinda Campos starb, wollte der alte Friedhofswärter gerade einschlafen, da verdunkelte ein Schatten den Mondschein.

»Da kommt die Nächste«, seufzte Capitine Fungai müde.

In Vollmondnächten fliegen die Frauen quer über den Himmel und mischen sich nach und nach unter die Sternschnuppen. Die Portugiesen glauben, dass die Menschen nach ihrem letzten Seufzer zum Himmel aufsteigen. Das Gegenteil ist der Fall. In der nächtlichen Dunkelheit senkt sich der Himmel und dringt in unsere Träume ein. Und dann werden wir zu Göttern.

Capitine hatte gehört, es sei etwas Mysteriöses geschehen, bevor er nach Beira kam. Eine Portugiesin namens Olívia Mestre war gegenüber vom Friedhof auf die Straße gestürzt. Der Fall hatte die Polizei beschäftigt, aber selbst die portugiesischen Behörden müssen eingesehen haben, dass es sich um eine Fliegerin handelte, denn sie haben die Ermittlungen sehr schnell abgeschlossen, und dann wollte niemand mehr darüber sprechen.

Capitine fürchtete, so etwas geschehe nun auch. Die zweite Frau musste eine Anfängerin sein, denn sie wusste nicht, wie man fliegt. Sie sprang vom fünften Stock, machte zwei Schwimmzüge zum Himmel hin, aber dann stürzte sie rasend schnell auf die Straße.

Der Friedhofswärter ging hinaus und näherte sich vorsichtig. Er hatte sich vorgestellt, alle fliegenden Frauen seien schwarz wie die Nacht. Vor ihm aber breitete eine Weiße die Arme auf der Erde aus. Capitine sah sich um und trat einen

Schritt zurück. Wie konnte er, ein Schwarzer, diesen Tod bezeugen? Oben im fünften Stock des Hochhauses ging das Licht aus, und es wurde noch dunkler. Capitine richtete erneut den Blick auf die Frau. Im selben Augenblick wurde der Mondschein schwächer. Jetzt ist die Frau gestorben, dachte er. Ihm wurde schwindlig, er lehnte sich an die Friedhofsmauer, da sah er Leute aus den Häusern kommen. Es ist merkwürdig, wie Menschen sich angesichts eines leblosen Körpers verändern. Die Augen werden größer, die Wörter lösen sich von den Sätzen, die Hände bewegen sich unabhängig vom Körper. Die Bewohner des Hochhauses redeten alle gleichzeitig, man konnte meinen, sie fürchteten sich vor dem Schweigen, das von der Toten ausging.

Bald darauf trafen zwei Polizisten ein. Sie fragten: Wer hat die Tote als Erster gesehen? Die Leute traten zurück, sodass Capitine Fungai vor allen anderen stand.

»Du?«, fragte der eine Polizist. »Und was hast du um diese Zeit hier gemacht?«

Capitine vergaß die Abmachung, dass er stumm sein sollte, und antwortete, er sei der Friedhofswärter. Der andere Polizist äußerte Zweifel: War dieser Eingeborene, so drückte er sich aus, überhaupt als Zeuge geeignet?

In diesem Moment fuhr ein zweites Auto vor, und heraus stiegen zwei Männer in Staubmänteln.

»Das ist ein besonderer Fall«, sagten sie zu den Polizisten. »Wir übernehmen ab hier.«

Die uniformierten Polizisten und die Neugierigen zogen sich sofort zurück. Capitine staunte: Es gibt also Leute, die über die Polizei bestimmen? Dann sah er noch, dass jemand der Toten die Augen schloss. Das machen wir nicht aus Respekt gegenüber den Verstorbenen. Wir haben Angst, dass sie uns sonst weiter beobachten.

»Hast du ein Taschenmesser bei dir?«, fragte einer der

Neuen. Bevor der antworten konnte, warf der andere Weiße ein: »Inspektor, glauben Sie ernsthaft, der Kerl weiß, was ein Taschenmesser ist?« Dann wandte er sich an Capitine: »Lauf und hol ein Messer.«

Capitine beeilte sich, den Auftrag auszuführen. Er übergab das Messer mit gebührendem Respekt, indem er es am Griff hielt und den rechten Ellbogen mit der linken Hand stützte. Mithilfe des Messers entfernte der Polizist das Klebeband vom Hals der Toten. Wer ihn in der Dunkelheit sah, hätte meinen können, er schneide einem Tier die Kehle durch. Dann befahl er Capitine, ihm zu helfen, die Tote zum Auto zu tragen.

Sie legten die Leiche in den Kofferraum, stiegen ein und wollten schon abfahren, als Capitine mit gesenktem Blick fragte: »Und mein Messer, meine Herren?« Sie reichten ihm das Messer und das Klebeband. »Leg das in den Kofferraum!« »Auch mein Messer?«, fragte Capitine ängstlich. »Alles in den Kofferraum, verdammt!«, brüllte der eine.

Capitine öffnete den Kofferraum. Er hatte das Gefühl, dass die Augen der Toten geöffnet waren und ihn ansahen.

»Und jetzt verzieh dich in deine Hütte«, befahl der Mann, der am Steuer saß. Dann fuhr er an, fügte aber noch hinzu: »Noch etwas: Du hast absolut nichts gesehen. Hier ist nichts passiert, und niemand ist gestorben. Du wirst jetzt alles vergessen. Aber wir vergessen nicht dein Gesicht.«

Damit fuhren sie davon. Capitine blieb stocksteif stehen, bis der Wagen in der Dunkelheit verschwand. Auf dem Weg zum Friedhof bemerkte er ein Stück vom Klebeband an seinen Fingern, und als er versuchte, es loszuwerden, sah er, dass es eine klebrige Schlange war, die sich hartnäckig um seinen Arm kringelte. Ihm wurde schwindlig. »Ich habe schon das Gift in den Adern, dabei bin ich noch gar nicht gebissen worden«, dachte er und fiel um.

DOKUMENT NR. 28
Text des Dichters Adriano Santiago
Beira, 23. April 1973

Möge der Tod vollkommen sein – das erbitten wir von denen, die von uns gehen. Damit niemand den vergessen muss, der gelebt hat. Und damit niemand sich nach dem sehnt, der gegangen ist.

So geschah es mit Almalinda – sie starb so sehr und so vollkommen, dass es war, als wäre nichts geschehen. Als hätte die Gestorbene im Sterben makellos ihre künftige Abwesenheit geordnet. Als hätte sie ihr Leben ausgelöscht, solange sie lebte.

Die anderen, die unvollkommen Toten, hinterlassen uns die trügerische Aufgabe, ihrer zu gedenken. Niemand ist wirklich innerlich bei ihnen. In den Tränen, die wir für sie vergießen, rührt uns lediglich die Ankündigung unseres eigenen Endes.

Almalinda ging ebenso abwesend, wie sie immer gelebt hat. Und ihre Nichtanwesenheit schlägt sich nur in mir nieder.

Die das Pulver hören

Inhaminga, 12. März 2019

Zuweilen finde ich im Durcheinander meiner literarischen Schubladen Texte, die ich vor zehn, fünfzehn oder vielleicht noch mehr Jahren geschrieben habe. Und viele von ihnen kommen mir vor, als stammten sie aus einer fremden Feder; ich kann mich in ihnen nicht wiedererkennen. Jemand hat sie geschrieben, und dieser Jemand war ich. Ich habe sie gefühlt, aber wie in einem anderen Leben, aus dem ich jetzt aufgewacht wäre wie aus einem fremden Traum.

Fernando Pessoa, Das Buch der Unruhe des Hilfsbuchhalters Bernardo Soares

Liana, Benedito und ich sitzen im Auto. Unser Ziel ist Inhaminga. Wir wollen uns mit Maniara und Pater Januário treffen. Wir passieren die Brücke über den Punguè, und mir fällt ein, wie mein Vater vor vierzig Jahren auf das schmale Flussbett wies und erklärte: »In diesem Land werden zuerst die Brücken gebaut, dann erst kommen die Flüsse.«

Als wir einige Kilometer später Mafambisse passieren, beginnt der Himmel über uns zu brennen. Die Straße steht gleichsam in Flammen, wir sehen uns gezwungen, an der Böschung zu halten. Im Nu legt sich Asche auf die Scheiben, und wir sind blind. Die Stille im Auto wiegt schwerer als das Halbdunkel.

Die Vorstellung von einem Himmel, der sich selbst verschlingt, kommt der Idee der Hölle sehr nah, von der man mir im Religions- und Ethikunterricht erzählt hat. Aus entgegengesetzter Richtung kommt ein Fahrzeug, man informiert uns: Es handelt sich um brennende Zuckerrohrfelder. Was rings um uns in Flammen steht, ist nichts anderes als ein prosaischer, erdverbundener Himmel. In der Savanne meiner Heimat lebt das Feuer in der Erde. In der heißen Zeit will es atmen. Es dringt durch einen Spalt wie das Fleisch einer aufplatzenden Frucht.

Wir fahren weiter, die Scheinwerfer bahnen uns einen Weg durch die Rauchwolken. Benedito bittet mich, wie mein Vater am Steuer Gedichte zu deklamieren. Ich hebe einen Arm und spreche irgendwelche Verse. Wir biegen uns vor Lachen.

»Nachdem ich dich jetzt duze, wäre es dir nicht lieber, ich würde dich mit ›junger Herr‹ ansprechen? Oder vielleicht mit ›Patrão?‹«, fragt Benedito.

»Wo ich jetzt alt werde, würde mir ›junger Herr‹ gut gefallen.« Nach einer kurzen Pause gestehe ich: »Manchmal schäme ich mich, dass ich dein Patrão war.«

»Das bildest du dir ein, Diogo. Wenn überhaupt, warst du der Sohn vom Patrão.«

»Ich verfluche die Zeit, die uns getrennt hat …«

Benedito gesteht, einige der schönsten Momente seines Lebens habe er in jener unseligen Zeit erlebt. Wenn wir einräumten, dass unser ganzes Leben ein Inferno war, würden wir den Unterdrücker auszeichnen.

»Du hast recht«, sage ich. »Ich war auch glücklich.«

Nach stundenlanger Fahrt erreichen wir schließlich unser Ziel. Wir parken das Auto und übergeben unser Gepäck einem jungen Mann, der es sofort zu unserer Unterkunft bringt.

Noch nie hat mich der Anblick eines Ortes so mitgenommen: Inhaminga ist eine Ansammlung von Ruinen, ein durch zwei militärische Konflikte zerstörtes Terrain. Der letzte Krieg, der »Bürgerkrieg«, ist auf den Gebäuden abzulesen. Es gibt kein Gebäude, das keine Einschusslöcher aufweist. Wir sehen

Inschriften auf den Wänden, und es ist, als hörten wir die Schüsse von früher. Die Straßen sind fast menschenleer, es gibt kein fließend Wasser und keinen Strom. Von Weitem sieht man Frauen, die Wasserbehälter auf dem Kopf tragen, und alte Männer, die Säcke voll Holzkohle auf ihren Fahrrädern transportieren.

Die Dächer sind eingestürzt, die Farbe auf den Wänden verblichen. Die zum Trocknen aufgehängten Tücher sind der einzige Farbfleck in den Trümmern. Benedito schlägt vor, den Ort nicht in den Häusern zu suchen. Wir sollen lieber Inhaminga in den Menschen suchen, in den sozialen Bindungen, die niemand wahrnimmt, der nur auf der Durchreise ist. »Inhaminga lebt eher in den Kleidern als in den Wänden«, erklärt er.

Die Häuser aus der Kolonialzeit wurden vor langer Zeit von Einheimischen in Besitz genommen. Dennoch geht das Gerücht, die Häuser würden noch immer von den Geistern der ersten Besitzer bewohnt. Wir kommen an einem entkernten Gebäude vorbei, auf dessen einzig noch stehender Wand Filme über Kampfsportarten gezeigt werden. Mit Holzkohle geschrieben steht auf einem Schild: »Kino – beim Platzanweiser bezahlen.«

Wir bleiben am Friedhof stehen. Benedito will das Grab seines Vaters Capitine Fungai besuchen. Er geht zwischen den Gräbern umher und kommt dann zu mir, in den einzigen Schatten.

»Während ich hier umherging, musste ich an deine Großmutter denken, die mich in Beira zum Friedhof mitgenommen hat.« Irgendwann hatte die alte Laura geklagt: »Mein guter Benedito, ich kenne keinen Einzigen von denen, die hier begraben sind. Ich bin so weit weg von meinen Toten. Kann man eigentlich noch einsamer sein?«

»Das hat deine Großmutter gesagt. Und ich könnte jetzt genau dasselbe sagen.«

Ich wundere mich, dass Capitine nicht in seinem Familiengrab in der Nähe seines Hauses bestattet ist. Das ist sonst üblich. Aber er selbst hat den städtischen Friedhof als letzte Ruhestätte gewählt. Er wollte mit allem brechen, der Tod sollte der Anfang einer neuen Existenz sein. Als ich das sage, schüttelt Benedito den Kopf. Er will die Beweggründe seines Vaters lieber nicht verstehen.

Ohne die Hilfe des Totengräbers hätten wir Capitines Grab nicht gefunden. Der Mann geht einen Pfad entlang, den nur er in dem wild wuchernden Steppengras erkennt. Mit weit ausholender Geste erklärt er wie ein Museumsführer: »Links liegen die, die im Kolonialkrieg gestorben sind, weiter hinten die aus dem Bürgerkrieg. Alle anderen sind einfach gestorben. Das Leben hier ist auch ein Krieg. Manchmal schämt man sich sogar, ein Überlebender zu sein.« Schließlich weist er auf die Erde. »Das da ist das Grab von Ihrem Vater«, sagt er, die Finger in die Handfläche gebohrt. Mit ausgestreckten Fingern auf Tote zu zeigen, ist eine Beleidigung.

Es gibt keinen Grabstein, nur ein altes Holzkreuz. Ich kann nicht beten. Aber ich erinnere mich an den Tag, als Capitine auf dem Friedhof von Beira tot aufgefunden wurde, auf dem er kurz zuvor als Wärter angefangen hatte. Man fand ihn neben seiner Bude, ein paar Tage, nachdem er Augenzeuge eines Mordes in dem Gebäude gegenüber geworden war. Noch am selben Abend wurden meine Eltern vom Polizeikommissariat aufgefordert, formal den Leichnam zu identifizieren. Capitine lag nackt auf einem Tisch. Sein Schädel war tief eingeschlagen. In der Wunde steckte so viel Erde, dass man meinen konnte, der ganze Leichnam bestehe aus Erde, die nun dort austrat, wo eigentlich Blut hätte fließen sollen.

Am nächsten Tag wurde dem jungen Benedito die Ehre

zuteil, an der Sitzung der »Weißen Maulwürfe« teilzunehmen. Man konnte unschwer raten, wer seinen Vater umgebracht hatte. Capitine Fungai war ein gefährlicher Zeuge gewesen. Er hatte das Klebeband am Hals gesehen, die Spuren der Fingernägel, das Fahrzeug mit den Männern von der PIDE. Am Ende der Sitzung hatten die bei uns versammelten Genossen die Kosten für den Transport und die Beisetzung von Capitine Fungai unter sich aufgeteilt. Benedito fragte noch, ob mein Vater ihn nach Inhaminga begleiten werde. Mein Vater sagte, das könne er nicht. Damals nahm kein Weißer an der Beerdigung eines Schwarzen teil. Und in seinem Fall ging es nicht, denn selbst wenn er es gewollt hätte, war ihm verboten, die Stadt zu verlassen.

Liana Campos trennt sich von uns. Sie ist von der Fahrt müde und will sich bei den Nonnen ausruhen, in deren Haus man sie untergebracht hat. An diesem Tag werden wir Maniara nicht treffen. Deshalb gehen Benedito und ich durch den Ort. Vom Friedhof aus wollen wir zu der Erschießungsmauer gehen. Dort wurden während des Kolonialkrieges die Zivilisten erschossen. Unterwegs stellt Benedito eine Frage: »Gib es zu: Bist du derjenige, der monatelang etwas auf mein Konto eingezahlt hat?«

»Ich weiß nicht, wovon du sprichst«, antworte ich.

Jahrelang hatte jemand jeden Monat Geld auf Beneditos Konto überwiesen. Dank dieser Hilfe konnte er sein Studium beenden. Er glaubt, das sei ich gewesen. Obwohl ich es überzeugend verneint habe, blickt er mich von der Seite an, bis wir die Erschießungsmauer erreichen. Der Begriff »Mauer« ist etwas hoch gegriffen. Es handelt sich um eine zwei Meter hohe und etwa zehn Meter lange Wand. Davor wuchert Gras, die Fläche ist ein öffentlicher Müllplatz.

Nicht weit davon sitzt eine Frau, ein schwarzes Tuch um

den Kopf. Der spärliche Schatten der Mauer lässt sie stärker bekleidet wirken, als sie tatsächlich ist. Benedito begrüßt sie. »Guten Tag, Mamã.« Ohne eine Regung im Gesicht grüßt uns die Frau mit kaum wahrnehmbarem Murmeln. Neben ihr steht ein Eimer Wasser. Die Frau gießt Wasser auf die Erde und scharrt nach Kugeln, die von den Erschießungen übrig geblieben sind. Benedito sagt, sie nehme die Kugeln mit nach Hause, um sie dann in ihrem Garten zu säen.

»Du als hoher Parteifunktionär, warum beantragst du nicht, hier eine Gedenkstätte zu errichten?«, frage ich, als wir schon weitergegangen sind.

»Man muss vergeben können«, antwortet Benedito.

»Das ist keine Form der Vergebung.«

»Es gibt den Plan, ein Denkmal zu errichten. Bis es dazu kommt, habe ich eine kleine Theatergruppe gegründet.«

Jedes Jahr führt die Gruppe ein Stück zur Erinnerung an das Massaker auf. Die Schauspieler sind Angehörige derer, die ermordet wurden. Die Frau, die wir gerade getroffen haben, ist eine der Hauptdarstellerinnen. Sie braucht kein besonderes Schauspieltalent. Sie hat erlebt, dass ihre Eltern nur deshalb umgebracht wurden, weil sie in den Laden gegangen sind und mehr Reis als üblich kauften. Die PIDE-Funktionäre argwöhnten, sie wollten damit die Guerilleros der FRELIMO versorgen. Das genügte ihnen als Beweis, um sie zum Tode zu verurteilen.

Ich bin es leid, mich zwischen Ruinen zu bewegen, aber ich verstehe, dass der Rundgang durch den Ort für Benedito eine Art Ritual ist. Wir gehen zu der Schule, die Benedito besucht hat. Nur für eine kurze Zeit, bevor der Kolonialkrieg Inhaminga erreichte. Dann floh er nach Beira, kam zu uns und setzte dort seine Schullaufbahn fort.

»Erinnerst du dich an unsere Schule in Beira?«, frage ich.

»Deine Schule«, stellt Benedito richtig.

»Wir haben alles dafür getan, dass es auch deine wird.«

»Soll ich jetzt meinem Ex-Patrão dankbar sein? Entschuldige, Diogo, ich will dich nicht beleidigen. Ich hatte andere Schulen, von denen du nichts weißt.«

»Zum Beispiel?«

»Meine erste Schule war mein Körper.«

Wenn Benedito in seinem Heimatdorf vom Ziegenhüten nach Hause kam, war sein Körper immer vollkommen eingestaubt. Sein Vater zog mit dem Fingernagel des Zeigefingers eine Linie auf seinem Bein. Dann trat er einen Schritt zurück, kniff die Augen zusammen und sagte: »Das ist der Buchstabe a.« In der Woche darauf malte er den nächsten Buchstaben. Und verkündete: »Du wirst das Alphabet am eigenen Körper lernen.«

Bevor er sich schlafen legte, wusch sich der kleine Benedito den ganzen Körper mit Ausnahme des beschriebenen Beins. Solange der Schlaf auf sich warten ließ, betrachtete er die Schrift, bis ihm schließlich so war, als hätten die Buchstaben seinen Körper geschaffen. Eines Tages erklärte sein Vater: »So, nun ist Schluss mit den Buchstaben. Für Zahlen hast du nicht genug Haut.« Und damit endete der Unterricht.

»Meine Haut war die Tafel. Der Fingernagel meines Vaters die Kreide«, sagt Benedito.

Die Schule von Inhaminga liegt ein paar Straßen entfernt vom Friedhof. Das schrille Geschrei ist kilometerweit zu hören. Beim Näherkommen verstehen wir die Kinder, die im Chor Silbe für Silbe die Worte des Lehrers nachsprechen. Als wir das Gelände betreten, erklingt die Pausenklingel, und so viele Kinder strömen so lebhaft hinaus, dass wir das Gebäude kaum mehr sehen können.

An einem rostigen Mast mitten auf dem Schulhof flattert

ein Stück Stoff, das früher einmal vielleicht eine Fahne war. Jetzt ist es ausgeblichen und zerfetzt. Benedito scheint sich für den traurigen Anblick verantwortlich zu fühlen. »Wir warten auf eine neue Fahne.« Dann wird ihm die Doppeldeutigkeit seiner Worte bewusst. »Nicht, was du denkst«, setzt er entschieden nach. Wir lachen. Und das Lachen bringt uns, eher noch als die Wörter, die Kindheit zurück.

In diesem Moment erscheint der Schulleiter. Er kommt nicht allein. Die Leiter selbst einer kleinen Schule sind nie allein. Als die Gruppe mich begrüßt, bemerke ich eine gewisse Feindseligkeit. Die Anspannung wird deutlicher, als wir im Büro des Direktors sind.

»Wir wissen, was Sie hierhergeführt hat«, erklärt der Direktor. Und dann, nicht gerade freundlich: »Vielleicht kann ich behilflich sein.«

»Vielen Dank«, antworte ich. »Und wie können Sie helfen?«

»Ich kann Ihnen einen Rat geben: Verlassen Sie diesen Ort, Senhor Poet, lassen Sie die Vergangenheit da ruhen, wo sie immer gewesen ist.«

»Und wo ist sie gewesen?«

»Wir wissen das«, antwortet der Direktor.

»Wer ist ›wir‹?«

»Wenn Sie unbedingt über die Grausamkeit der Vergangenheit sprechen wollen«, erwidert der Direktor, »dann sprechen Sie auch über den Bürgerkrieg, die Blutbäder, die hier diese Leute angerichtet haben, die heute im Parlament sitzen.«

»Ich kann Ihnen eins versichern: Sie wissen mehr als ich darüber, was mich hierhergeführt hat.«

Der Schuldirektor ändert seine Taktik. Er äußert seine Überlegenheit, indem er mich fortan ignoriert. Er tut, als sei er damit beschäftigt, in einem Schulbuch zu blättern. Ich verstehe die Botschaft: Der Besuch ist beendet.

Wir verabschieden uns peinlich berührt. Benedito sucht

nach etwas in seiner Tasche. Er möchte, dass wir uns irgendwo in den Schatten setzen. Er will mir ein Buch zeigen. Es ist eine – wenn auch noch provisorische – Veröffentlichung über das Massaker von Inhaminga. Mehrere schwarze Soldaten des portugiesischen Militärs posieren an der Erschießungsmauer.

»Erkennst du diesen Mann?«, fragt Benedito und weist auf einen der Soldaten, der ein Gewehr hochhält. »Das ist der Direktor der Schule. Jetzt weißt du, warum wir uns von der Vergangenheit fernhalten sollen. Und ich muss gestehen, ich bin derselben Meinung. Ich habe nicht wie du das Bedürfnis, in der Vergangenheit zu graben. Wir beide, mein lieber Diogo, haben entgegengesetzte Ziele. Du willst erinnern. Ich will vergessen.«

»Niemand kann vergessen«, erkläre ich. »Nur so tun, als ob.«

»Dann lass mich so tun, als hätte ich vergessen.«

Ich verstehe, dass die Erinnerung Benedito belastet. Hier, in diesem Ort, sind Jerónimo und er vor vierzig Jahren auf einen Lastwagen gestiegen, der sie in die Stadt brachte. Sie flohen vor dem Krieg. Aber auch vor dem Elend. Als sie in Beira ankamen, waren sie dünn und verängstigt. Jerónimo fand eine Stelle bei unseren Nachbarn, den Sarmentos. Benedito kam zu uns, er war noch so jung, dass meine Eltern ihn nicht als Hausboy einstellen wollten. Stattdessen wurde vereinbart, dass er im Haushalt helfen sollte, vor allem aber sollte er zur Schule gehen. Den Nachbarn wollten wir sagen, er sei unser Hausboy, um Missverständnisse zu vermeiden. Benedito selbst sollte diese Darstellung gegenüber den Behörden vertreten.

Benedito hatte keine Papiere, aus denen hervorgegangen wäre, dass er schon die Missionsschule in Inhaminga besucht hatte. Er musste bei null anfangen. Aber es gab ein Problem: Um ihn für die erste Klasse anzumelden, durfte er höchstens zwölf Jahre alt sein. Doch Benedito war um einiges älter. Was tun? »Wir setzen eine Geburtsurkunde auf«, erklärte mein Vater. »Willst du Dokumente fälschen?«, fragte meine Mutter. Unser Vater erwiderte: »Das Leben dieses Jungen wurde schon vor langer Zeit verfälscht.«

Vor dem Sekretariat der Schule standen viele an. Mein Vater hielt Benedito an der Hand. Adriano Santiago war der einzige Mann in dem mit weißen Frauen überfüllten Raum. Benedito war das einzige schwarze Kind. Die Neugier der Mütter konzentrierte sich auf meinen Vater – was machte dieser Mann, vermutlich kein Vater, mit diesem Kind hier? Eine mitfühlende Senhora neigte sich neugierig zu Benedito. »Und welchen Jungen hast du hierherbegleitet?«, fragte sie.

»Meine Damen, Sie verstehen nicht: Er ist der Junge!«, sagte mein Vater und legte Benedito beide Hände auf die Schultern. »Ich will ihn anmelden, er wird mit Ihren Kindern zusammen lernen, im selben Raum.«

Am Ende des zweiten Monats forderte meine Mutter Benedito auf, ihr die Schulhefte zu zeigen. Er senkte den Kopf und legte die Hände zur Abbitte zusammen: »Die habe ich nicht mehr, Senhora.«

»Was hast du damit gemacht?«

»Ich habe sie einem anderen Jungen gegeben. Ich gehe nicht mehr in die Schule.«

Er hatte aufgegeben, weil er sich schämte. Die Schulklasse war gemischt, die Mädchen saßen im selben Raum wie die Jungen. »Ich bin ein Mann«, erklärte Benedito mit schriller Stimme im Gegensatz zu der männlichen Aussage. »Ich kann nicht zulassen, dass eine Frau Zeugin meiner Dummheit wird.«

Benedito sagte nicht die Wahrheit. Der wahre Grund war die Brutalität einiger weißer Jungen. Sie beschimpften ihn, stießen ihn in die Ecke. Deshalb wollte er nicht mehr zur Schule gehen. Er gab auf, aber meine Mutter gab nicht auf.

Jeden Nachmittag musste der Junge aus Inhaminga sich mit mir an den Küchentisch setzen. Da machten wir dann gemeinsam die Schulaufgaben. Ich gebe zu, dass ich so manches Mal eifersüchtig darauf war, wie sehr meine Mutter sich um ihn kümmerte. Fast so eifersüchtig, wie ich auf Sandro war.

Wir gehen zum Gästehaus zurück. Benedito besteht darauf, mich zu begleiten. Er sagt, er wolle wissen, wo ich schlafe. »Ich bin schon lange nicht mehr dein junger Herr«, erwidere ich. Benedito lacht nachsichtig. Beim Abschied drückt er mir die Hand, wie es Freunde tun, und greift mir mehrmals ums Handgelenk. In Mosambik umarmen sich die Menschen sogar mit den Fingern. Im Gehen winkt er mir strahlend zu und erinnert mich noch daran, dass wir am nächsten Tag seine Mutter besuchen werden.

Zu meiner Überraschung treffe ich Liana in meinem Zimmer an. Ich dachte, sie habe sich im Haus der Nonnen hingelegt. Aber stattdessen hat sie hier so selbstverständlich wie eine Ehefrau den Schrank und die Schubladen geöffnet. »Ich sehe, dass du die Papiere meines Großvaters mitgenommen hast, alles schön ordentlich in Mappen«, bemerkt sie. »Und ich sehe, mein lieber Dichter, dass du deine alten Manuskripte digitalisierst.«

Sie setzt sich an den Computer. Bleibt schweigend eine Weile sitzen, ganz in Ruhe, zündet sich eine Zigarette an. Ich lege mich hin und sehe zu, wie der Rauch zwischen ihren schlanken Fingern aufsteigt. Ich denke an meinen Vater. Auch als er das Rauchen aufgegeben hatte, blieb er den Ritualen treu. Mit fast weiblicher Eleganz drehte er die Zigarette zwischen den Fingern. Das machte er so kunstvoll und so überzeugend, dass wir den Rauch der Zigarette spürten, die nie angezündet wurde. Immer wieder streifte er durch das Haus unter dem Vorwand, nach Streichhölzern zu suchen. Er wühlte in leeren Taschen, öffnete und schloss Schubladen, sah auf den Schränken nach. Bis er es leid wurde, so zu tun, als ob, und er sich, die Zigarette in der Hand, in seinen alten Sessel fallen ließ. Mit dem Ritual war es an dem Tag vorbei, als die PIDE ihn zum Verhör holte. Stunden später kehrte er zurück, und der Rauchgeruch verriet ihn gleich an der Haustür. »Hast du wieder angefangen zu rauchen?«, fragte meine Mutter. Mein Vater antwortete nicht. Er schwieg noch beharrlicher als während des Verhörs bei der Polizei.

Liana kneift die Augen gegen den Zigarettenrauch zusammen. Sie weiß, dass ich sie beobachte, hebt den Kopf und trommelt mit den Fingern auf den Papieren ihres – wie sie meint – Großvaters.

»Hier fehlt etwas, falls du diese Manuskripte veröffentlichen willst«, sagt sie.

»Und was fehlt da?«

»Wahrheit«, antwortet Liana. »Kein Fünfzehnjähriger schreibt eine so reife Prosa.«

»Doch, ich.«

»Mag sein. Dennoch bleibt der Eindruck, dass all diese Aussagen von einer anderen Person noch einmal aufgeschrieben wurden.«

»Diese andere Person kannst nur du sein.«

Liana erhebt sich langsam, fast tanzend kommt sie auf mich zu. »Wahr, wirklich wahr, sind meine Küsse«, sagt sie. Ich wehre mich zum Schein, halte mir ihre Tasche vors Gesicht.

»Vorsicht, da ist mein Computer drin«, sagt Liana. »Irgendwann werde ich dir zeigen, was ich schreibe ...« Sie zieht eine Mappe mit Papieren aus der Tasche. »Interessiert dich meine Geschichte? Dann lies diese autobiografischen Aufzeichnungen meines Großvaters. Sie stammen vom Anfang der Fünfzigerjahre. Meine Mutter war gerade auf die Welt gekommen.«

»Ist das alles wahr?«, frage ich.

»So wahr wie alles andere, was du schon gelesen hast.«

Der Boden des Körpers

Die Dokumente des PIDE-Agenten

Du wirst lernen,
dass Stille nicht existiert.
Und dann wirst du
den Tod nicht mehr fürchten.

Du wirst tausend Sprachen lernen.
Aber sterben wirst du immer
in einer unbekannten Sprache.
ADRIANO SANTIAGO

DOKUMENT NR. 29
Erstes Fragment der Autobiografie des Inspektor Óscar Campos
Lourenço Marques, 12. November 1951

An jenem Nachmittag hielt ich meine übliche Siesta im Arbeitszimmer meines Hauses in Lourenço Marques. Ich schlief ein mit einer Pistole auf der Brust, doch ohne jede Absicht, mich zu verteidigen. Ich behielt die Waffe bei mir, weil ich fürchtete, meine Ehefrau Vitória Nogueira Campos könnte durchdrehen und die Waffe auf sich selbst richten. Vitória war aus der psychiatrischen Anstalt zurückgekommen, und ich gestehe mit schlechtem Gewissen, dass ich den Tag verflucht habe, an dem sie entlassen wurde. Jetzt erholte sich die demente Vitória, die einmal meine sanfte Ehefrau gewesen war, zu Hause in der Obhut eines schwarzen Krankenpflegers. Es entbehrte nicht einer gewissen Ironie: Meine Frau schlief allein im Schlafzimmer mit einem ansehnlichen Schwarzen, während ich das Arbeitszimmer mit einer reizvollen Schwarzen, dem Hausmädchen Danai Fumo, teilte.

An diesem Nachmittag fuhr ich aus einem prophetischen Albtraum hoch. Ich träumte, ich sei ein alter Mann, älter als mein eigener Vater. Und ich sah mich am Ende aller Zeit am Ufer des Rio Chiveve sitzen, die Füße versunken im dunklen Schlick. Ich blickte zum Horizont und fand meine bedrückende Vermutung bestätigt: Ich war der einzige Weiße auf dem ganzen afrikanischen Kontinent. Die Einheimischen behandelten mich wie eine lebende Reliquie. Ich war eine Statue, beschützt von einem Sonnenschirm. Die Schwarzen warfen mir Münzen zu und säuberten mich vom Vogeldreck. Plötzlich sah ich den schwarzen Krankenpfleger Arm in Arm mit meiner Frau spazieren gehen. Wütend wollte ich mich erheben, stolperte aber über meine eigenen Füße. Da erst nahm ich wahr, dass ein Stein an meiner Brust hing, auf dem zu lesen stand: »Der letzte Siedler auf afrikanischem Boden«.

Ich wachte mit Schmerzen im ganzen Körper auf, halb erstickt von dem Schrei, der mir in der Kehle steckte. Das Hausmädchen beruhigte mich, wischte den Speichel ab, der mir über das Kinn rann. Ich verlangte aggressiv: »Die Füße, Mädchen, mach mir die Füße sauber, die sind voller Schlick.« Danai Fumo war die Wahnvorstellungen ihres Herrn gewohnt. Seit Monaten quälten mich misstrauische Vermutungen. Ich wusste über das Leben anderer Leute Bescheid, aber nicht, was in meinem eigenen Haus geschah. Und erst recht nicht, was sich in meinem armen Kopf abspielte.

Dass ich nicht im Ehebett schlief, spielte keine große Rolle. Schließlich hatte ich meiner Frau nie sehr nahegestanden. Damals galt es, sich eine ergebene Gattin zu suchen, keine feurige Geliebte. Ehemann sein erforderte mehr Disziplin als Leidenschaft. Meine Gleichgültigkeit verstärkte sich durch

Vitórias Krankheit. Durch ihren Wahnsinn wurde meine Frau zu einer Unbekannten, und aus Respekt gegenüber dieser Fremden zog ich in ein anderes Bett um, zwischen den Regalen und Schränken des Arbeitszimmers. Ich blieb möglichst lange bei der Arbeit, erfand Aufgaben, zog sie in die Länge. Ich verbrachte ganze Nächte in meinem Büro, nur ein halbes Dutzend Meter entfernt von den Häftlingen. Mitunter überkam mich der dringende Wunsch, zu Hause anzurufen. Es war sinnlos. Vitória hätte nicht abgenommen. Und der schwarze Pfleger hatte die Anweisung, niemals mein Arbeitszimmer zu betreten, wo sich das Telefon befand. Ich war sicher, dass er sich strikt daran hielt, denn er war ausgesucht worden, weil er ein Informant unserer Polizeieinheit war.

Unter meinen Kollegen bei der Polizei hieß es, der schwarze Pfleger würde niemals ans Telefon gehen, weil er viel zu sehr mit Dingen beschäftigt sei, die weit über das hinausgingen, was von ihm erwartet wurde. Doch noch hatte niemand Beweise dafür.

Und so vergingen Monate. Entgegen allen ärztlichen Ratschlägen wurde Vitória schwanger. Entgegen allen Prophezeiungen hatte sie eine glückliche Schwangerschaft. Und wie unglücklich machte mich dieses Glück!

Neun Monate lang zog ich mich immer mehr in mein Arbeitszimmer zurück. Ich begann mit einer merkwürdigen Beschäftigung: Ich zeichnete eine Landkarte mit den Stammesgebieten der Region Inhaminga. Ich breitete die Karte aus, befestigte sie an der Wand, betrachtete stundenlang mein Werk und versuchte zu verstehen, wie sich die Stammeszugehörigkeit der Bevölkerung von Inhaminga in der Geografie niederschlug.

Eines Tages roch es nach Rauch, als ich nach Hause kam. Im Mülleimer lag zusammengeknüllt und angekokelt meine grandiose Karte. Auf dem Tisch fand ich einen Zettel, darauf in Vitórias Schrift: »Ich habe Mosambik angezündet, um deine Wahnvorstellungen von glorreichen Schlachten endgültig zu vernichten. Übrig bleibt von diesem Land nichts als ein verkohltes Stück Papier.«

Mich packte die Wut. »Ich schicke dich ins Mutterland!«, brüllte ich durch das Haus. Vitória kam an die Schlafzimmertür und erwiderte gelangweilt: »Mein armer Mann, hast du nicht kapiert, dass du Portugal niemals verlassen hast? Keiner von uns ist von da weggegangen. Es gibt nur eine Landkarte, und die befindet sich in deinen Augen.«

An diesem Abend nahm ein anderer Geist von mir Besitz. Ich sah mich selbst eine Art Zeremonie praktizieren, die sich leider Gottes bis an mein Lebensende wiederholen sollte. Ich entledigte mich meiner Kleider und der Schuhe. Dann setzte ich mich vollkommen nackt auf den Fußboden und kippte mir kräftige Schlucke Schnaps in die Kehle. Anschließend legte ich mich auf den Rücken und entleerte die restliche Flasche auf meinem Körper. Der Schnaps durchtränkte meine Brust, die Arme und die Beine, als tränke ich durch die Poren, als wäre mein ganzer Körper ein einziger Mund. Die Kühle des Alkohols drang zwischen alle Falten, und aus der ausgetrockneten Mumie, für die ich mich inzwischen gehalten hatte, erwachte das lebendige Fleisch eines anderen Geschöpfs. Ich schlief ein, umnebelt von säuerlichem Kneipengeruch. In dieser Situation fühlte ich mich den Schwarzen verwandt, die vor dem Einschenken zum Gedenken an die Toten immer ein paar Tropfen auf den Erdboden spritzen. Aber ich hatte keinen anderen Boden als meinen eigenen Körper.

DOKUMENT NR. 30
Zweites Fragment der Autobiografie des
Inspektor Óscar Campos
Lourenço Marques, 15. Oktober 1953

Zwei Jahre, nachdem sie Mutter geworden war, wurde meine Frau erneut in die psychiatrische Klinik eingewiesen. Mir bereitete dies mehr Erleichterung als Trauer. Von unserer Ehe blieb nur eines: meine Tochter, die kleine Ermelinda. Die Abwesenheit der Mutter brachte keinerlei Veränderung in meinen Alltag. Um das Kind hatte sich von Anfang an Danai gekümmert, sie wurde zum Kindermädchen. Und sie nannte die Kleine »Almalinda«. Weil ich es so oft hörte, vergaß ich schließlich ihren Taufnamen. Am Wochenende nahm ich das Kind mit in die Klinik. Aber die Besuche wurden sinnlos, Vitória erkannte ihre Tochter nicht mehr.

»Bringen Sie sie auch weiterhin mit«, bat die Nonne, die das Heim leitete. Es geschah etwas mit Vitória, das ich mir nicht vorstellen konnte. Nach jedem Besuch ging meine Vitória in ihr Zimmer zurück und verkündete, sie sei schwanger. Sie rief in alle Himmelsrichtungen, dass sie ein Kind in sich trage. Nicht nur in ihrem Leib, sondern im ganzen Körper. Nicht die Schwangerschaft machte ihr zu schaffen, sondern der Gedanke an die künftige Geburt. Denn wie sollte sie ein Kind gebären, das den ganzen Körper der Mutter ausfüllte?

An Almalindas zweitem Geburtstag suchte mich Natália Pais auf, die Leiterin der Nationalen Frauenbewegung. Die vornehme Dame wollte mir einen Rat geben: Ich solle das Mädchen außer Landes bringen. In Portugal gebe es hervorragende Waisenhäuser und ich würde mühelos einen Platz für meine Tochter erhalten. Eine Sozialarbeiterin würde das Kind auf der Fahrt nach Lissabon begleiten. »Wer?«, fragte ich. »Ich selbst«, antwortete Natália.

Ich versprach, ich würde darüber nachdenken. In Wirklichkeit stellte sich mir die Frage gar nicht. Eine Woche später ging ich energisch den Kai entlang. Es hatte geregnet, der Boden war nass, und ich trat sorglos in den Matsch. Hinter mir ging das Hausmädchen mit der kleinen Almalinda auf dem Arm. Das Kind war so dick in Tücher gewickelt, dass es wie ein Paket aussah. Natália Pais kam wenig später, mit ihr zwei Hausboys, die mehrere Koffer trugen. Sie wandte sich sofort an Danai und befahl, das Kind auszuwickeln. »Eine Unart von diesen Leuten, bei dieser Hitze das Kind so einzupacken!«

Kaum war Almalinda ausgepackt, fing sie an zu weinen. Danai wickelte sie wieder ein und presste sie sich an die Brust.

Natália Pais nahm mich beiseite, um mir einen Rüffel zu erteilen. »Meine Töchter«, sagte sie, »wurden von diesen Leuten nie auf dem Rücken getragen, in dieser Gluthitze. Sehen Sie sich an, wie gebräunt Ihre Tochter ist. Und ihre Haare kringeln sich schon, weil sie ständig von dieser Schwarzen auf dem Rücken herumgeschleppt wird.«

Dann erklang das dumpfe Tuten der Schiffssirene und kündigte die Abfahrt an. Menschen und Waren wurden schnell an Bord gebracht.

Beim Abschied hob Danai das Kind hoch und küsste es überschwänglich unter Tränen.

»Halt, Mädchen, du bringst die Kleine ja um!«, sagte Natália.

Danai presste sich das Kind an die Brust, als wehrte sie sich dagegen, dass man ihr einen Körperteil nahm. Natália Pais richtete sich auf, riss ihr das Kind aus den Armen und gebot Ordnung.

»Schluss jetzt!«, befahl sie. »Nie wieder wird jemand dieses Kind Almalinda nennen. Das Mädchen heißt Ermelinda! Ermelinda, hast du verstanden?«

Die Nachrichten, die ich Monate später aus Lissabon erhielt, waren, gelinde gesagt, seltsam. Und sie bestätigten Natália Pais' abergläubische Befürchtungen. Die Heimleitung teilte mir mit, an dem Mädchen zeigten sich seltsame Veränderungen. Zuerst wurden ihre Lippen und die Nase dicker. Dann war es das Haar – es kräuselte sich, rollte sich auf wie Stroh im Feuer. Zum Schluss die Haut: Sie wurde dunkler, als dränge eine andere Rasse aus ihrer Seele. Man brachte sie zum Arzt. Es gab keine klinische Diagnose. Nur den ernsthaften Verdacht, dass Ermelinda wirklich Almalinda war.

Lange Arme, schmale Schultern

Inhaminga, 13. März 2019

Schweigen ist meine Muttersprache.
Adriano Santiago

Inhaminga wirkt weniger bedrückend auf diesem Rundgang, den ich frühmorgens auf eigene Faust unternehme. Ich suche Plätze auf, die ich am Tag zuvor nicht gesehen habe. Doch der Ort ist beengt, fast als bereute er seine Existenz. Während ich umhergehe, erinnere ich mich an die Zeilen meines Vaters: »Kleine Orte haben lange Arme und schmale Schultern. / Die Arme wollen die Welt umfangen. / Doch die Schultern verhindern, dass wir uns von uns selbst entfernen.«

Ich stamme nicht aus Inhaminga. Aber ich komme ebenfalls aus einem kleinen Ort, wo alle ihre Liebe zur Heimat bekräftigten, aber sich insgeheim danach sehnten, wegzugehen. Das Leben in dieser Stadt bewegte sich zwischen Schuldgefühl und Angst. Wer blieb, hasste jene, die weggingen, und warf ihnen Verrat vor. Wer wegging, hasste jene, die blieben, und bezichtigte sie, feige zu sein.

Letztlich verstehe ich Benedito und seine Geschwister. Sie flohen vor dem Krieg. Aber auch ohne diesen Grund hätten sie irgendwann das Dorf verlassen. Der Krieg hat einen breiten Rücken. Wir benutzen ihn als Erklärung dafür, was geschah, und als Rechtfertigung dafür, was nicht geschah.

Ohne mir dessen bewusst zu sein, stehe ich wieder vor dem Gästehaus. Während meines kurzen Spaziergangs ist viel geschehen. Die Strohmatratze wurde in die Sonne gelegt. Die Laken sind auf dem Rasen ausgebreitet. Aus dem Haus höre ich das Klappern von Putzeimern und das Geräusch von Wasser, das ausgeschüttet wird. Während ich den Raum betrete, ziehe ich schon das Hemd aus, ich will das restliche warme Wasser aus den Eimern nutzen. Liana kommt, in ein Handtuch gewickelt, gerade aus der Dusche. Sie bittet mich, ihren Koffer aus dem Wohnzimmer zu holen. Auf dem Weg durch das Haus begegnen mir auf dem Fußboden verstreute Kleidungsstücke. Im Wohnzimmer treffe ich zu meiner Überraschung auf Pater Januário. Er sitzt friedlich auf dem einzigen Stuhl im Raum, als hätte er dort die Nacht verbracht. Mir ist peinlich, dass er mich so sieht, völlig zerzaust, barfuß und in Unterhose.

»Benedito hat mich informiert, dass Sie hier sind«, erklärt er, als bitte er für seinen Besuch um Entschuldigung.

Gleich darauf ist Lianas Stimme zu hören. Sie fragt, wer mit mir im Wohnzimmer sei. Ich antworte nicht.

»Ich will nicht stören. Ich kann später wiederkommen«, murmelt der Pater. »Ich muss mit Ihnen sprechen. Und auch mit Liana.«

Wieder drängen mich Lianas Rufe. Sie beschwert sich, ruft, sie sei nackt und brauche dringend Hilfe.

»Ich bin gleich wieder da, Senhor Padre.« Lianas halb geöffneten Koffer mit mir schleppend, verlasse ich das Wohnzimmer. Unterwegs fällt Unterwäsche heraus.

Im Schlafzimmer, die Tür hinter mir fest geschlossen, gestikuliert Liana halb lachend, halb flüsternd, ich solle den Pater wegschicken. »Sag ihm, wir kommen nachher zu ihm in die Kirche.«

Zurück im Wohnzimmer, sehe ich den Pater an der Tür. Er will gerade gehen. Vorher reicht er mir aber einen Rucksack. »Ich habe Ihnen diese Dokumente mitgebracht, sie gehörten

Ihrem Cousin Sandro. Sie können sie behalten. Wir können ja am Nachmittag bei mir einen Tee trinken.«

Der Pater geht. In Sandros Rucksack befinden sich mehrere Exemplare der Zeitschrift *O Cruzeiro* und des *Reader's Digest*. Außerdem ein Stapel mit Gedichten meines Vaters. Auf der Maschine geschrieben und mit Anmerkungen für eine Veröffentlichung versehen. Auf dem ersten Blatt eine Widmung meines Vaters: »Lieber Sandro, ich habe Bücher geschrieben, weil ich mein Leben nie selbst gestalten konnte. Ich hoffe, du kannst deine Träume leben.«

Am späten Nachmittag gehen wir zu Pater Januário. Er empfängt uns in ziviler Kleidung vor seinem kleinen Haus. Fast hätte ich ihn nicht erkannt. Er lädt uns auf die Veranda ein, in den Schatten einer riesigen Kasuarine. In dem Kräutertee, den er uns serviert, steht der Zucker, und die Aluminiumbecher sind zu heiß. Wir stellen sie auf den Boden, ein guter Vorwand, den Tee zu vergessen.

Januários Freundlichkeit hat ihre Grenzen. Er hat es eilig, Liana unter vier Augen zu sprechen. Eines Tages, wenn mehr Zeit ist, will er seine große Dankbarkeit äußern für alles, was wir für seine Familie getan haben. Aber jetzt hat er mich mehr aus Höflichkeit dazugebeten. Das, worüber er mit Liana sprechen will, sind, in seinen Worten, private und heikle Angelegenheiten. Es geht um eine Beichte, erklärt er, damit es keine Missverständnisse gibt. Die Ironie dabei ist: Er war Priester und hat die Beichte jemandem weitererzählt, der nicht zur Kirche gehörte.

»Ich will Sie raushalten, mein lieber Freund, nehmen Sie es mir nicht übel. Sie sind Marxist. Wie sagte schon Pater Martens: Die Marxisten glauben nicht an die Beichte, bitten aber immer um die Absolution.«

Ich gehe allein zurück in den Ort. Ich sehe noch Liana, die

mir, an einen Terrassenpfeiler gelehnt, zum Abschied winkt. Zurück beim Gästehaus, schleppe ich die Matratze wieder ins Zimmer. Lege mich hin und betrachte schläfrig die Blätter des Ventilators unter der Decke, bis sie zu meinen eigenen Lidern werden.

Liana reißt mich abrupt aus dem Schlaf. Angespannt rückt sie zwei Stühle an den Tisch im Wohnzimmer. Sie zündet eine Lampe an und weist mir den Platz neben ihr zu. Sie wedelt mit dem Mobiltelefon und verkündet: »Ich habe alles aufgenommen!« Dann schaltet sie das Notebook ein und fordert mich auf, die Erklärungen mitzuschreiben, die sie gerade beim Pater aufgenommen hat. Sie spricht energisch, wie ein Detektiv, der gerade dabei ist, ein Verbrechen aufzuklären. Ich schreibe, sie bedient das Aufnahmegerät.

»Du kannst schneller tippen als ich«, rechtfertigt sie sich. »Aber du schreibst nur, was ich diktiere.«

»Hast du Angst, ich könnte etwas dazudichten?«, frage ich.

»Nein, aber ich trage Kopfhörer, nur ich höre Januários Stimme.«

Erklärung des Pater Januário Fungai

Wie erbeten, stelle ich mich zuerst vor. Ich heiße Januário Fungai, mein Priesteramt übe ich in der Kirche des Heiligen Herz Jesu in Inhaminga aus. Diese Erklärung gebe ich aus freien Stücken ab. Ich beginne damit, dass ich Ihre Mutter Ermelinda Campos gekannt habe. Es muss das Jahr 1973 gewesen sein, ich war noch sehr jung, wesentlich jünger, als Sie jetzt sind. Ihre Mutter war hier, in dieser Mission. Sie sehen ihr übrigens sehr ähnlich.

Ich muss zwei Geständnisse machen. Welches schwerwiegender ist, weiß ich nicht. Ich gehe chronologisch vor und beginne am Anfang. Eines Tages, als ich in Vila do Búzi die Messe las, ließ mir Ihr Großvater, Inspektor Óscar Campos, ausrichten, ich solle umgehend zu ihm kommen. Er wies mich an, Ihre Mutter, die gerade aus dem Wasser gerettet worden war, nach Inhaminga mitzunehmen. Ein Fischer namens Arlito Muporofeta sollte uns in seinem Boot mitnehmen.

Am Anleger erhielt ich zusätzliche Anweisungen. Ihr Großvater verlangte, ich solle den Fischer beseitigen, sobald es möglich sei. Es dürfe keine Zeugen dafür geben, dass Ihre Mutter überlebt hatte. Von dem Drama dürfe es nur eine einzige Version geben: Ermelinda Campos sei für immer im Wasser des Punguè verschwunden. Daran habe ich mich gehalten. Ich konnte nicht anders, als diese Anweisung zu befolgen, so grausam sie auch war. Sie müssen wissen, verehrte Liana, ich war damals nicht nur Priester, sondern auch Agent der portugiesischen Geheimpolizei. Ich war ein Untergebener von Óscar Campos. Ich hatte keine Wahl.

Ich erzähle Ihnen jetzt, wie es geschah. Es war früher Morgen, als wir am Anleger von Búzi ins Boot stiegen. Wir überquerten die Bucht, nur wir drei. Vorn der Fischer und ich. Hinten die junge Ermelinda, die unbedingt Almalinda genannt werden wollte, mit einer Capulana bedeckt. Als das Boot am menschenleeren Strand des Régulo Luís anlegte, half ich ihr beim Aussteigen und führte sie an einen schattigen Platz am Strand. Dann ging ich zum Bezahlen zurück zum Boot. Während der Fischer das Geld zählte, schlug ich ihm mit einem Ruder auf den Kopf. Er stürzte leblos ins Wasser, seine Arme und Beine trieben wie Tücher im der Strömung.

Ich ging weg, stieg auf die Düne, die den Strand begrenzt. Als ich mich umblickte, sah ich etwas, an das ich noch heute kaum zurückdenken mag: Die Leiche des Fischers begann, sich aufzurollen, und nach und nach verwandelte der Fischer sich in eine Piroge. Nun schaukelten zwei Boote nebeneinander, und so, nebeneinander, trieben sie hinaus auf das Meer, von keiner Welle, keiner Brise beeinflusst. Noch heute bekreuzige ich mich, wenn ich daran denke. Dies ist mehr als ein Mysterium, es ist Ketzerei. Mysterien haben wir viele, wir sind Afrikaner. Aber kein Teil von mir kann verstehen, was da geschah.

Ihre Mutter blieb eine Weile bei uns in der Mission. Sie war sehr schön, unglaublich verführerisch. Mitunter war die Verlockung, die ich spürte, stärker als der Ruf Gottes. Nach wenigen Tagen war ich hoffnungslos verliebt. Ich beobachtete sie heimlich im Bad, träumte von ihr, flehte zu Gott, sie möge mir gehören, und sei es nur für eine Nacht. Hier, Liana, sehen Sie sich diese Zeichnungen an. Darf ich sie auf dem Tisch ausbreiten? Achten Sie nicht auf mein mangelndes Talent. Aber man sieht doch, dass es immer dieselbe Frau ist, Almalinda, Ihre Mutter. Ich gestehe, mitunter zeichnete ich sie auch vollkommen entblößt. Sehen Sie sich dieses Aquarell an. Mag sein, dass es keine große Kunst ist. Aber ich glaubte, die Zeichnungen seien lebendig, ich legte sie mir auf die Knie und sündigte und betete, ich sündigte und betete, alles zur gleichen Zeit.

Dann suchte noch jemand Zuflucht in unserer Mission. Ein weißer Soldat namens Sandro, der aus den Reihen des portugiesischen Militärs geflohen war. Wir mussten ihn so lange verstecken, bis wir einen sicheren Weg gefunden hatten, ihn aus Mosambik herauszubringen. Nach kurzer Zeit jedoch ließen dieser Deserteur, besagter Sandro, und Ihre Mutter Almalinda Anzeichen einer Liebesbeziehung erkennen. Ich überraschte sie mehrmals dabei, wie sie beieinander schliefen. Eifersucht trübte mir den Verstand.

Also fand ich eine Möglichkeit, den Rivalen loszuwerden. Damals kam ein portugiesischer Soldat regelmäßig zu mir zur Beichte. Ich verriet ihm, dass Sandro sich in der Mission befand. Ich dachte, die Angelegenheit würde auf andere Art behandelt, sozusagen offizieller. Irrtum. An diesem Tag kam der Portugiese in Begleitung von zwei jungen Männern in Uniform. Sandro versuchte noch zu fliehen und versteckte sich im Lagerraum. Die Soldaten riefen ihn. »Komm her, Sandrinha, na komm schon, Süße.« Sie brachen die Tür auf, dann hörte ich Schreie und Schreie und noch mehr Schreie. Als die Schreie aufhörten, kamen die Soldaten heraus, einer mit Sandros Hose in der Hand, ein anderer mit seinem Unterhemd. Ich stand wie erstarrt da, hatte nicht den Mut, in das Lager hineinzugehen, hatte für nichts Kraft, konnte nur zu Gott beten und um Vergebung dafür bitten, dass ich diese Männer geholt hatte.

So ist es gewesen, so ist Sandro verschwunden. In derselben Nacht lag ich im Schlaf, als sie Sandros Leiche abgeholt haben. Ohne Zeugen warfen sie ihn in ein Massengrab, in dem schon Dutzende andere Leichen lagen. Die Toten in diesem großen Grab waren alle von derselben Rasse: der Rasse der Verräter. Am nächsten Tag warf der Verwalter den holländischen Patern vor, sie böten Deserteuren Unterschlupf. Und ich habe gehört, die Patres hätten am Abend davor den Befehl erhalten, Mosambik zu verlassen.

Jahrelang traten zwei Gespenster in meinen Albträumen auf: der Fischer Arlito Muporofeta und Sandro Santiago, der junge Deserteur. Der einzige Mensch, dem gegenüber ich diese beiden Verbrechen gestanden habe, ist meine Schwägerin, die Frau, die Sie unter dem Namen Maniara kennen. Ich habe zu ihr gesagt: »Schwägerin, ich habe zwei Männer getötet, beide waren jung und unschuldig.« Sie hat mich lange ausdruckslos angesehen und dann nur gesagt: »Du bist dicker geworden, Januário. Sie sorgen gut für dich, in der Kirche der Weißen.«

Ich war enttäuscht. Ich wickelte die Maniokwurzeln, die sie mir geschenkt hatte, in ein Tuch und verabschiedete mich. Als ich ging, hielt Maniara mich am Arm fest und sagte: »Du bist dicker, Schwager Januário, aber nicht dick genug, um jemanden zu töten.«

Dann verriet sie mir, dass Sandro nicht gestorben war. In der Nacht, als sie seine Leiche holen wollten, fanden sie niemanden. Sandro war geflohen. Zusammen mit den Patres, im selben Auto. Niemand hat Sandro umgebracht, niemand hat die holländischen Patres außer Landes gewiesen. Alle sind auf eigene Faust geflohen. Und der Fischer, dieser Muporofeta, ist auch nicht gestorben. Von dem Schlag, den ich ihm versetzt hatte, war er nur betäubt. Aus Búzi kam die Nachricht, er sei körperlich in guter Verfassung, könne sich aber nicht daran erinnern, was mit ihm geschehen war.

Ich wünschte, verehrte Liana, dieser Gedächtnisschwund hätte mich ereilt. Und dass es dieses Geständnis nicht gäbe, denn dann hätte die Vergangenheit nie stattgefunden.

Die Schuld der Unschuldigen

Die Dokumente des PIDE-Agenten

Poeten sind Propheten. Mein Mann ist ein vergesslicher Prophet.
Erst hat er die Zeit vergessen.
Dann hat die Zukunft ihn vergessen.
Virgínia Santiago

DOKUMENT NR. 31
Auszug aus meinem Tagebuch
Beira, 25. April 1973

Ich stand auf und warf einen Blick in das Schlafzimmer meiner Eltern. Die Betten waren unberührt. Meine Mutter war die ganze Nacht über aufgeblieben, sie hatte nicht schlafen können in dem Wissen, dass man ihren Mann verhaftet hatte. Ich fand sie in der Küche auf einem Stuhl, mit einem Pinsel in der Hand. »Ich male«, sagte sie, als wäre sie mir eine Erklärung schuldig. Ich setzte mich zu ihr, ich begriff, dass meine Mutter sich lediglich wünschte, es gäbe keine Wände. Sie wollte sich selbst vergessen. Kurz darauf klopfte es an der Haustür. Es war ein Bote von der Polizei. Meine Mutter und ich sollten im Gefängnis der PIDE erscheinen, wohin man meinen Vater am Abend zuvor gebracht hatte.

Inspektor Óscar Campos erhob sich, um uns zu begrüßen. Er sah blass aus und wirkte zutiefst verstört. Neben ihm saß ein weiterer Agent. Er war sehr schlank, hatte eine niedrige Stirn und eine Hakennase. Mit ehrfürchtiger Geste stellte

Campos seinen Kollegen als den frisch aus Lourenço Marques eingetroffenen Direktor vor.

»Wir haben eine schlechte Nachricht, Dona Virgínia«, verkündete der Inspektor.

»Gute Nachrichten gibt es in dieser Welt nicht mehr«, murmelte meine Mutter.

»Ihr Mann ist im Gefängnis.«

»Und wie lange muss er dort bleiben?«, fragte Virgínia fast herablassend.

»Wir haben ihn nicht verhaftet. Er hat sich gestellt.«

»Gestellt? Mein Adriano hat sich gestellt?«

»Er hat gestanden, dass er den Tod von Ermelinda verursacht hat … der Tänzerin, die beim Friedhof in den Tod gestürzt ist.«

»Adriano hat sie umgebracht?«, fragte meine Mutter fassungslos.

»Das gerade nicht«, antwortete der Inspektor. »Aber sie hat sich seinetwegen umgebracht.«

»Und das glauben Sie?«

»Adriano Santiago hat alles freiwillig gestanden«, sagte der Inspektor rasch. »Ihr Mann hat uns viel Zeit und Arbeit erspart. Wenn alle Verdächtigen sich freiwillig stellten, würden wir alle arbeitslos.«

»Mein Mann denkt sich Geschichten aus«, erklärte Virgínia. »Alles, was er Ihnen erzählt hat, ist gelogen. Er hat sich das alles nur ausgedacht, um mich zu ärgern.«

Da ergriff der andere Polizist, der stellvertretende Direktor aus Lourenço Marques, das Wort. Er lehnte sich in seinem Stuhl zurück, verschränkte die Hände im Nacken und flötete mit weiblich klingender Stimme: »Das nächste Mal, werte Senhora, sofern es ein nächstes Mal gibt, sperren Sie Ihren Mann besser im Haus ein. Das würde allen weniger Arbeit machen und den Staat weniger Geld kosten.«

»Wo ist mein Mann, Inspektor?«, fragte Virgínia.

»Da, wo er hingehört, in einer Zelle«, erklärte der Direktor nachdrücklich.

»Aber ist es da auch sauber, in seiner Zelle?«, fragte meine Mutter besorgt. »Sind die Laken frisch gewaschen? Kann ich sehen, wo er schläft? Bekommt er auch zu essen?«

Die Fragen sprudelten nur so hervor, dann brach meine Mutter in Tränen aus. Niemand, nicht einmal ich, rührte einen Finger, um sie zu trösten. Nach einer Weile fasste sie sich wieder. Sie zog ein Taschentuch aus ihrer Tasche und trocknete sich das Gesicht.

»Ich möchte Sie um etwas bitten, Senhor Direktor«, flüsterte sie hinter dem Tuch.

»Ich weiß schon, worum Sie mich bitten wollen, Dona Virgínia. Aber ich kann nicht«, wehrte der Direktor ab. »Ich kann Ihren Mann nicht freilassen.«

»Im Gegenteil, Exzellenz«, erklärte sie entschieden. »Ich möchte, dass Adriano in Haft bleibt. Er soll in den Verliesen der PIDE versauern.«

»Es sind keine Verliese«, entgegnete der Direktor mit seiner flötenden Stimme. »Es sind Zellen. Und es ist nicht die PIDE, Senhora. Das heißt jetzt DGS.«

»Dann soll er in den Zellen der DGS versauern«, antwortete meine Mutter und machte Anstalten, sich zu erheben. Für sie war die Angelegenheit erledigt.

Der stellvertretende Direktor forderte sie auf, sitzen zu bleiben. Ich legte meiner Mutter einen Arm über den Schoß, um sie am Aufstehen zu hindern. Mit einer Ruhe, die mich selbst überraschte, ergriff ich das Wort.

»Werden Sie meinen Vater foltern, Senhor Inspektor?«

»Niemand wird deinen Vater auch nur anfassen«, beruhigte mich Inspektor Campos. »Wir foltern nicht, nur in wenigen extremen Fällen wenden wir überzeugendere Methoden an.

Aber hier ist das anders als im Mutterland. Hier werden die Häftlinge nicht von uns geschlagen. Das macht ein Neger. Einer ihrer eigenen Rasse.«

»Eines kann ich Ihnen versprechen«, sagte meine Mutter, wobei sie wie abwesend wirkte, »meinem Adriano wird es immer gut gehen, solange Sie ihn schreiben lassen. Wenn Sie ihn strafen wollen, nehmen Sie ihm Papier und Stifte weg. Er soll versauern, mitsamt seinen Gedichten.«

»Mutter, bitte …«

»Das muss sein, Diogo«, erklärte sie angesichts meines fassungslosen Blicks. »Dein Vater muss es lernen. Ich habe es satt. Richtig satt.«

Wir waren schon an der Tür, als ein Polizist mir einen Arm um die Schulter legte. Ich dachte, er wolle mich trösten. Aber er zog mich nur von meiner Mutter weg. »Dein Vater möchte mit dir sprechen«, flüsterte er mir zu. Er führte mich durch einen mit Neonlampen beleuchteten Gang und hielt ungeduldig inne, als er merkte, dass meine Mutter uns folgte.

»Nur Ihr Sohn, Dona Virgínia«, beschied er ihr. »Anweisung Ihres Mannes.«

Die Zelle war klein und wirkte noch kleiner, weil mein Vater quer auf einem Eisenbett lag. Es gab keinen Stuhl, nur einen Tisch. Der Polizist forderte mich auf, mich auf den Tisch zu setzen. Dann ging er, mit dem Hinweis, wir hätten fünf Minuten. Die Metalltür fiel laut ins Schloss. Unbeeindruckt und mit geschlossenen Augen hob mein Vater einen Arm.

»Tu mir einen Gefallen, Diogo, jetzt, wo wir unter uns sind, gib mir meine Brille.« Er lachte amüsiert. Das waren Fernando Pessoas letzte Worte. »Wahrscheinlich sterbe ich jetzt«, sagte er noch.

»Hast du wirklich eine Affäre mit dieser Frau gehabt?«, fragte ich.

»Affäre ist nicht der passende Ausdruck, wenn es um Liebe geht.«

»Alle deine Freunde versichern, dass du diese Frau nie gekannt hast. Du hast viele Frauen gehabt, sagen sie. Aber diese hast du nicht mal kennengelernt. Warum erfindest du diese Fantasiegeschichte, wenn du doch weißt, dass wir alle darunter leiden?«

»Das ist keine Fantasiegeschichte, mein Sohn. Es ist wahr. Ich will dir etwas sagen: Zum ersten Mal erlebt dein alter Vater, was lieben heißt.«

»Komm nach Hause, Vater. Mutter wird dir verzeihen.«

»Deine Mutter ist eine leidenschaftliche Frau. Und Leidenschaft will nicht Vergebung. Leidenschaft will Rache.«

Mein Vater richtete sich, auf die Ellbogen gestützt, halb auf und winkte mich heran. Verstohlen schob er mir einen winzigen Schlüssel in die Hände und sagte, sobald ich zu Hause sei, solle ich eine Blechdose in seinem Arbeitszimmer suchen. Dose und Schlüssel solle ich Faustino Pacheco bringen. Auf der Straße solle ich mich vergewissern, dass mir niemand folgte.

»Und was, wenn ich erwischt werde?«, stammelte ich und steckte den Schlüssel in die Hosentasche.

»Du bist ein Kind, niemand wird dich überprüfen. Und jetzt geh und mach nicht so ein Gesicht.«

Beim Hinausgehen hörte ich wieder den Lärm der Metalltür. Diese Tür trennte zwei Höllen. In meinem Innern grinste ein Engel diabolisch.

DOKUMENT NR. 32
Schreiben des Inspektor Óscar Campos an den
Häftling Adriano Santiago
Beira, 26. April 1973

Werter Dichter,
Sie haben sicherlich festgestellt, dass meine Vorgesetzten mir für die Verhöre einen ranghöheren Mitarbeiter aus Lourenço Marques zur Seite gestellt haben. Wissen Sie, was das bedeutet? Es bedeutet, dass ich mich von diesem Fall zurückziehe. Dafür gibt es einen einfachen Grund: Almalinda ist meine Tochter. Erst jetzt, nach ihrem Tod, habe ich erfahren, dass sie eine Agentin der PIDE war. Ich wusste auch nicht, dass sie in Mosambik war und sich als Prostituierte ausgab.

Aber so verfahren wir mit unseren Agentinnen, die in die Höhlen des sündigen Lebens eingeschleust werden. Dieser Trick ist nicht besonders originell. In der Glut der Freudenhäuser gewinnen die Frauen das Vertrauen unserer Feinde. Selbst die Verschwiegensten fangen irgendwann an zu reden. Je weniger bekleidet, umso mehr packen sie aus. Das wissen die Frauen. Und wir auch. Nach diesem Prinzip gehen wir vor. Deshalb ziehen wir die Verdächtigen aus, bevor wir sie foltern.

Lassen Sie mich Folgendes sagen: In Ihrem Fall gibt es Verwicklungen, von denen Sie nichts wissen. Es handelt sich nicht, wie Sie denken oder sich ausdenken, um einen Selbstmord aus Liebe. Erinnern Sie sich an das Rätsel um die *Angoche*, das Schiff, das vor Monaten verschwunden ist? Es gibt keine brisantere Ermittlung in unserer Behörde. Und meine Tochter war im Zentrum dieser Ermittlungen. Sie und eine gewisse Olívia, die vor wenigen Monaten am selben Ort und unter denselben Umständen zu Tode gekommen ist. Mehr Einzelheiten darf ich Ihnen nicht nennen.

Nun ist es so, dass Sie ungewollt in eine vertrackte Geschichte geraten sind, die weit komplizierter ist, als Sie sich vorstellen können. Meine Vorgesetzten haben mir klare Anweisung geben, die Angelegenheit zu beenden. Und Sie kommen bei diesem Ende nicht gut weg. Von Anfang an habe ich Ihre machiavellistische Absicht hinter der erfundenen Liebesgeschichte durchschaut. Ihre politische Organisation will die von uns veröffentlichte Version über Almalindas Tod durchkreuzen. Diese Version ist einfach: Unzufrieden mit ihrem Schicksal, beschloss sie, ihrem Leben ein Ende zu machen. Das war unsere Version. Da gab es weder eine Schuld noch einen Schuldigen. Der Fall wäre vergessen, wenn es zum nächsten Melodrama käme.

Dann kommen Sie und komplizieren alles. Weil Sie behaupten, Sie seien schuld, und folglich jene, die Sie als Mann der Linken kennen, denken werden, dieser Tod habe einen politischen Hintergrund. Damit wird der Selbstmord zu einem Mord. Das war Ihr Plan, richtig? Der Schuss ist aber nach hinten losgegangen, mein Lieber. Wenn Sie, ein der Leidenschaft verschriebener Dichter, der Schuldige sind, handelt es sich offensichtlich um ein Verbrechen aus Leidenschaft, womit der Fall seine politische Dimension verliert. Denn ob Sie wollen oder nicht, Sie sind mehr für Ihre Liebesaffären bekannt als für Ihre revolutionären Taten. Mit dieser Lügerei erweisen Sie dem Regime einen wunderbaren Dienst.

Ich stehe am Ende meiner Berufslaufbahn. Ich habe nichts zu verlieren. Es gibt Gerüchte, wonach sich Almalinda in einen hochrangigen Militärangehörigen verliebt habe, mit Verbindungen zur extremen Linken. Im Mord an meiner Tochter fallen also das Interesse des Regimes und das seiner Feinde zusammen. Einerseits wollte das Regime eine Doppelgeheimagentin zum Schweigen bringen. Almalinda war zu einer Gefahr für die PIDE geworden. Andererseits war meine

Tochter zu einer tödlichen Gefahr für die Kommunisten geworden. Man wollte sie zum Schweigen bringen, bevor sie an die Polizei weitergab, was sie über brisante Fälle wie den der *Angoche* wusste.

Ich komme zum Ende, werter Adriano. Wie ich zu Beginn des Briefes schrieb: Ich werde zum Ende des Monats versetzt. Eine Versetzung in meiner Behörde kommt einer Kündigung gleich. Aber bei einer Polizei wie dieser wird nie jemandem gekündigt. Wir arbeiten sogar nach unserem Tod weiter. Denn was wir tun, ist keine Arbeit. Es ist ein Glaubensbekenntnis. Aber ich habe und hatte schon immer an anderes geglaubt.

Nun bitte ich Sie, sprechen Sie mich nicht mehr mit Inspektor an. Ab heute bin ich kein Agent der Geheimpolizei mehr. Sondern Almalindas Vater.

DOKUMENT NR. 33
Die Frau des Häftlings (Auszug aus meinem Tagebuch)
Beira, 27. April 1973

Ich befinde mich im Büro der PIDE, als Begleitung meiner Mutter, die um nichts in der Welt mit Óscar Campos allein sein will. Dieses Mal ist kein zweiter Mann anwesend. Der Inspektor wirkt verloren. Er erklärt, dies könne unser letztes Gespräch sein. Besorgt erkundigt sich meine Mutter, ob er krank sei. Zum ersten Mal breitet sich auf seinem finsteren Gesicht ein Lächeln aus.

»Sie verstehen nicht, was mit mir los ist, Dona Virgínia?«, fragt Óscar Campos.

»Ich verstehe ja schon nicht, was mit mir los ist. Wie soll ich dann wissen, wie es Ihnen geht?«, erwidert meine Mutter. »Sagen Sie mir unumwunden, Senhor Inspektor, was wollen Sie von mir?«

»Ich weiß es nicht, Dona Virgínia«, antwortet er bedrückt und streckt seine Hand langsam, wie eine Gottesanbeterin, zum Arm der Besucherin hin. Seine Stimme ist nicht wiederzuerkennen. »Ich bin müde, Dona Virgínia. Ich vergesse jeden Tag, dass meine Vitória gestorben ist. Sie erinnern mich daran, wie schmerzlich es ist, verwitwet zu sein.«

»Verlangen Sie nichts von mir, Senhor Inspektor.« Meine Mutter schließt die Augen, als fiele ihr das Sprechen schwer. »So vermeiden Sie, dass ich dafür von Ihnen verlange, meinen Mann freizulassen.«

»Hat Ihr Mann Nervenprobleme?«, fragt Campos.

»Ja, schon immer gehabt. Jetzt ist es schlimmer geworden, nachdem sie ihm die Prostata entfernt haben. Er denkt, sie haben ihm alles rausgenommen.«

»Tatsache ist, Dona Virgínia: Ihr Mann hat nie einen Fuß in einen Nachtclub gesetzt. Und ist auch nie Almalinda begegnet.«

»Almalinda?«, fragt meine Mutter.

»Ermelinda, die sich umgebracht hat.«

»Weshalb, glauben Sie, lügt Adriano?«

»Das weiß ich nicht. Nun ist aber die Lüge Ihres Mannes für die Regierung eine sehr bequeme Wahrheit geworden.«

»Verdammte Frauen«, ruft meine Mutter.

»Sagen Sie das nicht, Dona Virgínia, die Frauen haben guten Geschmack. Ihr Mann sieht sehr gut aus.«

»Finden Sie, Inspektor?«

»Wenn das alles vorbei ist, begegnen wir uns vielleicht wieder. Ihr Mann kann mich dann vielleicht mit anderen Augen sehen. Und ich bin vielleicht sogar zu einer Umarmung fähig.«

Nach diesen Worten verabschieden wir uns. Zu Hause angekommen, fragt meine Mutter: »Als der Inspektor von der Umarmung sprach, hat er damit mich oder deinen Vater gemeint?« Ich lege meiner Mutter einen Arm um die Taille. Sie küsst mich auf die Stirn und murmelt: »Mein reizender Sohn, mein Goldstück ...«

DOKUMENT NR. 34
Brief von Dona Laura Santiago an Inspektor Óscar Campos
Beira, 29. April 1973

Verehrter Inspektor Óscar Campos,
ich habe gehört, Virgínia habe in Ihrem Büro einen Riesenaufstand gemacht und schreiend verlangt, ihr Mann solle nach Hause kommen, sie habe ihm die Geschichte mit der Prostituierten verziehen. Wieder einmal hat meine Schwiegertochter den Namen meines Sohnes in den Dreck gezogen. Jetzt sitzt nicht mehr Adriano im Gefängnis, sondern der Ehemann von Virgínia.

Gott möge mir verzeihen (und Sie, Inspektor, nehmen Sie es mir nicht übel), aber ich halte es für die größte Dummheit, dass Sie Adriano eingesperrt haben. Einen Dichter wegen einer Prostituierten verhaften? Stattdessen hätten Sie die Prostituierten festnehmen sollen, bevor die auf die Idee kommen, sich vom Balkon zu stürzen.

Wenn ein Regime anfängt, die Dichter einzusperren, ist es verloren. Die PIDE hat mit einem einzigen Federstrich die eigene Sterbeurkunde und die der Prostituierten unterschrieben. Wenn Sie intelligent wären, hätten Sie genau das Gegenteil getan: Sie hätten Adriano einen Preis verliehen. So bringt man einen Schriftsteller zum Schweigen. Eine andere Möglichkeit wäre, ihm eine Stelle bei Ihrer Polizei anzubieten. Es heißt, die PIDE stellt viele Leute ein, warum dann nicht auch meinen Sohn? Wer so gut Gedichte schreibt, könnte bestimmt wunderbare Berichte verfassen. Sie haben nichts von den Frauen meiner Generation gelernt. Denn das machten wir mit der Heirat: Wir holten uns den Wolf ins Haus, und da wurde er zu einem zahmen Hund.

Die bösen Zungen sagen, Sie seien der Vater dieser Almalinda. Sie sagen, Ihre Tochter habe schon Übung in Selbstmord. Vorher sei sie ins Wasser gegangen, jetzt habe sie sich auf den Erdboden gestürzt. Wie kann ich Sie trösten, verehrter Inspektor? Fangen wir mit dem Namen an. Almalinda? Angeblich ist ihr richtiger Name Ermelinda. Die Schwarzen hier in der Gegend sprechen ihn Almalinda aus, weil sie mit dem R und dem L Schwierigkeiten haben. Aber nicht, weil sie die nicht unterscheiden können. Sie haben einfach diesen Laut nicht in ihrer Sprache.

Mein Adriano hatte eine Geliebte mit zwei Namen, das trifft sich gut, denn dann genießt man denselben Ärger doppelt. Wie Sie sehen, Inspektor, mache ich aus der Sache kein Drama. Ich weiß schon, wie die zweihändig – mit den Händen meines Sohnes und den Händen der Polizei – geschriebene Telenovela endet. Eine miserable Telenovela, in jeder Hinsicht. Wir, eine Nation von Dichtern, hätten etwas Besseres verdient.

Ich habe mich trotzdem fürsorglich um die Bestattung dieser Ihrer Tochter gekümmert. Denn eins ist wahr, die junge Frau wurde in den Tod gestoßen. Für die Bestattungsfeier habe ich einen guten Teil meiner Ersparnisse ausgegeben. Das habe ich nicht für Sie getan, sondern einzig, um meine Schwiegertochter zu ärgern. Ich will sie so strafen, wie das Leben mich gestraft hat. Tatsache ist, dass mein Adriano einen Menschen getötet hat. Aber er hat nicht Ihre Ermelinda umgebracht. Mich hat er getötet. Ich bin nicht mehr Mutter, Inspektor. Mein Sohn gibt mir schon lange nicht mehr seine Gedichte zum Korrigieren. Jetzt ist Virgínia die Erwählte. Sie, die nur vier Jahre zur Schule gegangen ist, die Fernando Pessoa und Guerra Junqueiro nicht auseinanderhalten kann, sie korrigiert jetzt seine Manuskripte.

Vor einiger Zeit hat mein Adriano etwas mit anhören müssen, was nicht für seine Ohren bestimmt war. Meine Schwiegertochter verfluchte schreiend seine Gedichte. Sie hasse, was er schreibe, das komme alles nur aus dem Kopf, nicht von Herzen. Sie halte ihn nicht für einen Dichter, weil ihm das Feingefühl fehle, das sie von einem Ehemann erwarte.

Ich finde, damit hat Virgínia alles gesagt. Schließlich betrachtet Adriano sich weder als meinen Sohn noch als ihren Ehemann. Er lebt ganz einfach nicht mit uns zusammen in unserem Haus. Er lebt an überhaupt keinem Ort, und an diesem nicht existenten Ort fühlt er sich am lebendigsten. Ich muss zugeben, dass meine Schwiegertochter darin vollkommen recht hat. Wenn ich es genauer überlege, tut es meinem Adriano vielleicht gut, eine Weile im Gefängnis zu sitzen.

Gestrandete Wolken

Inhaminga, 13. März 2019

Die Straße eines Kindes ist der Rücken seiner Mutter.
Maniara

Die ehemalige Badeanstalt von Inhaminga ist die bestzerstörte Ruine der Welt. Von den blauen Wänden bröckelt der Putz, die Sprungbretter sind in die Tiefe gestürzt, in der dunkles, stinkendes Wasser steht. In dem Müll, der sich darin gesammelt hat, schwimmen Plakate und Spruchbänder des letzten Wahlkampfs. Liana provoziert Benedito, unseren Reisebegleiter: »Schwimmt die Werbung deiner Partei besser als die der anderen?«

Wir sitzen am Rand der Ruine, und Benedito erinnert sich an den Tag, als sein Vater mit ihm zur Einweihung der Badeanstalt ging. Man schrieb das Jahr 1972. Vater und Sohn wussten, dass sie nicht eingelassen würden. Es bedurfte keines Schildes, um das mitzuteilen. Capitine sagte damals zu seinem Sohn: »Gute Gesetze sind solche, die nicht aufgeschrieben werden müssen.« Doch er hegte noch die Hoffnung, dass assimilierte Schwarze wie er hineingelassen würden. Vergeblich. Er musste sich damit begnügen, dem Fest der anderen aus der Ferne zuzusehen. Beneditos Finger verkrampften sich um den Absperrungsdraht, während er die weißen Jungen jubeln hörte, die wie geflügelte Engel vom höchsten Brett sprangen.

»Ich weiß noch, wie mir die Finger am Gitter schmerzten,

aber die Freude meines Vaters war so echt, dass ich mir einredete, wir gehörten dorthin und wir sollten dankbar dafür sein, dass wir die Freude der anderen erleben dürften.«

Eines Tages bauten die holländischen Patres ein Wasserbecken für die Schwarzen. Es war klein und nicht tief. Es war sonntags geöffnet und so gut besucht, dass man meinen konnte, sämtliche schwarze Kinder der Welt hätten sich da versammelt. Das Becken war so bescheiden, dass nicht einmal eine Ruine übrig blieb.

Ich sehe Benedito an und stelle mir vor, wie er als Kind in dem kleinen Becken planscht.

»Mitunter habe ich ein schlechtes Gewissen, wenn ich an die Vergangenheit denke: Du warst bei uns im Haus, du warst ein Kind, und wir haben dich arbeiten lassen. Heute würden wir wegen Kinderarbeit festgenommen.«

»Dann musst du dich bei dir selbst entschuldigen«, sagt Benedito. »Ich jedenfalls fühle mich nicht als Opfer. Früher warst du ein Mezungo, ein Weißer. Heute gehören wir derselben Rasse an: Wir sind Mosambikaner.«

Liana ist müde, sie hat genug von dem Ort und auch von unserem Gespräch. »Kommt, wir gehen. Wir besuchen jetzt Maniara«, sagt sie und steht auf.

Im Auto legt Benedito die Hände aufs Lenkrad und seufzt: »Jetzt, da ich ins Schwimmbad gehen kann, gibt es kein Schwimmbad mehr. Das ist mein Los: Jetzt, da ich hineinkann, gibt es kein Drinnen mehr.«

Benedito fährt uns über nicht erkennbare Sandpfade. Fern von Wasserläufen ist die Landschaft ein Jammerbild, die Felder scheinen alle von der Dürre vernichtet. Der Eindruck täuscht. Kein Stück der desolaten Fläche ist herrenlos. Doch der einzige Bauer, der noch etwas auf seinem Feld erzeugt, ist ein alter Mosambikaner, der vor Kurzem aus Simbabwe zurückgekehrt ist. Niemand glaubt, seinen Erfolg verdanke er seiner Beharrlichkeit. Man beschuldigt ihn der Zauberei.

»Aus deinen Gedichten über die Menschen vom Land spricht eine naive Vorstellung von Gutmütigkeit, die hier herrsche«, sagt Benedito. »Du glaubst, die Dörfer bestehen aus lauteren, solidarischen Leuten. In diesen kleinen Orten sind die Leute nur freundlich, wenn du klein bist.«

»Mich hat man immer gut aufgenommen«, erwidere ich.

»Weil du von auswärts kommst. An dem Tag, da du zu bleiben beschließt, wirst du lernen, was Neid ist.«

Wir erreichen das Haus der Familie Fungai. Die alte Maniara sitzt draußen hinter dem Haus auf einer Matte. Als sie uns erkennt, hebt sie die Arme über den Kopf und bewegt sie, als vollführte sie einen Tanz. Sie spricht tadellos Portugiesisch. Benedito sagt, nach der Unabhängigkeit habe sie sogar die Schule für Erwachsene besucht.

Sie kennt die Etikette. Ich habe ihr eine Flasche Wein mitgebracht und reiche ihr mein Geschenk, indem ich es mit beiden Händen halte. Maniara gießt ein paar Tropfen auf den Erdboden.

»Das ist für die Toten«, erklärt Liana. Dann versucht sie, einen Scherz zu machen. »Vergießen Sie nicht so viel, Maniara, sonst gewöhnen sich die Ahnen noch daran.« Maniara bleibt ernst: »Wenn wir großzügig sind, sind wir weniger allein. Ist das nicht der Grund, warum wir trinken? Damit wir Gesellschaft haben?«

Maniara ist über den Zyklon informiert. Das lokale Gemeinderadio hat Warnungen gesendet und die Menschen aufgefordert, sich aus den niedrig gelegenen Gebieten zurückzuziehen. Maniara ist der Ansicht, die von »heute« – damit meint sie die Jüngeren – könnten solche Naturkatastrophen nicht mehr erklären. Inhaminga, sagt sie, sei sehr weitläufig. Unter dem Erdboden befinde sich eine Lagune.

Diese Lagune werde jedes Jahr schwanger und bringe jedes Mal einen Sohn hervor, der Mvura heiße. Auf Portugiesisch heiße er Chuva, Regen. Mitunter lassen die Menschen nicht zu, dass der Boden und die Lagune sich vereinigen. Dann komme es zu Dürren und Stürmen wie diesem, der sich nun ankündigt.

»Mutter, willst du weg von hier?«, fragt Benedito.

»Ich weiß nicht. Vielleicht bleibe ich«, antwortet Maniara. »Durch den Zyklon wird das Meer in die Flüsse fließen. Und vielleicht kommt mein Schwager Lucas aus dem Ozean zurück. Ihr habt Sandro gesucht, ich werde meinen Schwager finden.«

Maniara ist überzeugt, dass es ein Fehler war, das Schiff *Angoche* zu taufen. Die Weißen, sagt sie, wissen nicht, dass man Schiffen keine Namen von Orten an Land geben darf. Das bringt die Schiffe durcheinander, sie wissen dann nicht mehr, wohin sie gehören. Deshalb seien alle Mann der Besatzung verschwunden. Jetzt sind sie Wolken. Sie ziehen an uns vorüber, traurig, weil wir nicht den Blick heben, um ihnen hinterher zu schauen. Maniara hat die Hoffnung, dass der Zyklon ihren Schwager zurückbringt. Sie kannte Frauen, die den Ozean dazu gebracht haben, vor ihnen in die Knie zu gehen.

»Das werde ich tun, wenn dieses Meer zu uns kommt«, verspricht sie. »Mein Schwager Lucas wird zurückgebracht.«

Sie zündet eine Zigarette an, inhaliert den Rauch, und ihre Stimme wird dunkel, während sie uns erklärt, wie freundlich die Flüsse und Meere sind. Nicht die Menschen gehen in das Wasser, sagt sie. Nein, das Wasser zieht sich höflich zurück. Man muss um Erlaubnis fragen. Das Meer um Erlaubnis bitten. Erlaubnis zum Forttragen, Erlaubnis zum Zurückbringen.

Maniara erhebt sich, und da erst nehme ich wahr, dass sie trotz ihres Alters immer noch die Haltung einer Königin hat.

Sie fordert uns auf, eine kleine, aus Holz gebaute Kammer zu betreten. Auf dem Wellblechdach ist ein Solarpaneel montiert. Es dauert eine Weile, bis ich mich an das Halbdunkel im Raum gewöhnt habe, dann stelle ich fest, dass auf einem Plastiktisch ein Computer steht, daran angeschlossen ein Drucker. Maniara weist auf die Geräte und lächelt stolz. »Das hat Benedito mir geschenkt. Jetzt mache ich meine eigenen Geschäfte, bin auf niemanden angewiesen.«

An Kundschaft fehlt es ihr nicht. Sie fährt mit ihren langen schlanken Fingern über die Fotos an der Wand, während Benedito erklärt: Die Leute machen mit ihren Mobiltelefonen Fotos, können sie aber niemandem schicken, da es kein Internet gibt, sie nicht einmal in einen Rahmen stecken. Seine Mutter erbringt auch Dienstleistungen für den Polizeiposten und die lokale Verwaltung.

Sie hebt den Fotoapparat hoch, das schönste Geschenk, das sie jemals erhalten hat. Aber es musste erst die Unabhängigkeit kommen, damit sie es richtig nutzen konnte. Vorher durfte niemand wissen, dass sie Fotos aufnahm. Sie versteckte den Apparat, aus Angst vor Repressalien, weil sie gegen Vorschriften verstieß. »Ich hatte Glück, dass ich bei den Patres aufgewachsen bin. Und ich hatte noch größeres Glück, in dieser Zeit zu leben, in der Frauen etwas mehr respektiert werden.«

Am späten Nachmittag setzt Maniara sich immer mit ihrem Computer auf dem Schoß in den Patio. Die Menschen kommen vorbei und grüßen sie zunehmend respektvoll. »Hast du gelernt, auf den Tasten zu schreiben, Mama Maniara?«, fragen sie. Sie antwortet immer dasselbe: »Es ist umgekehrt, die Tasten finden meine Finger.« Sie hebt den Computer an und fügt hinzu: »Das ist mein Sklave, er bekommt nur Befehle, sonst nichts.«

Jetzt ist der Computer kaputt. Ihr Sohn will ihn in die Stadt mitnehmen, ihn reparieren lassen. Maniara ist dagegen. Sie will es lieber so lassen, ohne ihn zu benutzen. Ihr genügt zu wissen, dass ihre Geheimnisse darin stecken. Und außerdem, je weniger sie habe, umso weniger Neid wecke sie.

Den Fotoapparat um den Hals gehängt, geht Maniara um den Stuhl herum, auf den Liana sich gerade gesetzt hat. Als prüfte sie den besten Winkel, um sie zu fotografieren. Dann hält sie inne und streicht Liana übers Haar.

»Ich habe schon dafür gebetet, solche Haare zu haben«, gesteht sie. »Unsere Männer mögen das Haar der weißen Frauen. Capitine hat sich nie beschwert, ich war immer uneingeschränkt Frau, hatte immer Tätowierungen auf dem Bauch, noch heute reibe ich meinen Körper mit Rizinusöl ein. Aber du, meine Liebe, du hast das Haar von beiden Rassen.«

»Ich bin die Tochter von Almalinda«, sagt Liana. »Man sagt, Sie haben meine Mutter gekannt.«

»Ja, ich habe deine Mutter gekannt, als sie noch lebte. Und ich habe sie als Tote gesehen. Da war kein großer Unterschied.«

»Erzählen Sie mir von ihr«, bittet Liana.

»Dafür müssen wir um Erlaubnis fragen. In die Zeit eintreten ist wie ins Wasser gehen. Man braucht eine Genehmigung.«

Eines Tages bat ihr Schwager Januário sie, unbemerkt zu ihm zu kommen. Als Maniara in der Mission von Inhaminga erschien, stellte Januário ihr eine junge Weiße vor, die er aus Búzi mitgebracht hatte. Sie hieß Almalinda, und niemand, absolut niemand durfte von ihrer Existenz wissen. »Kümmer dich um sie«, bat er. Maniara ging zu Almalinda, die auf dem Brunnenrand saß. Sie setzte sich neben sie und sah den Krähen zu, die an den gefallenen Mangos pickten. Dann forderte Maniara ihren Schwager auf, sie allein zu lassen. Sie wollte mit der Weißen unter vier Augen sprechen. Manchmal ist es am besten, wenn die Männer die Frauen in Ruhe lassen. Nach einer Weile ging Maniara zu ihrem Schwager.

»So, wir haben gesprochen«, sagte sie.

»Und, was hat sie gesagt?«, fragte Pater Januário aufgeregt.

»Nichts.«

»Sie hat nichts über mich gesagt?«

»Das Mädchen ist in Gefahr. Sie muss beschützt werden.«

»Beschützt vor wem?«, fragte Januário und gab gleich selbst die Antwort. »Vor ihr selbst, sicherlich.«

»Die einzige Gefahr bist du, Januário«, erwiderte seine Schwägerin.

Maniara nahm die Aufgabe, das Mädchen zu beschützen, so ernst, dass sie in die Mission umzog. Die ganze Zeit hielt sie Wache in der Nähe von Almalindas Hütte. Da fiel ihr etwas Merkwürdiges an Almalinda auf: Ihre Füße hinterließen keine Abdrücke. Das bestätigte, was die Leute sagten: Sie sei ein Geschöpf des Wassers. Alle anderen Frauen hinterlassen einen tiefen Fußabdruck. Ob schwanger oder nicht, sie tragen die ganze Menschheit in sich.

Maniara bricht ihren Bericht ab, steht auf und geht mit ihrem Fotoapparat in der Hand um mich herum. Ich überlege, aus welchem Winkel und in welchem Licht das Foto gemacht wird, das dann doch nicht aufgenommen wird. »Fotografieren ist einfacher als sich an eine Vergangenheit erinnern, die nie verheilt ist«, sagt sie. Sie gießt mir aus einem Wasserkrug ein. »Am schwierigsten ist zuhören«, seufzt sie. Und kehrt zum Bericht über ihr Schicksal zurück.

Zwei Tage, nachdem Capitine nach Beira gegangen war, beschloss Maniara, ebenfalls das Dorf zu verlassen. Sie wollte zu ihrem Mann. Doch da sie eine Frau war, durfte sie sich nicht allein auf den Weg machen. Leider ist diese Regel nie geändert worden. Eine Frau allein auf Reisen ist wie nackt. Die Männer dürfen mit ihr machen, was sie wollen.

Noch schlimmer als allein reisen war es zu jener Zeit, wenn eine Frau ohne Begleitung ihres Mannes in die Stadt geht. Maniara beschloss, sich dem zu widersetzen. Barfuß machte sie sich über sandige Pfade auf den Weg. Bis vor ein paar Monaten hätte sie nicht sagen können, welche Richtung sie nehmen musste. Zur Flucht vor den Bombardierungen gezwungen, lernte sie, die ganze Umgebung abzuwandern. Und führte ihren Plan aus: Sie gelangte nach Muanza und nahm einen Machimbombo, der sie nach Beira brachte.

Als sie am Friedhof erschien, saß ihr Mann dösend vor seiner Hütte. Völlig verwirrt über den unerwarteten Anblick seiner Frau, stand er auf.

»Bist du verrückt?«, schrie er wütend, dann beherrschte er sich. »Was willst du hier? Willst du, dass man mich rauswirft?«

Maniara blieb mit gesenktem Kopf stehen, die Schultern vorgebeugt, als träfen seine Worte sie wie Peitschenschläge auf den Rücken.

»Wenn morgen Senhor Aníbal kommt, bist du nicht mehr hier.«

Später erfuhr sie, dass Senhor Aníbal der Chef der Totengräber war, ein Weißer, der niemals eine Schaufel in die Hand nahm. Als Senhor Aníbal ihm eine Schaufel hinhielt, versuchte Capitine noch zu diskutieren. Er sei nur Wächter. »Du bist Nachtwächter«, erwiderte der Weiße. »Am Tag kannst du Gräber ausheben, das ist eine gute Arbeit für Neger, denn kaum sind sie geboren, schaufeln sie sich schon ihr eigenes Grab.«

Maniara öffnete das Bündel, das sie auf dem Rücken trug. »Ich habe dir Hirsemehl mitgebracht«, sagte sie. Herablassend wies er in eine Ecke. »Das kannst du alles da in die Kiste zum Trockenfisch tun.« Sie betrat die Hütte, räumte die Dosen und Körbe weg und legte die wenigen Habseligkeiten ihres Mannes in eine Ecke. Die Hütte wurde zu einem Heim.

Dann kehrte sie in den Patio zurück, entzündete ein Feuer und bereitete schweigend eine Mahlzeit für Capitine. Er aß allein, während sie hinter ihm stand und ihm zusah. Nach einer Weile berührte sie seine Schultern. »Du bist voller Mehl«, sagte sie, als wollte sie die kühne Berührung rechtfertigen. Und dann, kaum hörbar: »Das sind meine Reste.« Langsam drückte sie die Hüfte an seinen Rücken.

»Und die anderen?«, fragte ihr Mann. »Die Männer in Muanza, was sagen die über mich?«

»Nichts sagen die.«

»Die ignorieren mich?«, wunderte sich Capitine.

»Vielleicht ist es umgekehrt, sie reden nicht über dich, weil du ihnen zu wichtig bist.«

»Das ist mein Ende«, klagte Capitine. »Wie wichtig kann für sie ein Mann sein, dessen Frau allein unterwegs war. Jetzt bin ich ein Mann, über den seine Frau befiehlt.«

Maniara betrachtete ihren Mann. Sie wusste, dass sie eigentlich schweigen sollte. Nach einer Weile wagte sie, das Schweigen zu brechen, das während der Mahlzeit des Mannes heilig ist. Eines der Gesetze, die nicht geschrieben stehen müssen.

»Hast du mich gern, Capitine?«, fragte sie.

»Ich esse gerade«, knurrte Capitine.

»Aber magst du mich?«

»Was soll das jetzt? Das habe ich doch schon gesagt, als ich dich kennengelernt habe! Hast du dir jetzt die Unart der Weißen angewöhnt, die sich ständig gegenseitig fragen, ob sie sich gernhaben?«

Maniara setzte sich neben ihren Mann und blickte mit ihm zusammen zum Mond. Ihre Hände berührten sich, aber Capitine tat, als hätte er es nicht wahrgenommen. In diesem

Augenblick verdunkelte ein Schatten den Himmel. Maniara sah eine Gestalt aus dem Gebäude gegenüber stürzen und hörte gleich darauf das unverwechselbare Aufschlagen eines Körpers auf dem Boden. Capitine lief die Tote ansehen. Es war eine junge weiße Frau. Er begann zu zittern, da vernahm er den unterdrückten Aufschrei seiner Frau, die neben der Toten kniete. »Almalinda!«, rief Maniara schluchzend und rüttelte den leblosen Körper. »Du kennst diese Frau?«, fragte Capitine entsetzt. Mit Hieben und Tritten verlangte er, seine Frau solle verschwinden. Sofort zum Friedhof zurücklaufen, bevor jemand sie hier sah. Sie gehorchte. Sie sah noch, wie ihr Mann im Dunkeln von der Polizei befragt wurde. Dann, als sich alles beruhigt hatte, kehrte Capitine in seine Hütte zurück.

Capitine war wegen des Vorfalls in Panik. Noch mehr ängstigte ihn aber der Gedanke, es könnte bekannt werden, dass seine Frau bei ihm war. Sie packte in aller Eile ihre Sachen und verabschiedete sich, doch Capitine reagierte mit keiner Geste und keinem Wort. Er wollte allein bei den Toten bleiben. Maniara ging, aber nur bis zu einem brachliegenden Grundstück in der Nähe des Friedhofs, wo sie sich in einer verlassenen alten Werkstatt versteckte. Sie war nicht allein. Eine Ziege war an die Karosserie eines ausgeschlachteten Lastwagens gebunden. Mit ihren samtigen Glupschaugen trat sie beiseite. Maniara beobachtete in der Dunkelheit ihren Mann. Sie hatte das Gefühl, es sei gut, dass sie blieb, auch wenn sie damit Capitines Anweisung missachtete.

Von ihrem Versteck aus sah sie ein Auto kommen. In der Dunkelheit konnte sie keine Einzelheiten erkennen, aber so ruhig, wie Capitine einstieg, war sie davon überzeugt, dass er nicht von der Polizei abgeholt wurde. Dann machte sie es wie die Ziege. Sie rollte sich in einer Ecke zusammen und schlief ein. Irgendwann wachte sie von einem Motorengeräusch auf. Es war Capitine, der vom selben Auto zurückgebracht wurde.

Er verabschiedete sich freundlich vom Fahrer und ging zurück in seine Hütte. Die Tür schlug vom Wind zu. Am Horizont kam ein Sturm auf.

Maniara dachte, sie sollte zur Hütte ihres Mannes zurückgehen. Sie blickte prüfend zum Himmel, bevor sie über den Friedhof ging. Blitz und Donner entluden sich über der Stadt. Erschrocken versuchte die Ziege, sich von der Leine zu befreien. Maniara band sie los, aber sie blieb bei ihr und lief nicht weg.

Maniara ging zwischen den Gräbern weiter, die Hufe der Ziege streiften ihre Beine. Sie dachte daran, was man in Inhaminga sagte: Die Ziegen werden nicht geboren. Sie werden von nächtlichen Blitzen in der Mitte geteilt. Am nächsten Morgen sieht der Hirte, dass seine Herde sich verdoppelt hat, und dankt den Göttern. Und nun, mitten im Unwetter, breitete sie die Arme zum Kreuz aus, damit die Vorfahren sie schützten. Und so, reglos wie eine Statue, halb blind von der Dunkelheit, noch blinder von den grellen Blitzen, sah sie nicht, dass Capitine sich näherte, eine Schaufel in der Hand. Sie nahm ihn erst wahr, als sie sein Geschrei hörte: »Du bist noch hier, Frau? Dann gehst du jetzt endgültig!« Er hob die Schaufel über den Kopf und schlug zu, traf aber die Ziege. Wieder hob er die Schaufel, Maniara schützte sich mit ihrem Bündel. In ihrer Verzweiflung stieß sie Capitine von sich, sodass er hinfiel und mit dem Kopf auf einen Grabstein schlug. Maniara ergriff die Flucht. Das Gewitter tobte weiter, als sie in der Dunkelheit untertauchte.

Die Liebe und andere Lügen

Die Dokumente des PIDE-Agenten

Ich bin der letzte Totengräber. Jeden Tag grabe ich mich aus.
ADRIANO SANTIAGO

DOKUMENT NR. 35
Auszug aus dem Tagebuch des Inspektor Óscar Campos
Beira, 1. Mai 1973

Heute Abend habe ich dem Häftling Adriano Santiago mitgeteilt, dass man Capitine in der Nähe seiner Hütte auf dem Friedhof tot aufgefunden hat.

»Ihre Leute haben ihn umgebracht«, unterbrach mich Santiago, zwar leise, aber entschieden wie ein Urteilsspruch.

»Das glaube ich nicht«, antwortete ich. »Das sind nicht unsere Methoden.«

Vielleicht war es nicht der beste Zeitpunkt, aber ich nutzte die Gelegenheit und tat etwas, was ich schon lange im Sinn gehabt hatte. Ich holte aus meinem Aktenkoffer ein Buch, das unsere Leute von der Zensur in der Buchhandlung Salema beschlagnahmt hatten. Es hieß *Herren des Strandes*, und der Autor ist ein traurigerweise berühmter brasilianischer Kommunist namens Jorge Amado. Die Bücher dieses Schriftstellers waren im Mutterland verboten, doch in Mosambik wurden sie noch von hiesigen Buchhändlern unterm Ladentisch verkauft. Ich gab dem Dichter das Buch. »Das habe ich für Sie mitgebracht, ich weiß, das wird Ihnen gefallen«, sagte ich.

Nach kurzem Zögern nahm Adriano das Buch mit glänzenden Augen entgegen, ließ es aber sofort wieder fallen. Er taumelte, das Gesicht kreidebleich, die Beine schlotterten ihm, Speichel rann ihm übers Kinn.

Ich lief Hilfe holen. Aus irgendeinem Grund holte ich nicht den Arzt der PIDE, wie die Vorschrift lautete, sondern den Arzt der Familie Santiago. Während ich darauf wartete, dass Hilfe eintraf, half ich dem Häftling, sich hinzulegen, und blieb bei ihm sitzen, wusste aber weder, was ich tun, noch, was ich sagen sollte. Mir schien, es ging ihm wieder besser. Er konnte wieder sprechen und bat mich, das Buch aufzuheben. Er legte es sich auf die Brust, schmiegte es an sich wie Tuch.

Kurz darauf erschien der Arzt, begleitet von Dona Virgínia. Er forderte mich auf, in der Zelle zu bleiben. Während er ihn abhorchte, bemühte sich der Arzt, die Stimmung zu lockern.

»Was ist los, mein lieber Freund? Ich habe Sie schon lange nicht mehr in der Praxis gesehen.«

»Das stimmt, Doutor«, Adriano nickte. »Ich habe Probleme mit dem Gedächtnis. Ich habe vergessen, krank zu werden.«

Der Arzt kannte die hypochondrische Neigung des Dichters. Und er wusste, worauf sie basierte. Ein Schriftsteller, behauptete Adriano Santiago, brauche eine Krankheit, vorzugsweise eine, die sich nicht diagnostizieren lasse. Ihm zufolge standen zwei Dinge der dichterischen Inspiration entgegen: erstens, gesund sein in einer so kranken Welt, und zweitens, glücklich sein in einer so ungerechten Welt.

»Wollen Sie wissen, warum ich nicht mehr zu Ihnen in die Sprechstunde gekommen bin?«, fragte er mit schwacher Stimme. Es dauerte etwas, bis er weitersprach. »Ganz einfach, Doutor: Ihre Praxis ist immer voll, alles Leute von der Eisenbahngesellschaft. Aber einen Schwarzen habe ich da noch nie gesehen. Wenn die nicht krank werden, will ich auch ein Schwarzer sein.«

»Sie müssen nicht zu mir in die Praxis kommen«, versicherte ihm der Arzt. »Ihre Frau kommt für Sie. Sie beklagt sich für Sie.«

»Ich beklage mich nicht für ihn. Ich beklage mich über ihn«, korrigierte ihn Virgínia. »Aber das ist nur Ausdruck davon, wie sehr ich ihn liebe.«

Der Arzt nahm mich beiseite und teilte mir mit, die Situation sei ernst. Er legte nahe, Santiago schnellstens in ein Krankenhaus zu bringen.

»Ich fürchte, er hat einen Schlaganfall.«

»Nehmen Sie ihn sofort mit«, sagte ich.

»Ich soll ihn einfach so mitnehmen? Muss ich nichts unterschreiben, dass ich die Verantwortung übernehme?«, wunderte sich der Arzt. »Der Mann ist doch ein Häftling. Ich will keine Probleme.«

»Ich übernehme die Verantwortung«, erklärte ich. »Bitte versorgen Sie ihn.«

Kurz darauf wurde ich von meinem Vorgesetzten gerufen. »Wer hat Ihnen genehmigt, den Mann freizulassen?«, fragte er mit finsterem Blick.

»Der Häftling hatte in der Zelle einen Schlaganfall«, rechtfertigte ich mich. Und dann, energisch: »Ich dachte, Senhor Direktor, es wäre das Beste, ihn so schnell wie möglich wegzuschaffen. Wenn er denn sterben muss, dann soll er fern vom Gefängnis sterben. Es reicht schon, dass man uns in Zusammenhang mit der Tänzerin und dem Friedhofswärter verdächtigt.«

An diesem Tag erreichte mich die Nachricht vom Tod des Dichters. Seine Frau Virgínia rief mich an. Ich weinte. Ich weinte alle die Tränen, die ich in meinem ganzen Leben nicht geweint hatte. Es ging nicht um den Verlust von Adriano, sondern um den Verlust meiner Tochter, meiner Frau, meiner selbst. Meine Tränen fielen auf das Stempelkissen. Und die blaue Farbe lief über den Tisch, befleckte die Papiere auf dem Schreibtisch. Eines davon war mein Antrag auf Entlassung.

DOKUMENT NR. 36
Brief des Inspektor Óscar Campos an den
Direktor der DGS in Mosambik
Beira, 1. Mai 1973

Sehr geehrter Senhor
Direktor der DGS in Mosambik,
ich ersuche Sie, diesen Brief, verfasst in einem unserer beruflichen Beziehung kaum angemessenen Ton, nachsichtig aufzunehmen. Bitte betrachten Sie diese meine Worte als in keiner Weise respektlos. Im Gegenteil, aus Respekt Ihnen gegenüber erlaube ich mir, Ihnen in diesem so vertraulichen Ton zu schreiben.

Ich weiß, dass heute ein Bericht an Sie gesandt wurde. Es ist das zweite Mal in wenigen Tagen, dass Sie Beschwerden über meine Person erhalten. Ich will mich nicht verteidigen. Im Gegenteil. Ich betrachte diese Beschwerden als vollumfänglich gerechtfertigt. So habe ich gerade ohne Anweisung von höherer Stelle den Häftling Adriano Santiago freigelassen. Ich sage »freigelassen«. Tatsächlich aber war der Mann niemals ein Häftling. Er ist in das Gefängnis geraten, wie eine Figur in ein Buch gerät. Er ist keiner der ihm vorgeworfenen Dinge schuldig. Er hat Ermelinda nicht getötet. Er kannte sie gar nicht. Er hat sich eine Liebesaffäre mit ihr ausgedacht. Und ich habe mich gefreut, dass meine Tochter von einem so guten Mann geliebt wurde, einem Mann, der die Frauen so sehr liebte. Wenn ich die Lüge akzeptiert habe, dass Ermelinda von meinem Fleisch und Blut sei, warum sollte ich dann nicht akzeptieren, dass sie geliebt wurde.

Gestern hat unsere Abteilung eine Zeremonie zu Ehren meiner Laufbahn abgehalten und mich mit einem Orden für meine Dienste am Vaterland ausgezeichnet. Ich habe mich mit dem üblichen Anstand präsentiert. Zu Hause angekommen, begann ich damit, meine Unterlagen in Kartons zu packen. Die Papiere waren zu dicken Bündeln verschnürt und stapelten sich auf den Regalen bis unter die Decke. Ich benutzte einen Stuhl, um an die obersten Bretter zu gelangen. Ich spürte, dass der Stuhl unter meinen Füßen wackelte. Vielleicht war es diese instabile Position, die mich an meine Heimat, die Azoren, denken ließ. Wie anders ist es doch dort! In Afrika wird die Erde durch Fieber lebendig. Auf den Azoren sind wir uns ihrer bewusst, weil uns gelegentlich der Boden unter den Füßen weggezogen wird. Mein ältester Bruder war in der Nachbarschaft bekannt als der »Seismische«. »Der Junge leidet an Epilepsie«, sagte der Mann in der Apotheke. Der Familie gefiel der Name nicht. Epilepsie? Der Apotheker sollte sich eine andere Krankheit ausdenken. Eines Tages starb der Junge, erstickt an der eigenen Zunge. Nur mein Vater war bei ihm im Zimmer. Ich weiß noch, wie er erschöpft und ganz aufgelöst ins Wohnzimmer kam, wo wir warteten. In den Händen hielt er ein Kissen. »So«, sagte er. Dann seufzte er so tief, dass ich ihn noch immer nachts höre. Die Nachbarn sagen, er habe meinen Bruder getötet. Anfangs habe ich das nicht geglaubt. Aber dann kamen mir nach und nach Zweifel.

Ich weiß, dass seitdem, wann immer die Erde bebte, meine Mutter hinauslief und sich zu Boden warf. Sie umarmte die Erde, nannte sie beim Namen meines Bruders, und dann hörte alles auf. Die Erde kehrte zu ihrer uralten Ruhe zurück. Nun stellen Sie, Exzellenz, sich meine Situation vor: Ich kam von einer winzigen Insel in die endlose Weite dieses Kontinents. Und finde hier keine Erde, die ich umarmen könnte.

DOKUMENT NR. 37
Brief des Direktors der DGS in Mosambik an Inspektor Óscar Campos
Lourenço Marques, 4. Mai 1973

Werter Inspektor,
Sie haben gut daran getan, sich informell an mich zu wenden. Diese Antwort ist genauso ungezwungen verfasst, in einem nahezu vertraulichen Ton. Im Grunde ist dieser Brief eine Bitte um Entschuldigung. Ich kann mir vorstellen, welche Qualen Sie durchleiden. Deshalb schreibe ich diese Zeilen, um Ihnen eine Erklärung zu geben.

Zunächst will ich Ihnen sagen, dass unsere Kollegen, die Ihre Tochter rekrutiert haben, nicht wussten, wer sie war. Sie sind wie bei allen anderen Mädchen vorgegangen. Sie fanden sie hübsch, intelligent, selbstsicher. Aber diese Attribute waren nicht entscheidend. Tatsächlich hat Ihre Tochter sich selbst angeboten. Sie war glühend interessiert. Nicht nur interessiert. Sie bestand geradezu darauf. Und ich sage noch einmal, wir wussten nichts von der verwandtschaftlichen Beziehung zu Ihnen. Aber Ihre Tochter wusste, dass ihr Vater bei der PIDE arbeitete (fragen Sie mich nicht, woher). Ermelinda wusste, wohin sie ging und warum. Als sie zustimmte, für uns zu arbeiten, wollte sie vielleicht Ihnen näherkommen. Nur Sie werden wissen, ob sie aus Sehnsucht oder aus einem anderen, weniger klaren Grund handelte.

Ich denke, Ermelinda wurde wahrscheinlich schon in Lissabon von unserem Feind angeworben, bevor sie in unsere Dienste trat. Noch als Mitarbeiterin der DGS diente sie den kommunistischen Umsturzplänen. Nun, da anscheinend alles vorbei ist, kann ich Ihnen sagen, dass mir erst in dem Augenblick, da Ermelinda in Mosambik eintraf, Ihre Beziehung zu ihr klar wurde. Wir haben intern darüber diskutiert, aber Ihre

Ermelinda war bereits in die Operation »Blinder Delfin« eingebunden. Selbst Sie kennen diesen Code nicht. So nennen wir die Ermittlungen in Zusammenhang mit dem Schiff *Angoche*.

Vielleicht hegen Sie den Verdacht, dass wir sie umgebracht haben. Wir waren es nicht. Es war der Feind. Die haben sie umgebracht. Falls Sie noch einen Groll hegen, bitte ich Sie, diesen weiterhin gegen unsere Feinde zu richten.

DOKUMENT NR. 38
Auszug aus dem Brief von Virgínia Santiago an Adrianos Arzt
Beira, 8. Mai 1973

Werter Doktor,
kaum hatte Adriano das Gefängnis schwer krank verlassen, bat er seinen Sohn, ihm Zigaretten zu kaufen. »Willst du wieder mit dem Rauchen anfangen?«, fragte ich. Er antwortete: »Nein, Frau, ich werde wieder zu einem Hauch.« Adriano wusste, dass sein Ende bevorstand. Mein Mann ist nicht wegen seiner Verhaftung gestorben. Er hat sich selbst umgebracht. Mich bedrückt, dass er sein Leben mit einer Last auf dem Herzen und dunkel verfärbten Zähnen beendet hat. In all diesen Jahren habe ich ihn so oft gebeten, das Rauchen aufzugeben. Irgendwann war es mir dann egal. Besser, er roch nach Tabak als nach dem Parfum der Geliebten, das an seinem Körper haftete.

Fünf Jahre lang konnte ich keine Kinder bekommen. Und Sie wissen, warum. Seinetwegen, wegen der Krankheiten, mit denen Gott ihn strafte. Ich habe viel Buße getan, viel Wasser mit Salz getrunken, damit mir dieser Fluch erspart blieb. Gott hat mich erhört, und mein Diogo wurde geboren. Das Kind wurde aus meinem Körper geboren, der selbst fast keinen

Körper besitzt. Und um ein Haar wäre auch mein Neffe Sandro nicht zur Welt gekommen. Ich bin meinem Mann so treu, dass dieser andere Sohn von ihm, auch wenn er von einer anderen Frau stammt, zu meinem eigenen Fleisch und Blut wurde. Ich weiß nicht, Doktor, was mich mehr verletzt hat: dass mein Mann aus dem Haus ging oder dass er zurückkam, als wäre nichts geschehen, als wäre ich ein Teil des Hauses, über das er Herr und Gebieter sei.

Mein Mann, der so viel über die Welt wusste, hat sich nie den Geburtstag unseres Diogo gemerkt. Denken Sie nicht, Doktor, dass ich mich beklage oder schlecht von ihm spreche. Mein Mann hat seinen Sohn sehr geliebt, aber nie gelernt, Vater zu sein. Er hat mich geliebt, daran habe ich keinen Zweifel, aber nie gelernt, Ehemann zu sein. Die Männer sind alle so: Sie betrügen die Frauen, die sie lieben, und wenn sie sie nicht betrügen, liegt es nicht dran, dass sie sie besonders lieben. Um Liebe ging es hier nicht. Das Mädchen ist aus dem fünften Stock gestürzt, und es war keine Liebesgeschichte. Warum ich dessen so sicher bin? Für mich hatte mit Ausnahme meiner beiden Jungen nichts auf der Welt mit Liebe zu tun. »Die Liebe kennt keine ›Affären‹. Liebe ist ein anderes Wort für Leben.« Das, werter Doktor, habe nicht ich geschrieben. Es stammt von Adriano. Niemals hat mein Mann, der in seinem ganzen Leben so viel gelogen hat, etwas so Wahres gesagt.

Der Zyklon

Beira, 14. März 2019

Ich bin wie die Wellhornschnecke: was von mir einen Namen trägt, ist schon tot.
ADRIANO SANTIAGO

Inzwischen gibt es Gewissheit. Der Zyklon Idai wird am späten Nachmittag auf die Stadt treffen. Regierungsbrigaden gehen durch die Straßen, geben Warnungen aus und fordern die Menschen auf, im Haus zu bleiben. Benedito gehört zu einem solchen Team. Am frühen Vormittag kommt er im Hotel vorbei und fragt, ob ich Hilfe brauche. Ich bedanke mich und sage, es müsste umgekehrt sein: dass ich mich anbiete zu helfen. Benedito antwortet, ich könne höchstens Liana unterstützen. Er hat versucht, sie anzurufen, aber die Telefonleitungen funktionieren nicht mehr. Er fragt, ob ich wisse, wo Liana wohnt. Ich antworte, nein, ich sei nie bei ihr gewesen. Er fordert mich auf, in sein Auto einzusteigen, er werde mich dort absetzen. Am späten Vormittag komme er mich wieder abholen. Unterwegs frage ich, ob er Nachricht von Maniara hat. Benedito sagt, er habe gestern mit ihr telefoniert und erfahren, dass sie mit ihren Sachen Zuflucht in der Schule von Inhaminga gesucht habe. »Und Januário?«, frage ich. Der Pater sei in der Kirche, er denkt, dort werde er von Mächten beschützt, die stärker sind als das Unwetter. Nach Búzi hat er keine Verbindung bekommen. Als er das letzte Mal mit dem Fischer Muporofeta gesprochen hat, war dieser unbesorgt, beschützt durch den guten Einfluss seiner Nzuzu.

»Das wird der Weltuntergang«, prophezeie ich.

»An Weltuntergänge sind wir schon gewöhnt«, erwidert Benedito.

Ich denke wieder an Liana. Gestern hat sie sich den ganzen Tag nicht blicken lassen, ist nicht ans Telefon gegangen, hat auf keine Nachricht reagiert. Erst jetzt, auf dem Weg zu ihr, wird mir bewusst, dass sie mich nie zu sich eingeladen hat. Unsere Begegnungen fanden immer außerhalb ihrer Domäne statt. Und das offensichtlich, weil Liana fürchtete, ihr Verlobter könne überraschend erscheinen.

»Erinnerst du dich an den Zyklon, den wir zusammen 1963 erlebt haben? Dieser wird um einiges schlimmer«, sagt Benedito, während er auf der Suche nach den neuesten Nachrichten die Radiosender wechselt.

Ich blicke hinaus auf die Stadt. Bleigraue Wolken zerfetzen an den Gebäuden. Die Bilder von dem Zyklon Claude, der durch unsere Kindheit tobte, tauchen vor mir auf wie von Windböen getrieben. Über Stunden verlor die Stadt ihre feste Konsistenz, was Stein war, wurde zu Lehm, was Wasser war, bekam Flügel und flog. Als der Wind nachließ, schienen die Straßen zu fließen, als strömten sie plötzlich zum Ozean. Ganze Schwärme toter Fische trieben mitten in der Stadt. Wie im Wahn legte mein Vater das Buch, das er gerade las, beiseite und trat hinaus auf die Straße, bis zu den Knien im Wasser. Meine Mutter rief ihn ärgerlich zurück. Aber er gehorchte nicht. Er musste spüren, dass noch ein fester Boden existierte, der unserer Welt Halt gab.

Diese Erinnerungen sind noch lebendig, als wir durch das Viertel Palmeiras fahren und vor einer unauffälligen Villa halten, deren Fassade nach Instandsetzung verlangt.

»Hier wohnt Liana«, sagt Benedito. Er verabschiedet sich mit dem Versprechen, um die Mittagszeit wiederzukommen. Ich gehe durch den weitläufigen Garten und stoße fast mit einem alten Mann zusammen, der eine Schubkarre voller Ziegel schiebt. Er entschuldigt sich, stellt sich als Gärtner vor und erklärt, er wolle einen Unterstand bauen. »Für Sie?«, frage ich. »Für meine Enten«, antwortet er. Er hat sie gestern von seinem Haus im Viertel Munhava mitgebracht, wo er seit Jahren viele Enten hält. Er hat sie hierhergebracht, damit sie nicht im Zyklon umkommen. Ich setze den Fuß auf die erste Stufe, der Gärtner warnt mich: »Wenn Sie da hineingehen, kommen Sie nicht mehr raus.« Er streicht über die Ziegel, spricht weiter: »Sehen Sie die Erde? Das alles wird sich verändern, guter Mann, der ganze Sand wird zu Schuppen.« Er rückt die in der Schubkarre gestapelten Ziegel zurecht. »Es wird so stark regnen, dass die Erde eine Fischhaut bekommen wird.« Er geht weiter, sein Stöhnen vermischt sich mit dem Quietschen der Schubkarre.

Ich gehe die Stufen hinauf, klopfe an, und eine müde Stimme fragt, wer ich bin. Ich höre schlurfende Schritte, dazwischen einen metallenen Ton, der mir nach einem Gehstock klingt. Ein alter Mann, weiß und unrasiert, öffnet die Tür und bleibt stehen, eine Hand auf dem Türgriff, die andere zum Schutz gegen das grelle Licht vor dem Gesicht.

»Liana ist einkaufen, sie muss gleich hier sein«, sagt der alte Mann. »Kommen Sie herein, Sie können hier im Wohnzimmer warten.«

Als ich mich vorstellen will, kommt er mir zuvor.

»Ich weiß, wer Sie sind«, sagt er. Er streckt mir langsam die Hand entgegen, um mich zu begrüßen. Eine Weile sieht er mich forschend an, dann nickt er etwas rätselhaft.

»Ich bin Lianas Großvater«, stellt er sich vor. »Ich heiße Óscar Campos. Ich war es, der Ihren Vater festnehmen ließ.«

»Ich weiß, wer Sie sind«, sage ich.

Er fordert mich auf, mich im dunklen Wohnzimmer auf ein dunkles Sofa zu setzen. Wir verharren in äußerst unangenehmem Schweigen. Campos zieht mit der Spitze seines Gehstocks Striche über den Fußboden und betrachtet mich aus dem Augenwinkel.

»Liana kommt nicht so bald«, warnt er.

»Dann komme ich später wieder.«

»Nein, bleiben Sie. Gehen Sie nicht hinaus, bei diesem Wetter.« Dann, fast flüsternd: »Ich mache Ihnen einen Tee.«

Er lässt seinen Gehstock an den Stuhl gelehnt stehen und schlurft durch den Flur. Ich betrachte den Stock, er hat einen ziselierten Silberknauf. Fast ein Kunstwerk, aber ich kann darin nichts anderes sehen als ein Folterinstrument. Und beschließe: Ich werde den Tee trinken und, so schnell ich kann, diese Gruft verlassen. Benedito kann mich dann im Hotel abholen. Hier bleibe ich nicht.

»Ich weiß alles über Sie«, sagt der Inspektor aus der Küche. »Ich weiß, warum Sie nach Beira gekommen sind. Ich weiß, dass nicht wahr ist, was Sie Liana erzählt haben. Ihr Arzt hat Ihnen diese Reise nicht empfohlen.«

»Woher nehmen Sie diese Gewissheit?«

»Ich habe Ihren Arzt angerufen, er hat mir genau das Gegenteil dessen gesagt, was Sie hier verbreiten. Er sagte, er habe Ihnen verboten, die Orte Ihrer Kindheit aufzusuchen. Und er hat noch etwas gesagt, Ihr Arzt. Dass Sie versucht haben, sich das Leben zu nehmen. Und dass Sie einmal Ihre Bücher auf einen Haufen geworfen und sie angezündet haben.«

»Ich glaube nicht, dass man Ihnen das alles erzählt hat«, erkläre ich kategorisch. »Ärzte, Senhor Inspektor, können Geheimnisse für sich behalten …«

»Vergessen Sie nicht, werter Dichter«, unterbricht mich Campos, »Ärzte und Polizisten haben ähnliche Berufe – beide suchen nach Schuldigen. Wir halten zusammen.«

»Ich werde jetzt gehen, Inspektor«, sage ich entschieden. »Es gibt keinen Grund, dieses Gespräch fortzusetzen.«

Als ich zur Tür gehe, stoße ich fast mit Campos zusammen, der mit zitternden Händen ein Tablett aus der Küche trägt. Ich helfe ihm, die Tassen, Teelöffel und die Zuckerdose auf den Tisch zu stellen. Als er sich bedient, verstreut er den Zucker auf der ganzen Tischplatte. Ich biete ihm meine Hilfe an, aber er lehnt ab und fordert mich auf, mich wieder zu setzen.

»Ich weiß, dass Sie ein Auge auf meine Enkelin geworfen haben«, murmelt er, und es klingt in gewisser Weise vorwurfsvoll. »Wissen Sie, woran mich das erinnert, Diogo? Es erinnert mich an den unglücklichen Neger, der sich ans Handgelenk meiner Tochter gebunden hatte und sich mit ihr zusammen in den Fluss geworfen hat. Mit dem Unterschied, dass Ihnen der Mut fehlt.«

»Ich will nichts mehr hören.« Ich stehe auf, fest entschlossen zu gehen. »Sagen Sie Liana nicht, dass ich hier war.«

Als ich an ihm vorbeigehe, hält er mich verzweifelt an den Armen fest. Ich weiß nicht, ob er sich abstützen oder mich zurückhalten will. »Ich bin am Ende, ich habe nicht mehr viele Bitten.« Den Löffel zwischen den zitternden Fingern, fleht er mich an: »Bitte, bleiben Sie noch etwas.« Er erhebt sich mühsam, begibt sich schwerfällig zu einem Schrank und holt einen Beutel heraus. Ich weiche zurück, weil ich befürchte, es könnte sich eine Waffe darin befinden. Er nimmt meinen Schrecken wahr und lacht: »Keine Sorge, Diogo. Das ist ein Aufnahmegerät. Ich kann nicht mehr mit der Hand schreiben. Jetzt nehme ich meine Gedanken auf. Ich möchte gern ein Gespräch aufnehmen. Ich habe auch diese Papiere hier, das sind Manuskripte meiner Enkelin. Ich möchte, dass Sie sich die ansehen.«

»Ich gebe zu, dass ich Angst hatte, als Sie an den Beutel gegangen sind«, erkläre ich gezwungen lächelnd.

»Die Zeiten haben sich geändert«, sagt der ehemalige PIDE-Agent. »Jetzt muss ich vor Ihnen Angst haben.« Er setzt sich wieder, das Aufnahmegerät auf dem Schoß, und will mir etwas vorspielen, was er gestern aufgenommen hat. Aber das Gerät reagiert nicht. »Das liegt wohl an den Batterien«, sagt er und versucht eine ganze Weile, die Abdeckung zu öffnen. Seine Hände machen nicht mit. Die Augen gehorchen ihm nicht mehr. Doch er gibt nicht auf.

»Ich dachte, Sie wären schon gestorben«, sage ich etwas boshaft.

»Da haben Sie richtig gedacht«, erklärt er gleichgültig. »Ich bin auch nicht mehr ganz am Leben. Ich bin fünfundachtzig. So alt, wie Ihr Vater wäre, wenn er noch lebte.«

Der Austausch der Batterien zieht sich hin, ich entschuldige mich, um die Toilette aufzusuchen. »Gehen Sie, ja, diese Hände sind nicht mehr meine«, und mit zitternden Fingern deutet er ins Innere des Hauses. »Die Toilette ist am Flurende, neben der Küche.« Ich gehe langsam, behutsam wie ein Jäger. Die Wände sind tapeziert mit alten Fotografien, alle schwarzweiß. Es mutet an wie ein Kolonialmuseum. Die Aufnahmen zeigen ohne Ausnahme ernste weiße Männer, alle in Schlips und Kragen. Ich vermute, es sind ehemalige Kollegen von Óscar Campos. Sie sind alle da, Häscher, Inquisitoren, Folterknechte, und alle sehen mich mit toten Fischaugen an.

Ich werfe einen Blick in die Küche, der einzige Raum, dem man anmerkt, dass eine Frau im Haus ist. An der Tür hängt eine Stofftasche in der Art, wie Liana sie benutzt. Auf einem hohen Schrank steht eine vergrößerte Fotografie, die Inspektor Campos Seite an Seite mit meinem Vater zeigt. Beide haben die Arme verschränkt und sehen den Fotografen mit vollkommen gegensätzlicher Miene an. Ich verstecke das Bild unter meinem Hemd. Ich stehle es nicht. Diese Vergangenheit hat schon immer mir gehört. Die Stimme von Óscar

Campos überrascht mich. Er steht lächelnd hinter mir, die Batterien des Aufnahmegeräts rutschen ihm durch die Finger. Ich fange sie in meinen Händen auf.

»Sehen Sie, wie gut Ihr Vater aussah?«, fragt der alte PIDE-Agent. »Das Foto wurde nach einem langen Verhör aufgenommen.«

Jemand klopft an der Tür. Der alte Inspektor bittet mich, den Hausherrn zu spielen. Ich müsse gegen die Tür drücken und gleichzeitig den Schlüssel herumdrehen. Ich folge seinen Anweisungen, und auf einmal steht der Apotheker Natalino Fernandes vor mir. Er ist überrascht, mich zu sehen. Noch überraschter bin ich darüber, wie selbstverständlich er eintritt. Aus dem Wohnzimmer höre ich die erfreute Stimme von Óscar Campos: »Kommen Sie zum Schachspielen, Doutor Natalino? Da müssen Sie ein bisschen warten. Ich möchte diesem jungen Mann etwas vorspielen, was ich gestern aufgenommen habe.«

Der alte Apotheker geht vorsichtig um jedes einzelne Möbelstück herum und lässt sich schließlich in einen Sessel fallen. Dort sitzt er mit halb geschlossenen Augen, während der Inspektor wieder zum Aufnahmegerät greift und laut seinen Gast fragt: »Was ist, Doutor Natalino, schlafen Sie schon?« Mit geschlossenen Augen antwortet der Apotheker: »Höchstwahrscheinlich ja, Inspektor.«

Eine gewisse Wut kriecht in mir hoch. Ich kann jetzt nicht hinausgehen, aber Benedito kommt auch nicht. Ziemlich ärgerlich frage ich den Inspektor: »Haben Sie sich mit Doutor Natalino versöhnt?«

»Wer sagt, dass ich mich versöhnt habe?«, fragt Óscar Campos zurück.

»Und Sie, Doutor Natalino?«, wende ich mich an den Apotheker. »Haben Sie vergessen, wer Sie und Ihre Kameraden gefoltert hat?«

»Ich bin zum Schachspielen hier«, antwortet er.

»Aber Sie sind Freunde geworden?«, hake ich nach.

»Freunde?«, überlegt der alte Apotheker. »Das würde ich nicht sagen. Wir sind nur beide vergesslich.«

Die beiden alten Männer setzen sich vor ein Schachbrett. Das Zittern ihrer Hände kündigt an, dass die Vorbereitungen sich länger hinziehen werden als die eigentliche Partie. Ich biete an, noch einmal Teewasser aufzusetzen. Die wenigen Minuten, die ich in der Küche verbringe, sind lang genug, damit die beiden im Wohnzimmer einschlafen. Ich lasse sie in ihren Sesseln schlafen und frage mich, ob sie jemals eine einzige Partie begonnen haben.

Ich gehe wieder durch das Haus. Betrachte erneut die Fotografien und bleibe vor einem Bild stehen, auf dem der Inspektor ein Buch in der Hand hält. Fast könnte ich schwören, dass es das letzte Buch mit Gedichten meines Vaters ist. Erneut in der Küche, werfe ich einen Blick in die Speisekammer, sie ist voller Vorräte. Dieses Haus ist nicht dafür gemacht, dass darin Leben herrscht. Aber es ist auf den Zyklon vorbereitet.

Ich höre, dass die Haustür geöffnet wird, und sehe Liana, völlig zerzaust, wie sie in der Eingangstür gegen den Wind kämpft. Fluchend und schimpfend zieht sie ihren hochgewehten Rock zurecht. Schlaftrunken steht der Apotheker auf und will nach Hause gehen. Óscar Campos untersagt ihm gebieterisch, seinen Platz zu verlassen: »Die Partie ist noch nicht zu Ende.«

Liana wundert sich über das Aufnahmegerät auf dem Tisch und erkennt verblüfft ihr eigenes Manuskript daneben. Unauffällig fordert sie mich auf, mit in die Küche zu gehen. Wütend schwenkt sie den Stapel Papiere, den sie vom Tisch mitgenommen hat. Am Flurende drückt sie mich gegen die Wand. Verlangt Erklärungen, will wissen, was ich da mache, warum ihr Manuskript dort liege. Die Fragen sprudeln aus ihr heraus, lassen mich nicht antworten, nur verlegen die Achseln zucken.

»Sag die Wahrheit, Diogo Santiago. Warum bist du nach Beira gekommen?«

Ich suche nach einer Antwort, doch mir kommen nur die Zeilen meines Vaters in den Sinn: *Ich suche lediglich, wonach man im Meer sucht: den Nebel, der uns vorausgeht.* Ich bleibe stumm, schließlich entscheide ich mich für die vorsichtigste Reaktion: Ich gebe zu, dass ich es nicht weiß.

»Du weißt nie etwas«, knurrt Liana. »Und wenn du etwas weißt, wirst du noch pathetischer. Es ist nicht zu fassen, dass du noch immer denkst, du wärst wegen Sandro zurückgekommen.« Ihre unbändige Wut lässt nicht nach. »Und warum glaubst du nicht, dass du hergekommen bist, um Benedito wiederzusehen? Und warum redest du dir ständig ein, du wärst in Beira, um deinen Vater zu betrauern? Ich sage dir jetzt, mein lieber Herr Dichter, du bist wegen deiner Mutter hier, wegen all der Toten, die deine Schlaflosigkeit bevölkern. Und, mein lieber Herr Dichter, du hast Angst, dich vor deinen Toten bloßzustellen.« Plötzlich erschöpft, tastet sie nach einem Halt an der Wand. »Mag sein, dass du nicht weißt, warum du gekommen bist, aber inzwischen weißt du, was dich veranlasst zu bleiben.«

»Der Titel ist von mir«, protestiere ich und weise auf die Papiere, die sie an die Brust drückt.

»Welcher Titel?«, fragt sie.

»Der Kartograf des Vergessens.«

»Antworte auf meine Frage. Hier tobt ein Zyklon. Warum bist du nicht weggefahren?«

Wieder klopft es an der Haustür. Wer auch immer es ist, hat es eilig. Liana öffnet, und ich helfe ihr, gegen den Sturm anzukämpfen. Es ist Benedito, bis auf die Haut durchnässt. Wir gehen an den beiden Alten vorbei, die wieder eingeschlafen sind.

Liana holt trockene Sachen für Benedito. Er wechselt nur das Hemd, dann lässt er sich in ein Sofa fallen. Durch die Tür und die Fensterritzen ist die zunehmende Wut des rasenden Sturms zu spüren.

»Merkwürdig, es ist Weltuntergang, und wisst ihr, woran ich denke?«, fragt Benedito. »Ich denke daran, dass das Grab meines Vaters überflutet wird. Man wird nie mehr wissen, wo er begraben liegt.«

Plötzlich zerspringt ein Fenster, und wir sehen draußen einen Schwarm Enten in einem teuflischen Wirbel durch die Luft fliegen. Wie kleine, außer Kontrolle geratene Flugkörper steigen sie immer höher. Der Regen strömt ins Wohnzimmer, durchdringt die Körper, als wäre alles, Haus und Menschen, aus Erde. Das Meer in der Ferne ist ein brennendes Pferd. Die ganze Stadt geht in die Knie, selbst ihre Knochen biegen sich, um nicht zu brechen. Ich sehe die Kirche von Macúti einstürzen, die Wände bersten wie Glas. Gott geht über den Boden des Tempels, und seine Füße sind blutbedeckt.

Liana und ich schieben einen alten Schrank zum zerborstenen Fenster, um die Öffnung abzudecken. Unsere Schultern berühren sich leicht. Dann lehnt Liana sich an mich, als suchte sie Schutz. Wir vergessen, was wir gerade machen, der Schrank bleibt auf halbem Weg stehen. Und wir küssen uns, als wäre es der letzte Kuss. Wieder zerbricht ein Fenster, und Lianas Manuskriptseiten flattern wie Schmetterlinge durch den Raum.

»Der Zyklon ist da«, sagt Liana.

EPILOG

Das letzte Verhör

Beira, 14. März 2019

Mein werter Diogo Santiago
Ich hoffe, Sie haben die Geduld, mir bis zum Schluss zuzuhören. Und dass Sie meine Stimme, die nur noch so dünn ist, verstehen können. Leider kann ich nicht mehr schreiben. Meine Knochen sind alle verkrümmt, und meine Finger gehorchen mir nicht mehr. Es wäre einfacher, noch eine Niederschrift zu denen hinzuzufügen, die Liana Ihnen hat zukommen lassen. Ich habe diese Aufnahme heute gemacht, am selben Tag, an dem ein Zyklon angekündigt wird, der die ganze Stadt dem Erdboden gleichmachen kann. Wollen wir hoffen, dass dies geschieht. Ich bete dafür, dass die Stadt abhebt und ich zum Sterben vom Boden hochgerissen und weit weg von meiner Vergangenheit geschleudert werde. Dies ist mein letztes Verhör. Und dieses Mal bin ich derjenige, der verhört wird. Ich verhöre mich selbst. Dies ist mein Jüngstes Gericht.

Gleich zu Anfang kann ich sagen, dass ich Ihren Vater, den Dichter Adriano Santiago, gehasst habe. Mein Hass auf ihn war maßlos. Und grundlos, denn er stellte niemals eine Bedrohung für das Regime dar. Adriano Santiago hatte etwas Schutzloses an sich, was in mir väterliche Herablassung weckte. Gleichzeitig verunsicherte mich die Gegenwart Ihres Vaters, sie verwirrte mich, wie ich es nie zuvor erlebt hatte. Ich bin Polizist, ein Agent der Staatssicherheit, der für Ordnung sorgen muss. Wie kann ich diese innere Unordnung hinnehmen?

Mein Leben lang wollte ich ein Bild der Autorität vermitteln. Aber letztlich habe ich mich immer als Versager empfunden. Es fing damit an, dass ich Vitória verlor. Meine Frau ist mir abhandengekommen, auf die denkbar schlimmste Weise; sie hatte sich selbst aufgegeben. Sie verlor den Verstand, und ich wollte anfangs nicht hinnehmen, dass dies geschah. Es war eine Belastung für einen Mann in meiner Position. Wie konnte ich öffentlich zugeben, dass meine Frau verrückt war? Als ich dachte, meine Qualen hätten ein Ende, trat ein weiterer, noch größerer Makel auf und rührte an meine Ehre: Meine Frau, meine Vitória, brachte eine Tochter zur Welt, ein Mischlingskind.

Ich bekannte mich zur Vaterschaft dieser Tochter Ermelinda. Aber es war alles gespielt. Allein die Anwesenheit des Mädchens verursachte mir schlimmere Qualen als jene, die ich in der Folterkammer meinen schlimmsten Feinden zufügte. Ich distanzierte mich von dem Kind. Das war nicht schwierig, nichts an ihr bedeutete mir etwas. Sogar den Namen hatte Vitória ausgesucht. In Wirklichkeit kann ich mich nicht erinnern, jemals ihren Namen – ob Ermelinda oder Almalinda – ausgesprochen zu haben. Ich nannte sie das »Kind«, das »Mädchen«. Oder einfach nur »sie«.

Ich kenne keine Ängste. Deshalb kenne ich auch keinen Glauben. Wer einen Häftling foltert, glaubt, dass die Seele kaum am Körper haftet. Wird die Haut abgezogen, fällt die Seele ins Leere. Vielleicht ist der beständige Mangel an Glauben der Grund, warum ich mein Leben lang bestraft wurde. Die schlimmste Strafe aber war nicht Vitórias Tod. Das Schlimmste war, als man mir Almalindas leblosen Körper brachte. Da habe ich zum ersten Mal gespürt, wie fest die Seele mit den Knochen verbunden ist.

Im Bericht der PIDE stand, sie habe sich aus einem Hochhaus gestürzt. Aber besser als jeder andere wusste ich, dass hinter diesem Selbstmord ein Mord steckte. Meine Tochter wurde von meinen eigenen Leuten umgebracht. In dieser Tatnacht musste ich mich entscheiden: Wollte ich loyal gegenüber denen sein, die Almalinda getötet hatten, oder gegenüber dem, was noch an Menschlichkeit in mir vorhanden war? Und ich traf die furchtbare, aber notwendige Wahl. Ich entschied mich für Almalinda. Im nächsten Augenblick reichte ich meine Kündigung ein, als wollte ich mich nicht nur der Organisation, sondern meiner Vergangenheit entledigen. Dabei wusste ich jedoch: Es gibt Orte, die man betritt und nie mehr verlässt. DGS-Agent ist zunächst eine Entscheidung. Und wird am Ende zu einer Verdammung. Meine Vorgesetzten antworteten auf meinen Antrag um Entlassung mit den folgenden Worten: »Sie sind nicht vom DGS, Sie sind der DGS. Niemand beantragt, sich selbst zu verlassen.«

Da irrten meine Vorgesetzten. Denn zu diesem Zeitpunkt bekam meine Seele Risse und löste sich allmählich von mir. Es verging keine Nacht, in der ich nicht von dem Bauern aus Inhaminga träumte, der mich anflehte, ihn nicht vor die Erschießungsmauer zu stellen. Und ich dachte immer wieder an Ihren Cousin Sandro, der in den Urwald geflohen war. Er floh nicht davor, getötet zu werden, sondern davor, töten zu müssen. Zum ersten Mal versetzte ich mich in andere hinein.

An dem Tag, an dem man Ermelinda umbrachte, wurde sie als meine Tochter geboren. Zum ersten Mal war ich Vater. Als ich den Leichnam meiner Tochter sah, den Körper, der im Tod so groß war, begann ich, die zu hassen, in deren Dienst ich stand, seit ich mit zwanzig Jahren bei der PIDE angefangen hatte.

Zum Ausgleich für meinen Schmerz verliehen mir meine Vorgesetzten eine Tapferkeitsmedaille. Innerlich leer erschien ich zur Zeremonie und fürchtete, wenn man mir die Nadel der Medaille anstecken würde, könnte ich wie ein angestochener

Ballon zusammenfallen. Beim Hinausgehen fiel ich auf die Straße. Ich erinnere mich, dass ich in dem Augenblick am liebsten die Erde umarmt hätte, so wie meine Großmutter von den Azoren, damit ihre Kinder zurückkehrten. Meine Kollegen, die mir aufhalfen, glaubten, ich wäre betrunken.

Ich kehrte allein nach Hause zurück. Ich goss mir Whisky ein und legte eine Platte auf, ein Lied, das ich mir jahrelang jeden Abend angehört hatte. Es war ein trauriges Lied, gesungen von einem Schwarzen namens Paul Robeson. Diese Platte hatte ich bei einer Durchsuchung in Ihrem Haus konfisziert. Ich sah den Schwarzen auf der Plattenhülle und dachte, das sei subversives Material. In gewisser Hinsicht stimmte das auch. Als ich an diesem Abend, allein zu Hause, den Anzug mit Erde beschmutzt, wieder dieses Lied hörte, brach ich in Tränen aus und konnte kaum aufhören. Und die Stimme des Schwarzen sang *»Sometimes I feel like a motherless child«*. Ich war dieses verwaiste Kind, hilflos und verraten. Als das Lied endete, fühlte ich mich merkwürdig leicht. Ich ging auf die Terrasse. Da entschloss ich mich zum Verrat. Ich wollte die Polizei verraten, der ich über Jahre loyal gedient hatte. Ich wollte mich selbst verraten.

Am nächsten Tag sah ich alles klar vor mir. Ich ging in mein Büro und rüstete mich mit allem aus, was ich für meinen letzten polizeilichen Einsatz brauchte. Ich ging allein zu dem Haus, in dem Sandro sich versteckte. Ich war der Einzige bei der PIDE, der von dem Verfahren wusste, mit dem Fall dieses jungen Revolutionärs war ausschließlich ich befasst. Ich betrat das Haus des Verdächtigen, die hintere Tür war offen. Ich fand ihn schlafend vor, nur mit weiten Shorts bekleidet, die Beine lang ausgestreckt, als wollten sie den Boden in Besitz nehmen. Ich betrachtete ihn und dachte: Wie schön dieser Mann ist, wie braun seine Haut und dicht sein schwarzes Haar. Ich weckte ihn nicht. Ich zog mein Hemd aus und legte mich zu ihm, so nah an seinen Körper, dass ich seinen Atem auf meiner Haut spürte. Ich glaube, er hat mich nicht wahrgenommen, ob er wirklich weitergeschlafen hat, werde ich nie erfahren. Ich weiß, dass seine Hand sich regte, meine Schulter suchte und dann auf meine Brust hinunterwanderte. Ich ließ das alles geschehen, als gelte es einer anderen Person. Irgendwann murmelte ich: »Adriano! Adriano, ich muss gehen.« Und ohne die Augen zu öffnen, erwiderte der Junge ebenfalls murmelnd: »Ich heiße Sandro, ich bin der Sohn von Adriano.« Ich sagte nichts. Nachdem ich einen Bericht der PIDE über die geplanten Aktionen im Distrikt Sofala neben seinen Kopf gelegt hatte, hinterließ ich in einem zweiten Umschlag sozusagen die Kirsche auf der Torte des Verrats: eine Liste mit den Namen unserer Informanten in der Stadt. Auf Zehenspitzen ging ich hinaus.

So begann unsere Geschichte: die Geschichte von Sandro und mir. Wir besuchten uns mehrmals, unter Vorsichtsmaßnahmen, wie weder ich sie als Geheimagent jemals getroffen hatte noch er als klandestiner Widerstandskämpfer. Niemand schöpfte je Verdacht. Irgendwann dachte ich: Ich liebte Sandro, wie ich nie eine Frau geliebt hatte. Mir machte es nichts aus, dass ich wie Almalinda von seiner Organisation benutzt wurde. Vielmehr hatte ich das gewollt. Diese Manipulation diente nur dazu, meinen Racheplan zu vervollkommnen.

Dann kam der 25. April 1974. Ich schloss mich zu Hause ein, einerseits angstzitternd, aber zugleich hoffnungsvoll. Die – immer nur bruchstückhaften – Nachrichten erreichten uns über das Radio. Ich wusste nichts von Sandro. Ein paar Tage später, ironischerweise am ersten Mai, wurde ich verhaftet und nach Lissabon geschickt. Bei der Rückkehr nach Portugal fürchtete ich, für den Rest meines Lebens im Gefängnis zu sitzen, doch noch größer war meine Angst, Sandro nie wiederzusehen.

Ein Jahr später, gleich nach der Unabhängigkeit von Mosambik, hörte ich etwas über ihn. Als die ranghöheren mosambikanischen Genossen von seinen Neigungen erfuhren, wurde er von der Partei verfolgt. Um den Schein zu wahren, zwangen sie ihn, eine ihm kaum bekannte Genossin zu heiraten. Sehen Sie, mein werter Diogo, dass so gegensätzliche Regime so ähnlich sein können?

Ich habe vorhin gesagt, dass ich Ihren Vater gehasst habe. Letztlich aber überspielte dieser Hass, dass ich mich zu ihm hingezogen fühlte. Der Hass beschützte mich vor meinen Gespenstern. Ich erinnere mich, dass ich bei einem Verhör im Jahr 1973 zu Ihrem Vater gesagt habe: »Sie sind ein guter Dichter, schreiben Sie weiter Gedichte. Und seien Sie froh, dass wir Sie zensieren, verboten werden ist das Beste, was einem Buch passieren kann. Bessere Werbung gibt es nicht. Gehen Sie jetzt zurück in die Zelle und schreiben.«

Aber Adriano Santiago rührte sich nicht. Er seufzte tief, fuhr sich mit der Hand durch die schütteren Haare, richtete den Blick zur Decke und fragte: »Inspektor Campos, kann ich noch ein bisschen bei Ihnen bleiben?«

Ich antwortete nicht. Wir schwiegen beide eine Weile. Wussten beide nicht, was wir sagen sollten. Doch nach und nach begannen wir eine Unterhaltung, die sich immer freundlicher, fast brüderlich gestaltete. Es ging dabei um Ihre Mutter, diese fantastische Frau namens Virgínia. Am Ende, die Sonne ging schon auf, bat Ihr Vater mich, ihn in die Einzelzelle zu schicken.

»Stecken Sie mich in Einzelhaft, Inspektor. Das Schlimmste in einem Gefängnis ist mitunter, Gesellschaft zu haben.«

Am liebsten hätte ich Ihren Vater in die Arme geschlossen, stattdessen habe ich Sandro umarmt. Wollen Sie wissen, was aus Sandro geworden ist? Er wurde im Bürgerkrieg von der RENAMO erschossen. Auch hier habe ich mich schuldig gemacht. Meine Kollegen, die PIDE, haben geholfen, die RENAMO aufzubauen. Wer geschossen hat, spielt keine Rolle mehr. Ich habe diesen Schuss abgegeben. Und ich bin selbst dabei gestorben.

Während meines Aufenthalts in Portugal habe ich unter all diesen traurigen Episoden gelitten. Tatsache ist, dass die Hauptleute der Bewegung der Streitkräfte mich niemals gefangen genommen haben. Das war auch nicht nötig. Ich war in meiner eigenen Vergangenheit gefangen. Eines Tages beschloss ich, nach Beira zurückzugehen. Ich wartete, dass meine Enkelin Liana ihr Studium in Lissabon beendete, damit wir gemeinsam nach Mosambik reisen konnten. Anfangs gefiel ihr die Idee nicht. Sie willigte nur unter zwei Bedingungen ein: Ich sollte mich im Haus isolieren, und niemand sollte jemals von unserer familiären Verbindung erfahren. Ich kann Ihnen sagen, dass es einfacher war, als ich erwartet hatte. Dieses Land hier, werter Diogo, hat ein kurzes Gedächtnis. Kein Mensch weiß mehr, was die PIDE war. Und selbst wenn ich nach draußen ginge, würde man in mir nur noch einen harmlosen und nutzlosen alten Mann sehen, der lediglich mitleidige Aufmerksamkeit verdient.

Werter Diogo,
Sie werden bemerkt haben, dass es hier eine Pause in der Aufnahme gab und ein paar falsche Neuanfänge, wie ich die löschen kann, weiß ich nicht. Ich bin müde, ich habe nicht mehr viel Kraft. Ich habe viele Leute ins Gefängnis gesteckt. Jetzt sitze ich in einem Gefängnis. Seit Jahren habe ich keinen Schritt vor die Haustür getan. Aber ich bin in dieser Klausur nicht untätig geblieben. Ich habe etwas getan, was ich keinem Menschen erzählt habe. Jahrelang habe ich jeden Monat Geld auf das Konto Ihres früheren Hausboys Benedito Fungai überwiesen. Seine Kontonummer habe ich auf Umwegen in

Erfahrung gebracht. Schließlich habe ich bei der Geheimpolizei doch etwas gelernt. Der Begünstigte weiß nicht, wer sein Wohltäter ist. Es war keine Großzügigkeit. Ich habe lediglich eine Schuld beglichen. Es ging nicht darum, Benedito zu retten. Nein, ich wollte mich selbst retten. Deswegen möchte ich nicht, dass Benedito erfährt, von wem das Geld kam. Ich kann ihm nicht das Recht absprechen, mich zu hassen. Und für immer das Regime zu hassen, das ich so blind verteidigt habe.

Liana ist der einzige Mensch, der mir noch Gesellschaft leistet. Sie ist nach der Rückkehr aus Lissabon hier eingezogen. Aber meine Anwesenheit ist für sie kein Gewinn. Im Gegenteil, Liana lässt mich jeden Tag ihren Groll spüren. Ich nenne sie »meine Enkelin«, sie hingegen war nie bereit, mich »Großvater« zu nennen. Sie spricht mich mit »Inspektor« an. Wenn Liana von ihrem Verlobten spricht, lügt sie. Der Mann existiert nicht. Eine reine Erfindung, und ich kann das verstehen: Sie ist ledig und muss sich schützen. Niemand fängt etwas mit der Verlobten eines Polizeichefs an. Aber noch mehr fürchtet sie mich. Sie fürchtet, dass herauskommt, wer ich war, und dass ich ihr Großvater bin. Eine Zeit lang glaubte ich, sie wolle mich beseitigen. Es ist ja auch so einfach, einen Alten wie mich zu beseitigen. An dem Tag, als der Zyklon angekündigt wurde, habe ich mir ein Herz gefasst und sie darauf angesprochen.

»Gib es zu, meine Enkelin: Glaubst du, ich trage die Schuld am Tod deiner Mutter?«

Ohne zu zögern, nickte Liana.

»Hast du den Wunsch, mich zu töten?«, fragte ich.

»Ich werde Sie töten, Inspektor«, antwortete sie ganz ruhig. »Aber nicht so, wie Sie denken.«

»Und wie sähe dann mein Tod aus?«

»Wissen Sie, was die Bienen machen, wenn ein Fremdling

in den Bienenkorb eindringt?«, antwortete Liana. »Sie umhüllen ihn mit Harz, so wird er eingekapselt. Der Fremdling lebt weiter, aber ohne jeden Kontakt zu der Welt. Er steckt niemanden an, er ist in sich selbst begraben. Das werde ich mit Ihnen machen.«

»Und was wirst du als Harz verwenden?«

»Einen Stift«, antwortete Liana und wies auf ihre Tasche. »Ich werde schreiben, Sie zu einer Geschichte machen.«

»Tu das, liebe Enkelin«, sagte ich nach einer Weile. »Ich werde dir sogar helfen. Tatsächlich habe ich die letzten Jahre dazu genutzt, die Kapsel vorzubereiten.«

Am nächsten Tag ging ich auf den Dachboden und sortierte die Kartons aus, in denen ich meine ganz privaten Dokumente aufbewahrt hatte. »Hier ist alles«, sagte ich und stellte die Kartons auf den Tisch in ihrem Zimmer. »Aber ich muss dir eines sagen. Heilung wirst du nicht darin finden, dass du meine Geschichte aufschreibst. Deine eigene Geschichte musst du schreiben.«

Zum ersten Mal hat Liana auf meinen Rat gehört. Sie fing an zu schreiben, ich weiß, dass sie Ihnen sogar schon eine Abschrift der Papiere geschickt hat, die ich ihr ausgehändigt habe. Und das hier ist das Manuskript, das sie gerade zu Ende schreibt. Der Titel gefällt mir: *Der Kartograf des Vergessens*. Und es ist Ihnen gewidmet, mein werter Diogo. Hören Sie zu, ich lese Ihnen die Widmung vor:

»Früher, in den alten Zeiten, beugten sich die ›Hüter des Feuers‹ bei Regen oder Wind über die Flammen, die sie in den Händen trugen. Mit dem eigenen Leben beschützten sie dieses warme, leuchtende Stück Ewigkeit. In unserer Zeit sind andere dafür auserwählt, ein anderes Feuer zu hüten: die Geschichte dessen, was wir waren und wer wir sind. Diese namenlosen Hüter der Geschichten suchen in den Trümmern nach dem erlösenden Wort. Sie wissen: Was nicht in Geschichte gefasst wird, geht in der Zeit unter.

Dieses Buch ist dem Dichter Diogo Santiago gewidmet, dem Hüter von Geschichten, der Vergessen und Schweigen wie Samen bei sich trägt.«

Unter dem Frangipanibaum
Ein sprachgewaltiger Roman über Afrikas Mythen und deren Bedrohung in einer modernen Welt.

Das schlafwandelnde Land
Ein Geschichtenzyklus voller Wunder und Überraschungen.

Das Geständnis der Löwin
Der Jäger Arcanjo entdeckt die dunklen Geheimnisse eines Dorfes, das von Löwen heimgesucht wird.

Der Kartograf des Vergessens
Unter dem Tosen des nahenden Zyklons dringen vernichtende Wahrheiten der Vergangenheit ans Licht.

Der Imani-Zyklus
Imani
Asche und Sand
Im kolonialen Mosambik steht das Mädchen Imani in einem Krieg der Männer zwischen den Fronten. Jahrelang hat Mia Couto Erinnerungen und Geschichten für diesen großen, vielstimmigen Roman gesammelt. Er erweckt eine ganze Epoche, ihre Menschen und Dramen zu neuem Leben.

»Bei Mia Couto werden Mythen zu sprachmächtigen Romanen.«
Matthias Hügle, *ZDF Aspekte*

Mehr über Autor und Werk auf *www.unionsverlag.com*

José Eduardo Agualusa im Unionsverlag

Das Lachen des Geckos

Félix Ventura geht einer ungewöhnlichen Tätigkeit nach: Er handelt mit erfundenen Vergangenheiten. Er erstellt neue Stammbäume, besorgt Fotografien von illustren Vorfahren und erfindet glückliche Erinnerungen. Ein Kunde ist von Venturas Schöpfung so fasziniert, dass er sich auf die Suche nach den Figuren seiner gekauften Vergangenheit begibt.

Die Frauen meines Vaters

Faustino Manso, ein berühmter angolanischer Musiker, hinterlässt sieben Frauen und achtzehn Kinder. Als seine jüngste Tochter Laurentina von ihrem leiblichen Vater erfährt, fliegt sie nach Angola, um mehr über ihn herauszufinden. Die Spurensuche führt sie auf eine abenteuerliche Reise, in eine Welt voller Musik, Poesie und Leidenschaft.

Barroco Tropical

Bartolomeu Falcato fällt eine Frau buchstäblich vor die Füße. Allerdings nicht aus heiterem Himmel, und nicht freiwillig – sie ist tot. Es folgt eine rasante Odyssee durch den Untergrund der angolanischen Hauptstadt Luanda. Vierundzwanzig Stunden, in denen Falcato in einen Strudel aus skrupelloser Gewalt, Liebe, Leidenschaft und Eifersucht gerät.

»Agualusa ist ein Virtuose vielfacher Perspektiven. Das Ergebnis ist ein gigantischer Schmelztiegel, aus dem der betörende Duft von Liebe und Tod aufsteigt, durchdrungen vom Schwung des südlichen Afrika.« *The Guardian*

Segu

Blüte und Untergang der mächtigen Stadt Segu am Niger sind eng verknüpft mit dem Schicksal Dusika Traorés, Oberhaupt einer wohlhabenden Familie und ein Vertrauter des Königs. Es sind Zeiten des Umbruchs: Der Islam dringt in Afrika immer weiter vor, christliche Missionare und europäische Kolonisatoren kommen ins Land, der Sklavenhandel blüht. Dusikas Familie aber verliert immer mehr an Einfluss, bis sie schließlich auseinanderbricht. Maryse Condé hat die faszinierende Geschichte einer versunkenen Welt geschrieben. Sie erzählt von Kriegern und religiösen Eiferern, von Händlern und Bauern, von Eroberern und Sklaven und immer wieder auch vom Schicksal der Frauen.

Wie Spreu im Wind

Im Jahr 1861 nimmt die muslimische Armee von El-Hadj Omar die Stadt Segu ein. Die Bewohner müssen nun dem »einzigen wahren Gott« huldigen, die animistischen Traditionen werden unterdrückt. Zur gleichen Zeit dringt von Westen die Kolonialmacht Frankreich mit einem Söldnerheer immer weiter ins Innere Afrikas vor, die Christianisierung beginnt. Wie schon ihre Väter werden die Traorés Opfer der Machtkämpfe ihrer Zeit, geraten sie und ihre Frauen in verschiedene religiöse und politische Lager. Mit der alten Ordnung zerbricht auch die Familie.
In ihrem historischen Roman erzählt Maryse Condé von Segu, der einst mächtigen Stadt der Bambara am Niger, und vom Schicksal der Familie Traoré. Noch einmal beschwört sie jene prächtige, geheimnisvolle Welt herauf, die in Afrika untergegangen ist.

»Unvergessen ist die preisgekrönte Geschichte der westafrikanischen Familie Traoré, deren in alle Welt zerstobenen Mitglieder uns zwei dicke Bände lang in Atem hielten (*Segu* und *Wie Spreu im Wind*).« *Die Zeit*

Mehr über Autorin und Werk auf *www.unionsverlag.com*

Tram 83

Eine heruntergekommene afrikanische Stadt – wer hierherkommt, hat ein Ziel: Geld machen, egal wie. Das *Tram 83* ist hier der einzige Nachtclub, das pulsierende Zentrum. Verlierer und Gewinner, Profiteure und Prostituierte, Ex-Kindersoldaten und Studenten, sie alle treffen in dieser Höhle aufeinander, um zu essen, zu tanzen, um sich zu betrinken und sich zu vergessen. Hier, an diesem von Kriegen und Korruption gezeichneten Ort, treffen sich auch zwei ungleiche Freunde wieder: Lucien, der Schriftsteller, findet auf der Flucht vor Erpressung und Zensur Schutz bei Requiem, der sich durch das Leben gaunert. Rhythmisch und rau erzählt Fiston Mwanza Mujila die Geschichte zweier ungleicher Freunde.

Tanz der Teufel

Im Grenzgebiet zwischen Angola und dem Kongo, in den Minen von Lunda Norte und im Zentrum von Lubumbashi tanzen Frauen ohne Alter, Diamantensucher, Gauner und Agenten aus aller Welt den Tanz der Teufel. Die sagenhafte Tshiamuena, die Madonna der Minen, herrscht über Erfolg und Niedergang, gebietet über böse Zungen und mächtiges Schweigen. Geld wird geschürft und verspielt, man schwitzt, jubelt, stolziert, fliegt und fällt im selben Atemzug. In einem Strudel aus Szenen, Formen und Farben lässt Fiston Mwanza Mujila die Worte tanzen, getragen von Rumba und Kizomba, zerrissen von den schrillen Missklängen der Gegenwart.

»Mujila schreibt frech, beißend und unerhört musikalisch.«
Neue Zürcher Zeitung

Die Schiffbrüchige

Eine junge Frau mitten im Indischen Ozean. Die Wellen sind erbarmungslos, ihre Kräfte lassen nach. In einem letzten Aufbäumen will Anguille jeden Augenblick ihres Lebens noch einmal auskosten. Sie erinnert sich an den Seemandelbaum in ihrer Heimatstadt, unter dem die alten Männer Backgammon spielen. An die Fischer, die sich um ihre Kunden streiten wie alte Waschweiber. An ihren allwissenden Vater, der jedes Fitzelchen Zeitung liest, was ihm in die Hände fällt. An ihre rebellische Schwester, die mit ihren Freunden durch die Gassen zieht. Und vor allem an Vorace, dieser umwerfende Vorace, der sie fast um den Verstand gebracht hat. Doch jetzt hat Anguille keine Zeit mehr zu verlieren. Sie zieht uns hinein in den Strudel ihres Lebens – und in die Tiefe des Meeres.

»Die Schiffbrüchige reißt uns mit in eine schwindelerregende Prosa, sinnlich und revolutionär.« *Le Monde*

»Die Kraft und der Zauber des Buches liegen ganz in Anguilles Stimme, die Zamir mit einer Liebe und Lust modelliert, die auch den Übersetzer Thomas Brovot zu einer Glanzleistung inspirierte. Ihre Sprache strömt, wirbelt und funkelt wie bewegtes Wasser, unwiderstehlich. Das Mädchen lässt sich von den peitschenden Wellen weder den Schneid noch den Witz abkaufen, reißt einen mit, direkt ins Leben einer Insel, die man eben noch auf der Weltkarte suchen musste. Anguille bäumt sich auf, kurz bevor ihre Kräfte schwinden, und für einmal glaubt man zu begreifen, was untergeht, wenn ein Mensch ertrinkt.« *Neue Zürcher Zeitung*

Die Nacht des Baobab

Seit Urzeiten lag ihr Dorf im schützenden Schatten des Baobab, des Affenbrotbaums. Auf der Suche nach einer Zukunft, nach Wissen und Bildung zieht Ken in die Stadt und erhält ein Stipendium für ein Studium in Europa. Dort ist sie den Blicken auf der Straße, dem ständigen Wechselbad von Ablehnung und Anmache ausgesetzt. Verzweifelt und verloren sucht sie dennoch die Anerkennung, wo sie am leichtesten zu finden ist: in den Nachtclubs und in den Bars. Hier wird sie schließlich zur Philosophin schwarzer und weiblicher Kultur. Sensibel und schonungslos schildert sie, was es bedeutet, unter Weißen schwarz und schön zu sein.

»Ohne Zweifel gehört ›Die Nacht des Baobab‹ zu den wichtigsten Dokumenten der frankophonen Literatur Westafrikas, gehört Ken Bugul zu jenen senegalesischen Frauen, die mit ihrer Literatur wesentlich dazu beigetragen haben, Einblicke in die nachkoloniale westafrikanische Gesellschaft, das Familienleben, die Suche von Frauen nach Identität zu geben.«
Hans Groffebert, EPD Entwicklungspolitik

Djaimilia Pereira de Almeida im Unionsverlag

Im Auge der Pflanzen

Den Kindern hält man die Augen zu, wenn der alte Kapitän Celestino vorbeigeht. Seine Seele soll er verkauft haben, und des Nachts tanze er mit dem Teufel. Geschichten von Grausamkeit ranken durch das Dorf, kriechen bis an die blinden Fenster von Celestinos Haus. Während die Dörfler urteilen und der Pfarrer den Kapitän zur Beichte drängt, weiß nur Celestino selbst um seine wahren Untaten. Der verwilderte Garten wird ihm zum einzigen Vertrauten. Celestino treibt Pilze, Wurzeln und Schlingen zurück, tränkt den Boden mit Wasser und Hingabe, zieht nach Fantasie duftende Nelken, bis das Leben unter seinen Händen zurückkehrt. Doch die Bilder in seinem Kopf vermögen die Blüten nicht zu verdecken. In leuchtenden Farben zeichnet Almeida eine von Schuld und Erinnerung umgetriebene Gestalt.

Seebeben

Der alte Boa Morte zieht durch die Gassen Lissabons, findet Obdach in verborgenen Winkeln, lauscht dem Gebimmel erzürnter Straßenbahnen und dem Gesang der Betrunkenen. Früher hat er in der Kolonialarmee gegen die Unabhängigkeit seiner Landsleute gekämpft, heute verdient er sich als Parkplatzeinweiser ein paar Münzen für die nächste Mahlzeit. Zusammen mit seiner Freundin Fatinha erhascht er Momente der Zufriedenheit, wenn abends zu ihren Füßen die Lichter des Viertels aufleuchten. Doch seine Erinnerungen fordern ihren Tribut, und die dunklen Bilder seiner Vergangenheit hüllen die Farben der Stadt in einen grauen Schleier. Ohne zu urteilen, erzählt Almeida von einem Gestrandeten, den die Geschichte vergessen will, der selbst jedoch seine Geschichte nicht vergessen kann.

250818